# 第三帝國的滅亡
## The Fall of The Reich

作者
**鄧肯‧安德森 (Duncan Anderson)**

譯者
**趙 玉 / 錢 澄**

①

②

③

① M3半履帶車在美軍和其盟國被廣泛使用。該車生產了四萬多輛，在西北歐戰場上十分常見。

② 德軍火箭筒主要是根據一九四三年突尼斯之戰所繳獲的一些美製M1戰車火箭筒的結構製造出來的。在波卡基，狹小的空間使盟軍戰車在經過時成為德軍火箭筒的活靶。

③ 七十五公厘口徑的拖曳榴彈砲，一種在二戰期間用於所有戰區的極其成功的美製武器。

④ 坦克式（火箭）登陸船是英國的一種經過改裝的艦艇，它為上岸的部隊提供特別的火力支持。它攜帶超過一千枚5吋的火箭砲，可以24發齊射。儘管它們並不能穿透混凝土地堡，但可以大大鼓舞士氣。

④

① 

② 

③ 

④ 

⑤ 

① 英國設計的兩棲戰車，裝有可充氣的皮邊和一個螺旋槳。許多打算用來在奧瑪哈海灘支持登陸部隊的兩棲戰車由於下水過早，還沒到岸邊就沉沒了。

② LVT4（英軍稱之為「水牛」）在太平洋戰場上證明了它們的價值，在萊茵河上也同樣成功。

③ 鱷魚式火焰噴射戰車，壓縮氮把燃料從拖車推到安裝在正常機槍位置的火焰槍裡。這種武器能覆蓋110公尺的範圍。

④ M10戰車的敞篷砲塔上裝有一支七點六二公厘機槍，但是它幾乎沒有裝甲保護。

⑤ 虎式2型戰車對盟軍戰車手來說是個強大的對手。

1 美軍第8航空軍第353聯隊的一架共和P-47雷霆式飛機，機身有黑白相間花紋。雷霆式飛機被證明是一種有效的戰鬥轟炸機。

2 美軍野馬式戰鬥機，它的機身上有黑白相間的帶狀攻擊條紋。野馬式戰鬥機負責維持灘頭堡的空中優勢，並對進攻縱深地區的轟炸機提供保護。

3 德國噴射機比英美兩國都先進得多。Me262型飛機投入戰鬥後，將會扭轉德國對盟軍空戰的劣勢。

4 一九四五年一月，世界上第一架噴射戰鬥轟炸機－Ar234，也被德軍用於偵察任務。它在大多數情況下都優於盟軍戰鬥機，其目標通常是針對盟軍極重要的橋樑，企圖阻止盟軍的前進。

# 目　錄

# 第一章
# 登陸日前的準備

對法國期待已久的進攻就盟軍而言是一次巨大的賭博行動，也是
迄今為止最大的兩棲作戰行動，需做大量的計劃和準備工作。

一九四一年冬至一九四二年初春的時候，德國國防軍最高統帥部（OKW）開始意識到戰爭將要持續數年而不是數月。一九四一年十二月五日，蘇聯出人意料地進行了反擊。兩天後，日本偷襲珍珠港，德國於十二月十日對美國宣戰。儘管美國擁有一支強大的海軍，但其陸軍卻規模較小。國防軍最高統帥部認為美國部隊要進駐英國，至少需要十八個月的時間，而且如果德國海軍對盟國船隻所進行的潛艇戰仍能如目前一樣順利的話，時間或許會更長。在這些情況下，德國最理想的戰略是一方面建立一個防禦系統以延遲盟國在西歐海岸登陸的企圖，另一方面集中力量打敗蘇聯。於是希特勒在一九四二年三月二十三日發布第四○號指令，下令開始建造沿挪威北部海角到西班牙邊境海岸的防禦工事。

最初，防禦工事的修建進行得非常緩慢。這種慢條斯理的狀況符合被任命為西線總司令的六十七歲的倫德斯特元帥（von Rundstedt）的個人特點。希特勒被英軍的企圖所迷惑，認為英軍打算在挪威登陸，以保護通向蘇聯莫曼斯克港的道路暢通，遂命令優先考慮從納維克（Narvik）到卑爾根（Bergen）海岸沿線的防禦。至一九四三年秋季，挪威各海港及峽灣密密麻麻地覆蓋著三百五十個砲兵連，並裝備了八十八公厘到四○六公厘口徑的大砲，使挪威海岸線成為世界上防禦工事最強的地區。然而，法國沿海卻相對受到了忽視，防禦工事僅限於海港的潛艇基地。一九四二年八月十八日，第厄普（Dieppe）防禦工事在尚未完成的情況下，以最初配備的二百名超齡的後備役士兵成功地破壞了五千名加拿大和英國聯軍的登陸企圖。這時，希特勒才命令要像修建法、德邊境的齊格菲防線那樣，對法國的海岸線工事加強修建。然而，第厄普所取得勝利的真正效果卻是使國防軍最高統帥部妄自尊大。直到盟軍於一九四三年七月在西西里、九月開始在薩萊諾（Salerno）強行登陸成功後，希特勒才發布第五一號指令，命令從安特衛普到比阿里茨（Biarritz）修建一條防禦系統作應急之用，以確保敵人的進攻無法得逞（如果可能的話），至少要能夠阻止實際的登陸行動。

為了加快工程的速度，十一月五日希特勒命令隆美爾元帥對「大西洋長城」（Atlantic）進行巡迴視察，並於一九四四年一月一日任命

美國戰車登陸艦在一個英國港口裝貨。諾曼第登陸的規模之大要求徵用大批各類型號的登陸船隻。一九四四年六月六日（即大君主作戰的第一天）就有將近十三萬三千名盟軍部隊被運送到諾曼第海灘。

他爲B集團軍作戰司令。這個集團軍中的第7軍和第15軍負責法國北部海岸，從加萊（Calais）到布列塔尼（Brittany）沿線的防禦。幾乎從一開始，隆美爾就與倫德斯特總司令便發生爭執，倫德斯特非常討厭這位德國最著名的將領干涉自己的指揮，而且兩人在阻止盟軍登陸的方案上持根本不同的觀點。倫德斯特參加過一九四〇年在法國和一九四一年在俄國等地的戰役，他討厭採取單純防禦的手段，一再催促將一線野戰師部署在法國。到一九四四年初，他已經擁有二十四個

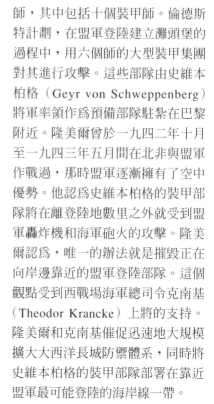

師，其中包括十個裝甲師。倫德斯特計劃，在盟軍登陸建立灘頭堡的過程中，用六個師的大型裝甲集團對其進行攻擊。這些部隊由史維本柏格（Geyr von Schweppenberg）將軍率領作爲預備部隊駐紮在巴黎附近。隆美爾曾於一九四二年十月至一九四三年五月間在北非與盟軍作戰過，那時盟軍逐漸擁有了空中優勢。他認爲史維本柏格的裝甲部隊將在離登陸地數里之外就受到盟軍轟炸機和海軍砲火的攻擊。隆美爾認爲，唯一的辦法就是摧毀正在向岸邊靠近的盟軍登陸部隊。這個觀點受到西戰場海軍總司令克南基（Theodor Krancke）上將的支持。隆美爾和克南基催促迅速地大規模擴大大西洋長城防禦體系，同時將史維本柏格的裝甲部隊部署在靠近盟軍最可能登陸的海岸線一帶。

## 德國繼續準備防禦工事

一九四四年一月，德國國防軍的《信號》（Signal）雜誌在一期特刊中，刊登了一篇涉及大西洋長城構築的採訪，倫德斯特含蓄地批評了隆美爾，稱「德國不能沉迷於陳腐過時的馬奇諾（防線）精神」。隆美爾的反應是，向國防軍最高統帥部作出措辭嚴厲的，關於大西洋長城的彙報。他警告說，如果他的建議不被採納的話，「敵人很可能會在幾個不同的地點建立起灘頭堡，並且滲透到我們海岸防線的主要環節」。高級將領之間的這場爭論不久波及到裝甲部隊總監古德林（Heinz Guderian）將軍，最後，希

陸軍元帥埃爾溫·隆美爾正在視察「大西洋長城」的防禦工事。隆美爾於1944年1月1日被任命爲B集團軍群作戰司令後，立即命令加強大西洋沿岸的防禦工事。

特勒自己也被捲了進來。爲了保全各方的面子，希特勒作出一個折衷的方案：將裝甲預備部隊置於他的親自領導之下，沒有他的授權，不得移動裝甲預備部隊。這樣一來，這個已經產生矛盾的結構又被加上了第三層指揮。

在這種情形下，多虧了隆美爾的努力，才使大西洋長城成爲一種現實。到了春天，「托德組織」（非作戰的納粹工程旅組成的一個組織，以軍備和工程建設爲任務，成立於一九四〇至一九四二年，以希特勒的軍需和建築部長托德（Fritz Todt）博士的名字命名）和義務勞動服務機構都加入了這項歐洲歷史上最大的建設工程。二十六

萬人用一千三百萬噸混凝土和十二萬噸鋼筋修築了一萬五千個地點的工程。斯皮爾（Albert Speer）這位現任軍需部長和托德組織的負責人後來回憶道：希特勒這位曾經受過挫折的建築師，興致勃勃地親自參與了工程的設計，並說他的計劃「能夠滿足前線部隊的所有要求」。這次他是對的。

爲了加快構築速度，德軍集中力量建造三種類型的陣地：能夠保護幾個營的堡壘；能夠容納連到營的堡壘以及能夠容納班到排的堡壘。因爲盟軍此時已經實際上擁有了制空權，所以這些陣地都進行了巧妙的僞裝，但同時要保證在任何情況下能夠承受住轟炸機和海軍砲

根據隆美爾的建設計劃，一些托德組織的人員正在爲「大西洋長城」做混凝土攪拌工作。隆美爾所要求的工事實際上大部分沒有設在諾曼第。

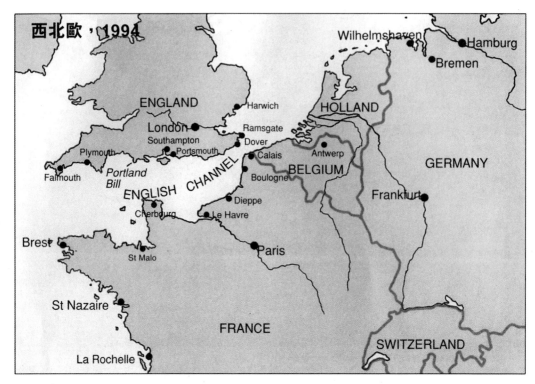

西北歐，1994

火的大規模轟炸。

　　德國從捷克蘇台德區的防禦工事、馬奇諾防線和史達林格勒的防線抽調火砲來裝備這些陣地。一九四四年三月，西線德國部隊已配備了將近四千行，六十一種不同型號的外國製大砲。如此巨大的工程，對後勤人員來說簡直是一場噩夢，儘管其中只有大約四分之一的裝備被實際安裝在掩體裡，其餘大量的武器裝備則集中在加萊地區。在其港口內和港口周圍、潛艇基地以及水道的必經島嶼上，三萬二千名工人裝備了三十二門重砲。到一九四四年六月，海岸線的所有部分都能受到砲火的攻擊，而且德國海軍提供了一種用無線電電報機連接起來的大陸防線通信系統，這種系統不會被敵人所竊聽；同時還裝備了一條雷達站鏈，以便在遭到進攻時及早發出預警並幫助指引火力方向。

## 隆美爾的雷區

　　一九四二年十月，隆美爾在艾拉敏（El Alamein）佈置了約五十萬顆地雷（大多數是由繳獲的美國砲彈改裝而成的），這是迄今為止最密集的雷區，曾成功地阻擋蒙哥馬利優勢兵力的進攻近兩週時間。隆美爾擬訂出計劃，打算在海岸沿線的廣闊地帶埋設六千萬顆地雷，但到六月初為止只埋設了六百萬顆。在最有可能登陸的海灘，把地雷與人工的障礙物結合起來。在淺水處，把木頭或水泥柱子斜埋入沙裡，同時在上面綁上爆炸裝置，以

爆破登陸船的底部。在接近深水位的地方，工程師們佈置了由五根鋼柱組成的金字塔狀障礙物，這種工事最初來自於蘇台德地區，是捷克反戰車戰車防禦工事的一部分。靠海岸線更近一點的地方，德軍佈置了一排排帶有鋒利尖頭的波浪形欄杆，用這些設備可以刺穿登陸艦艇，並使其不能動彈，那時再把大砲對準它們射擊。

## 反傘兵防禦工事

隆美爾非常清楚盟軍此時擁有強大的空降兵團。盟軍的任何登陸行動不僅會有登陸艇，而且還會有滑翔機和傘兵部隊。冬季時，一個由地質學家和地理學家組成的特別大隊，考察了法國北部沿岸。在一些工程師和托德組織的幫助下，德

軍將把索穆河（R. Somme）到羅亞爾河（R. Loire）的河谷和港灣用洪水淹沒，把水草地變成沼澤，將沼澤變成湖泊；在那些地方，特別是在半島東部，這足以將傘兵部隊淹死。在較乾的一些地方，德軍把鋒利的木樁埋入地裡，並用網狀繩子將它們連接起來，使其像一張巨大的鳥網。到六月初為止，法國北部已設置了五百萬根木樁，另有四千五百萬根已列入計劃。五月五日，隆美爾拒絕了第１５軍團要求讓空軍參觀這些障礙物的提議。他非常清楚這些工事的有效性相當值得懷疑。隆美爾和他的副手史佩德（Speidel）承認，這些工事的作用主要是在心理上的，它們能提高防禦者的士氣。

沒有部署部隊的大西洋長城是

１９４３年下半年，德國砲兵在他們的陣地建造防禦工事。砲兵陣地被做了偽裝以躲避空襲。

毫無用處的。在一九四三年，德國部署了像海岸防衛師這樣的非運動部隊，這些部隊是由一些年歲過大不能在陸軍師服役的人員組成的。例如部署在諾曼第奧恩河（R. Orne）口的第711師大部分是由二級預備人員組成的，他們出生在一九○一年左右，在戰爭爆發前，沒有經過軍事訓練。一旦有敵人入侵的跡象，這些非運動部隊就由被稱為「胃師」（stomach divisions，因為這些人身體有殘疾而不能服其他形式的兵役）的人員進行補充。最著名的第70師完全是由患有胃潰瘍的士兵組成，這些人集中在一些特定的兵團能夠統一領取無酸軍用乾糧。一九四三年至一九四四年的冬天，海岸防衛師得到了由蘇聯囚犯中的志願者組成的奧斯托奔營（Osttruppen）的增援；部署在柯騰丁（Cotentin）半島東岸的第709師得到八個喬治亞營的補充；而第275師則有八個不同國家的分隊，這些分隊主要來自高加索和中亞地區，還有一小群迷途的西藏人，他們是一九四一年在哈薩克邊境放羊時被蘇聯軍隊強征入伍的。不過，有些奧斯托奔營士兵對戰爭明顯抱著漠然視之的態度。一九四四年五月十八日，在視察柯騰丁半島西南海岸線的第77師時，隆美爾對韃靼人被訓練後成為部隊的示範營留下很深的印象。到一九四四年五月為止，已組成三十四個非運動師，部署在大西洋長城從加萊到比阿里茨之間。

一張諾曼第海灘防禦工事的空中偵察照片，顯示德軍所佈置的各種不同的障礙物。登陸日那天，盟軍工兵隊在登陸艦駛向沙灘前就清除了大量障礙物。

　　隆美爾不願靜等盟軍艦隊進攻，他寧願讓德國海軍和空軍在海峽中主動進行攻擊。一九四四年六月時，德國海軍在大西洋和英吉利海峽沿岸只剩下四艘驅逐艦，四艘大魚雷艦，三十五隻摩托魚雷艇，五十隻潛艇以及四百五十隻更小的船隻（諸如武裝的拖網漁船、近海船隻等）。儘管數量遠遠少於盟軍，但它們仍有用武之地。一九四三至四四年的冬天，德國海軍在海峽布魯日（Boulogne）到瑟堡（Cherbourg）之間佈設了十六個雷區，而在靠近海岸的地方佈設了更多的小型雷區。然而大多數水雷都安裝了一個計時裝置，八十天後自動失效，以至於到六月時水雷失去功效已超過了兩個月。一旦探知敵軍進攻，德國海軍打算用摩托魚雷艇在盟軍所經的水路上佈設輕型「牡蠣雷」（'oyster' mine），這種設備在船經過引起水壓變化時就會爆炸。潛艇、驅逐艦和魚雷艇則可從盟軍護航艦的側面進行攻擊。

　　德軍的致命傷是空中力量。一九四四年四月一日，希特勒向任第三航空軍團（負責西北歐戰場）司令的史培萊（Hugo Sperrle）元帥保證第一批一千架Me 262式噴射戰鬥機即將完成生產，但是到了六月史培萊仍然在等。名義上他的空中力量有五百架飛機，但其中只有一百六十架能夠戰鬥（九十架轟炸機和七十架戰鬥機）。儘管如此，史培萊還是徵召了三十萬人，其中十萬人在空軍第3加強高砲軍——一

「大西洋長城」的碉堡中，機槍手和他的武器在一起。負責隆美爾防禦工事的士兵中許多都隸屬於奧斯托奔營——希特勒於1941年進攻蘇聯後投奔到德國一邊的蘇聯人。

支比空中戰鬥中隊，對敵人飛機更有威脅性的部隊。另外，史培萊命令組建一支新型戰備反擊部隊——V1型無人駕駛飛機，其發射裝置正在加萊和哈弗爾（Le Have）之間的地區以及柯騰丁半島北部海岸地區建造。最初打算在一九四四年四月二十日希特勒的生日將其投入使用，但由於生產延期，一直推遲到六月十三日才進行首次攻擊。

## 德國的自信

　　德國西部的防禦計劃儘管形成較晚，但到一九四四年初夏已初具

「大西洋長城」的一個德國大砲掩體。防禦工事最初是由法國人建造的，後由德國人進行定期的加強和更新。圖為在聖‧馬洛的十九點四公分口徑的法製大砲俯瞰著海港。

規模。如果隆美爾能迅速集中部隊，他就可以完全有信心在海灘就擊敗敵人的任何進攻，但問題是不知道在哪裡去擊敗敵人的進攻。隆美爾和他的海軍將領一開始認爲盟軍會在索穆河口登陸，但倫德斯特和史培萊堅信會在加萊，部分因爲V1基地集中在這一地區，部分是因爲這一地區靠近德國；但主要的原因則是德國在英國的情報部門稱進攻將在該地區發生。戰後，隆美爾的崇拜者指出，他們心目中英雄神奇的預測能力。據報導，五月九日，在一次對駐紮在諾曼第的奧斯特里漢（Ouistreham，岡城的海港）的第１７１６砲兵旅進行視察時，他曾把軍官們召集在一起，背對著他們遙望大海，佇立了很長一段時間，然後慢慢轉過身來說：「先生們，如果他們登陸，將會從這個地方上來。」但並非只有隆美爾一個人預計登陸地點將在諾曼第，因爲後來德國統帥部情報分析簡潔地提出：「最有可能的地點是諾曼第，其次是布列塔尼。」但幾天過後，隆美爾和其他的高級軍官們又改變了看法。六月三日在倫德斯特的司令部與克拉默（Kramer）將軍的一次交談中，隆美爾明確地提出登陸地點將會在索穆河口。擺在眼前的是，德軍不知道究竟會在什麼地方或什麼時間發生登陸。他們預測會在法國北部沿岸某地，但不能確定地點，只是偶爾才判斷正確。不過有一件事隆美爾判斷得非常正確，那就是盟軍將在何種情況下發動進攻。五月十七日對砲兵旅講話時，

隆美爾告訴他們：「不要認為敵人會在好天氣裡或白天才會進攻。」他們必須準備在暴風雨天氣中和午夜迎敵。特別可能是在六月四日，那天天氣由初夏的溫和平靜轉為西風加暴雨，而隆美爾卻在當日離開，回德國去慶祝他妻子五十歲生日。

## 英國的冷漠以對

自從一九四五年以來，英國史學家們一直努力證明，幾乎在敦克爾克（Dunkirk）大撤退一完成，英國就在準備跨越海峽，以便重返歐洲大陸。這些歷史學家們認為鼓動英國進攻的人主要是首相邱吉爾。不幸的是，這種觀點只立足於一些斷章取義的零散的參考資料，卻忽略了大量的證據。事實上，英國高級將領對跨海峽進攻一點也不感興趣，反而寧願採用其他方式進攻德國。

英國對跨海峽攻擊沒有興趣有幾個原因。英國在多年前有過一次很不順利的大型兩棲行動經歷。一九一五年四月二十五日，英國及其自治領的部隊在加里波里（Gallipoli）登陸，希望佔領伊斯坦堡並促使土耳其退出戰爭，結果遭到大敗。土耳其把英軍壓制在狹窄的橋頭堡，使其遭受二十五萬人的重大傷亡，並迫使英軍在年底撤退。邱吉爾當時作為英國海軍大臣，是計劃該登陸戰的一員，因此被迫引咎辭職。另外，邱吉爾的大多數內閣成員以及所有高級軍官都

隆美爾正在諾曼第視察黨衛軍部隊。他們身後是在整個二戰期間德國運輸工具中的載重車——「奧佩·布利茨」型卡車。

英國首相邱吉爾在英格蘭某地向美軍士兵發表講話。為了誤導德國，盟軍在英格蘭東南部製造了一個虛擬部隊，把敵人的視線從英格蘭南部的大規模集結移開。

對在一戰期間，西線戰場前線進攻所遭受的損失記憶猶深，特別是一九一六年七月的索穆河戰役和一九一七年十月的巴斯青達（Passchendaele）戰役。在《世界大危機》（The World Crisis）（邱吉爾在一九二八年發表的對第一次世界大戰的分析）這本書中，邱吉爾尖銳地指責英軍總司令海格（Douglas Haig）和其他高級將領的領導方法，指責他們似乎缺少思考能力，而只知道在明顯的地方去打擊敵人。

## 間接戰略

　　現在邱吉爾是在指揮他自己的

戰爭，他的直覺是英國應執行一種間接戰略，利用皇家海軍的海上優勢從外圍去進攻德國和它的盟國，同時皇家空軍派轟炸機對德國飛機場進行直接轟炸。於是在一九四二年，當德國開始修築大西洋長城時，英國的四個裝甲師中與二十五個步兵師中的十四個師，都部署在中東或遠東，以保衛蘇伊士運河免受義大利侵犯以及在印度抵抗日本。英國於一九四〇年曾進行過一次聯合行動，對德國佔領的西北歐沿岸進行兩棲和空降行動，但其主要目的是進行襲擊，而不是對歐陸的全方位的進攻。

希特勒和墨索里尼於一九四一年十二月十一日對美宣戰，把美國捲入歐洲衝突。爲了抓住這個契機，邱吉爾和英國高級官員於十二月二十二日來到華盛頓，參加阿卡狄亞（Arcadia）會議，一直待到一九四二年一月十四日。英國促使美國高級將領同意優先對付德國，但這對羅斯福來說有些難度。當珍珠港遭襲激起人們的普遍反日情緒時，對德國和義大利應採取何種態度卻仍是模稜兩可。這並不僅僅是因爲德國和義大利後裔在美國人口中占很高的比例，而且因爲美國懷疑英國企圖利用美國的力量去達到

德懷特・艾森豪在進攻的前夕與美國士兵交談。艾森豪以前沒有指揮部隊的經歷，直到1942年10月，他才被指派負責在北非登陸的英美「火炬計劃」。對任命他為盟軍在歐洲的最高指揮官有很多反對意見，但他具有許多使他成為一個優秀領導者的品質。

自己的目的。這種流行的觀點在一定程度上受到美國一些高級將領的認可，特別是美國海軍軍令部長金恩（Ernest J. King）上將和美軍聯參會主席馬歇爾（George C. Marshall）將軍。在以後的戰爭中，金恩成為主張集中力量對付日本一派的代表，並成為羅斯福與邱吉爾交涉的強力論據。馬歇爾不同意金恩的觀點，他認為盡早實施渡海進攻是美軍部隊在歐洲戰場唯一合理的做法。

在阿卡狄亞會議中背後支持馬歇爾的，是剛五十出頭的禿頭軍官艾森豪（Dwight D. Eisenhower）少將，他是陸軍作戰署的負責人。兩年多前他還只是一個未受注意的少將，曾在菲律賓擔任麥克阿瑟（Douglas MacArthur）將軍的參謀長。一九三九年後期，艾森豪調回到美國，不久又來到華盛頓，而馬歇爾採用艾森豪的建議來處理令他頭痛的麥克阿瑟。即使根據戰時標準，艾森豪也是爬升得很快。他在阿卡狄亞會議期間所記的日記表明他已變成了一個全球戰略主義者。一月五日艾森豪寫道：「與英國人談話已索然無味。跟他們談話很困難，顯然是害怕有人告訴他們該做什麼以及如何去做。他們的作戰運作十分遲緩。」到會議結束，也就是那個月末，他已經有明確的想法：「我們已經在英格蘭建立空軍部隊和陸軍部隊。當我們足夠強大

「大西洋長城」中一名德國砲手在他的砲位上觀看和等待著。盟國的欺騙戰略讓德國人不停地猜測到底登陸戰役將在哪裡爆發。

時，我們可充分地打擊德國，而那時俄國正處於戰爭之中。」

　　根據馬歇爾的指示，到一九四二年三月末，艾森豪和他的夥伴們已準備了一個代號為「圍捕」（Round Up）的作戰計劃。到一九四三年四月一日，他希望能派遣六個師的英美部隊在法國沿岸布魯日至哈弗爾之間的某地登陸。後續部隊將以每週十萬人的速度抵達，直到在歐洲部署三十個美國師和十八個英國師。這次行動將需要七千艘登陸艦艇（仍在建造之中），三千架美軍飛機和二千五百架英軍飛機，而其中只有少數剛出廠。

## 英國的疑慮

　　這就是一九四二年四月八日馬歇爾在羅斯福的助手霍普金斯的陪同下來到倫敦所帶來的計劃。英國迫切需要美國的援助，於是口頭上同意這個計劃。四月十四日晚，馬歇爾在邱吉爾面前終於放話說：「在一九四三年對法國北部實施進攻這個基本問題上達成了共識。」事實上，英國並不喜歡這樣。英國首相很清楚用詞的重要性，對起「圍捕」這個代號並不滿意，但也沒有辦法。他記錄道：「我擔心如果把這個代號改掉，會使美方認為這是有意節外生枝。因此，我們必須堅持使用這個誇張且選得很差的代號，希望它不會給我們帶來壞運氣。」英國參謀總長布魯克（Alan Brooke）將軍在日記中寫道：「這些計劃充滿著巨大的危險，成功的

經過災難性的襲擊後在第厄普海灘上的一輛被擊毀的「邱吉爾」式坦克。儘管這次戰役完全失敗了，但卻給盟軍對如何實施兩棲登陸留下了很有價值的經驗。

「道格拉斯・波斯頓」
（A—20）輕型轟炸
機正在去對海峽對岸的
目標實施轟炸的途中。
到1944年6月的第
一個星期為止，盟軍對
敵人百分之八十的海岸
沿線雷達站實施了空
襲。這張圖片清楚地展
示了諾曼第範圍廣闊的
海邊沙灘。這也是這個
地區被選為登陸地點的
一個原因。

可能性很小，且還得依賴一大堆未
知的東西，而災難的幾率卻很大。
這是基於對敵人完備的軍事力量做
出的判斷。」

## 鐵錘作戰

　　英國統帥部另外有個問題，因
為在一九四一年秋天，作戰參謀設
計了一個代號為「鐵錘」
（Sledgehammer）的作戰。如果蘇
聯在短時間內崩潰，英國將派遣八
到十個師在法國沿岸登陸，可能在
布列塔尼，或者是在柯騰丁半島。
實際上這只是個臨時計劃，他們確
信大多數部隊卻將有去無回。不幸

的是，艾森豪也持同樣的觀點，並
將登陸部隊增加兩個美軍師，同將
把時間訂在一九四二年九月十五
日。像英國一樣，他也認為這幾乎
是個自殺行動。他估計先遣部隊登
陸的成功機率是百分之五十，建立
六個師的灘頭堡則是百分之二十。
但這是無論如何都要採取的行動，
因為「我們所尋求的是讓八百萬俄
軍繼續戰鬥」。

　　七月二十日，當英國接到艾森
豪的鐵錘作戰的版本時，都十分吃
驚。布魯克爭辯道，只有使幾十個
德國師調轉方向，才能對俄國有幫
助，但德軍卻只需幾個師就可毀鐵

錘作戰。七月二十二日邱吉爾通知羅斯福，稱「沒有一個英國陸軍、海軍或空軍將領認為在一九四二年實行鐵錘作戰是可行的」。他們提議不在法國，而是在北非登陸。最後，羅斯福和馬歇爾接受了英國的建議，認為北非登陸可以在一九四二年完成。艾森豪極為沮喪地向一位朋友透露：「我幾乎不知道日子該怎麼過。」他在一九四二年七月二十二日（星期三）的日記中稱這是歷史上「最黑暗的一天」。

英國人則私下評論：美國人的問題出在熱情過了頭。自從一八九八年在古巴登陸進攻士氣低落的西班牙軍隊後，美國就再也沒有參加過兩棲行動。他們認為現代裝甲武器、動力登陸艦艇和無線電通訊將使許多問題迎刃而解，但英國人卻不這麼認為。一九四二年八月十九日清晨，一批聯合突擊部隊在第厄普登陸，包括五千名加拿大人、一千一百名英國突擊隊和五十名美國特戰隊隊員。他們訓練有素、經驗豐富，目標是摧毀第厄普附近的德軍海岸防禦砲火，最終成功地完成了任務。身著火焰色軍服的中校洛華特（Lord Lovat）帶領第四突擊隊，猛攻位於第厄普東邊六公里的德軍伯尼瓦爾（Berneval）營地終於消滅了駐防德軍。同時，在英吉利海峽與德國潛艇的交戰後殘餘的一艘登陸艇和二十名隊員在該鎮以西六公里的瓦倫吉維爾（Varengeville）營地登陸。彼得·楊——倖存的高級軍官——帶領他的小分隊與敵人展開激烈的戰鬥，

並將德軍砲火壓制了三個小時。

## 對第厄普的進攻

德軍側翼防衛營被消滅後，那批缺乏經驗的加拿大部隊在第厄普上了岸。既然該鎮只有二百名超齡的預備隊防禦，戰鬥結局本應在預料之中，但結果卻變成了一場大災難。東邊和西邊的槍砲聲驚動了德軍，他們立即佔據了有利的地形，在懸崖邊上新修的碉堡裡，以及在可以清楚地俯視海灘的房子上層架起了機槍。這時德軍把子彈像潮水一樣傾注到登陸艇上，像割草機似地砍向正從水中向岸邊靠近的加拿大士兵。

在把加拿大士兵壓制在海灘上後，德軍急調後備部隊到第厄普，結果就變成了一場大屠殺。到傍晚時分，倫德斯特已經向希特勒彙報令人滿意的消息了：「已經沒有武裝的英軍殘留在歐洲大陸上了。」英國和加拿大軍在第厄普留下了三千六百四十八名死傷和被俘虜的士兵。大約五百名士兵傷痕纍纍地回到英格蘭，而德軍死傷則相對較少。盟軍沒有進行海、陸、空之間的密切協作，而當空軍和海軍的火力支援最終到達時，已完全失去作用了。更為糟糕的是，盟軍的邱吉爾式戰車戰車被海灘破壞得很厲害，它們在爬向海防牆時或是撞向頁岩，或是一頭鑽進了岩縫中。

## 邱吉爾的反應

對這次聯合行動進行指揮的蒙巴頓（Louis Mountbatten）勳爵來

說，幸運的是八月十九日這天，邱吉爾正在埃及，他聽了蒙巴頓對這次行動的過分樂觀的描述後非常滿意。但當他回到英國看到一些具體報導時，朝他的參謀長伊斯美（Ismay）將軍吼道：「我要確切地知道這個軍事計劃是誰設計的？又是誰同意的？」隨著慘敗的細節漸漸抖落出來，邱吉爾自我安慰道：「第厄普登陸戰正好暴露了我們的缺點。」這次教訓再一次揭示了團隊合作是成功的秘訣所在，而只有經過訓練的有組織的兩棲兵團才能達到目的。第厄普登陸戰對美國是一個很大的震動，他們曾天真樂觀

美國召募商船的廣告畫。在登陸前商船運送人員和裝備到英國常常是在異常危險的情況下進行的，而它的作用卻常常被忽視了。

LIFE-LINE OF FREEDOM
THE MERCHANT MARINE

地認為實施大規模的兩棲行動是很容易的事。一種新的沮喪情緒籠罩在大家的心頭。

一九四三年一月，羅斯福、邱吉爾和聯席參謀長們在卡薩布蘭加召開會議，同意把「圍捕作戰」提前，另外建立一個英美計劃參謀機構。八週後，英國後勤專家摩根（Frederick Morgan）被任命為聯合遠征軍最高統帥部參謀長（COSSAC），並負責制訂進攻計劃。倫敦聖詹姆士廣場旁諾福克大樓的摩根的辦公室，不久就擠滿了從美軍和英軍中抽調來的最優秀的參謀人員。由於曾設計過許多突擊計劃的蒙巴頓聯合行動司令部的任務的轉移，使英美計劃參謀部人數更多。摩根的參謀人員規模之大是空前的，但是所要制訂的行動計劃也是空前複雜的。兩個月後，摩根得知，羅斯福和邱吉爾在華盛頓會議上，決定將登陸日期定在一九四四年五月一日，代號為「D日」。由於充分意識到這次行動的巨大歷史意義，他們決定將代號由「圍捕」改為「大君主」（Overlord），以與這次偉大的行動相稱。

對盟軍最高司令部來說，第一個問題就是要決定將在哪兒登陸。從第厄普得到的教訓是，即使在一個防禦較差的海港都會遭受無法接受的傷亡，因此部隊要在遠離設防港灣的開闊的海灘登陸。聯合行動參謀部的人員已經分析了法國沿海，並將可能登陸的地點縮小為三個：加萊、布列塔尼和諾曼第。加萊是跨越英吉利海峽的最短路線，

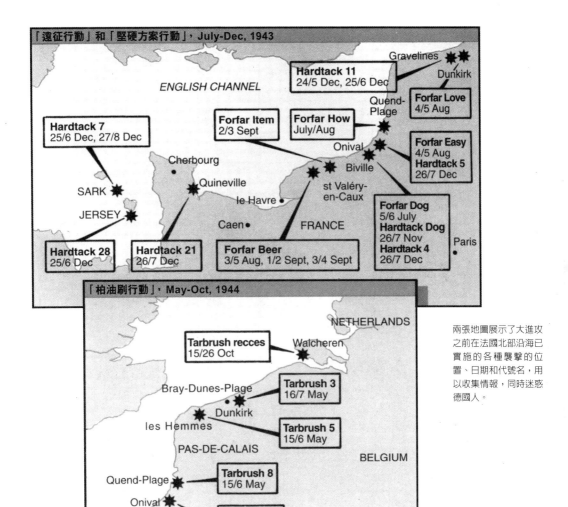

兩張地圖展示了大進攻之前在法國北部沿海已實施的各種襲擊的位置、日期和代號名，用以收集情報，同時迷惑德國人。

這就意味著海軍能夠比其他地方運送更多的人員和物資到對岸，而空軍則可使戰鬥機在空中停留時間更長，並為進攻艦隊提供更多的保護。同時，加萊還為登陸部隊提供了進攻德國工業心臟魯爾（Ruhr）地區的最直接路線，這將最大大地降低後勤支援方面的困難。

但是，加萊在給登陸者提供各種方便的同時，對德軍來說也同樣

如此。德軍在該地區防禦工事最強。另外，這地區的高高的懸崖和只有少數出口的狹窄的圓卵石海灘會給重型設備的通過造成許多困難。這就意味著任何灘頭堡都將要向東延伸至包括比利時在內的海港，或者向西包括塞納河三角洲的港口，而所有這些地區都防衛得非常嚴密。加上肯特（Kent）海岸線的海港太小，無法給組成進攻艦隊

一輛「謝爾曼」掃雷坦克在英格蘭西南部的演習中正在執行任務。快速旋轉的帶刺鏈子會在坦克經過的道路上引爆所有地雷。

的數千隻艦艇提供足夠的容納之地。這批艦隊還要以樸茨茅斯至南安普頓的那些巨大複雜的停泊地爲基地。在運送登陸部隊到對岸海港之前，大多數艦艇還要向東——在德國海岸砲火下沿海峽航行一百英里，而現在這些港口的防禦措施要比一九四二年受到襲擊的第厄普強得多。

## 布列塔尼

　　盟軍最高司令部中有很多美方人士堅持要求在布列塔尼登陸。布列塔尼長長的鋸齒形的海岸線上有許多便利的海灘，這顯然是很有利的。一次成功的登陸行動能促成奪取朝陸地方向的一座布列塔尼的大港口，但由於布列塔尼與德國距離較遠，這將大大地增加盟軍的後勤困難。且該地遠離英格蘭，盟軍戰鬥機很難提供持久的空中支援。再者，布列塔尼海灘面向大西洋的東南風，這個海岸的風猛烈且無法預料，且海岸本身佈滿了許多具有潛在危險的小島和暗礁。隸屬於盟軍最高司令部的皇家海軍官員們對將可能在布列塔尼登陸之事感到恐懼，他們一再提醒他們的美國同僚，英國和法國艦隊在以前幾個世紀中在這一帶海岸線遭受過巨大損失。

　　現在只剩下兩條沿大西洋和海峽的海岸線：從紀龍德（Gironde）到西班牙邊境（太遠）和塞納河三角灣到諾曼第海岸的柯騰丁半島。諾曼第海岸線是長而寬的沙質海

灘，背靠許多沙丘和低矮的懸崖，它沒有像加萊和布列塔尼那樣的困難。再者，向北突入海峽的柯騰丁半島保護沙灘不受從西南吹來的風暴的襲擊。這些沙灘也處於兩個佈防嚴密的海港——哈弗爾和瑟堡——之間。一旦登陸，盟軍可以選擇奪取其中的一地或兩地。所有的提議都將於一九四三年六月二十八日在蘇格蘭由蒙巴頓聯合行動司令部召集的會議上進行評估。諾曼第現在已是唯一眞正可能的登陸地點。

## 諾曼第的防禦工事

多虧了法國反抗組織的工作，盟軍最高司令部已獲取了大量德國在諾曼第地區的防禦工事的情報。

一九四〇年，法國電影製片商雷諾‧羅利葉（Gilbert Renault-Roulier）已經成爲第一位向戴高樂（Charles de Gaulle）初建部隊提供服務的人。他使用雷米作爲化名並

一位砲手兩腳分開坐在「邱吉爾」III型皇家裝甲車上。這種裝甲車可發射重十八公斤的重迫擊砲彈，能從近距離將掩體和碉堡加以摧毀。

回到法國，建立了一個情報組織
——聖母同志會（Confrérie Notre
Dame）。這個情報組織不久就涵蓋
了大部分的北方海岸線。諾曼第和
布列塔尼的漁民是很有效的訊息來
源，因為他們對海岸非常熟悉，並
且能夠估計出許多大砲的位置，而
德軍有些時候也不對捕魚進行限
制。雷米的一些人員裝扮成房地產
公司人員，在諾曼第沿海小鎮裡公
開地拍攝一些優美的假日別墅的全
景照片。最大的一個成果是杜切茲
（René Duchez）一位岡城（Caen）
的油漆工所提供的。當他給該市托
德組織司令部油漆時，帶出來一張
六平方公尺的部分大西洋長城的藍
圖。到一九四三年夏，盟軍最高司
令部每月能從自由法國情報組織收
到五百多份詳細報告，儘管德國已
經改變了一九四二年的鬆散管理，
並在一九四三年逐漸加強了安全措
施。但漸漸的，情報收集所付出的
代價越來越高，許多人員被逮捕和
處死。

　　所有這些情報都被送到以牛津
為基地的軍內地形測繪部。在這裡

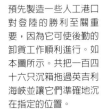

預先製造一些人工港口
對登陸的勝利至關重
要，因為它可使後勤的
卸貨工作順利進行。如
本圖所示。共把一百四
十六只沉箱拖過英吉利
海峽並讓它們準確地沉
在指定的位置。

有一個由地理學專家和皇家海軍官
員組成的部門，他們負責記錄和篩
選每個情報，包括沙灘的構成、水
流特徵以及潮汐的時間。軍內地形
測繪部堅持所有的情報都要經過多
次驗證。為了對反抗組織的工作加
以補充，偵察機拍攝了數百萬張高
低空照片。同時船隻和小型潛艇也
將潛水員送到離海岸數百公尺以內
的海區，再游到沙灘用工具測出沙
石的構成情況。這項工作極其危
險，被俘的可能性很大。而根據一
九四二年十一月希特勒的「突擊隊
命令」，他們很可能要被當作恐怖
分子處死（有兩個人是比較幸運
的，他們在一九四四年五月二十日
被俘後被帶到隆美爾處，由這位元
帥親自審問，然後被直接送到戰俘
營，而沒有被送到黨衛隊保安
局）。根據這些費盡心血才弄來的
情報，軍內地形測繪部才能夠精確
而詳盡地繪製佔領區地圖。總共印
刷了十七萬張地圖，其中有四萬張
是登陸海灘的最高機密地圖，詳細
描述了法國的防禦工事，甚至於還
包括了帶刺鐵絲網的分布情況。

## 新型登陸艇

　　決定在什麼地方登陸只是盟軍
最高司令部所要解決的問題之一。
在第厄普，加拿大士兵和英軍突擊
隊員使曾用過新奧爾良駁船製造師
希金斯（Andrew Higgins）製造的
登陸艇。希金斯的船配備了與強大
的動力系統，操縱起來非常靈活，
但是它們都是木製的，只有輕型裝
甲。當船隻需要以持續的速度在限

定的路線上前進時，在大規模進攻登陸中其裝甲就形同虛設。

一九四〇年皇家海軍曾設計過鋼製突擊登陸艇（LCA），它可以用來運輸部隊。海軍還繪製了一些艦艇圖：戰車登陸艇（LCT）——一種能運三至五輛戰車的鋼製駁船；戰車登陸艦（LST）——大型遠洋淺底船，它能在軟質斜坡沙灘上登陸，並能運送多達六十輛戰車。不幸的是，英國造船能力已達到極限，到一九四二年年底為止，已經生產了九百多艘艦船，其中有接近六百五十艘是小型突擊登陸艇。

在一九四二年一月的阿卡狄亞會議上，美國同意根據英國的需要建造船隻和艦艇，一方面自己使用，另一方面也可作為租借法案的一部分交給盟國。僅一九四二年美國船塢就建造了七千艘兩棲軍用艦船，包括六十二艘大型戰車登陸船，因為過一段時間登陸艇可能會派上用場。但在一九四三年一月的卡薩布蘭加（Casablanca）會議上英美領導人決定，鑑於大西洋戰爭進入關鍵階段，船隻建造應集中到生產驅逐艦和驅逐護衛艦上。在一段時間裡兩棲艦艇的生產幾乎停滯，但到一九四三年下半年又重新開始。此時英國船塢令人吃驚的生

美國「瓦科‧哈德林」式滑翔機正在一個英國空軍基地組裝和集結。滑翔機是用來運輸傘兵部隊的重武器和吉普車的，它是進攻計劃中重要的一部分。

進攻前，部隊在英國海邊小鎮的大街上列隊行進。英格蘭南部大部分地區在進攻前已經變成了巨大的兵營。

產了四百二十二艘大型登陸船，幾乎與美國一樣多。

## 火箭戰車登陸艇

　　英軍（儘管不是美軍）從第厄普行動中還認識到，進攻部隊在沙灘上需要砲火支援。皇家海軍解決這個問題的辦法是將戰車登陸艇裝上一排排一百二十七公厘火箭。一艘戰車登陸艇在三十秒內能發射一千零八十枚火箭，當時的宣傳指稱，這超過了皇家海軍所有巡洋艦聯合火力的同時發射數量。實際上這種火箭並不能穿透地下碉堡，但三十六隻戰車登陸艇漸漸地製造出了有效的聲勢，這對提高士氣很有效果。當然，它們是可以將那些呆站在露天的愚蠢德軍殺死的。

　　然而，一旦登陸，能發射火箭的平底戰車登陸艇的價值幾乎就消失了。盟軍最高司令部翻閱了在一九一七年為進攻遭德國佔領的比利時海岸後被取消了的行動計劃，發現了各種裝甲進攻船的設計圖紙，

英國最好的工程師，他們帶來了被英軍戲稱爲「滑稽者」的各式各樣的機器。最常規的是一種水陸兩用戰車（DD, Duplex Drive）或稱做浮游戰車，它的主發動機帶動螺旋槳，並用一個粗帆布空氣包使它能夠在水中浮起來。這些戰車既可以在步兵前登陸，也可以同步兵一道登陸。戰車裝上旋轉滾筒，它帶動鋼鏈抽打地面，通過這種方法破壞雷區。被稱做「阿夫雷」（AVRE，意爲「皇家工程師裝甲車輛」）的「邱吉爾III式戰車上裝備一門大型迫擊砲，即使是那些最牢固的碉堡的牆體，它都能用它射出的十八公

美國士兵正在練習使用一種「爆破筒」，這是一種裡面填上炸藥的管子，在對付帶回刺的鐵絲網防禦工事時非常有效。

這些設計本來可以使第厄普登陸避免遭受重大損失。一九四三年三月，布魯克命令將第７９裝甲師改裝成一個工程進攻師，並置於裝甲戰爭先驅之一──少將何巴特（Percy Hobart）的領導下。大約兩年前，他曾是英國國民衛隊的二等兵，他作爲一個正規戰士的生涯被他那些更傳統的上級過早地結束了。

## 何巴特的「滑稽者」

數週之內，何巴特集合了一些

斤的砲彈給炸毀。碉堡的牆體坍塌後，裝有噴火器的鱷魚式戰車（Mark VII）用液體高壓噴火器對其進行噴射。爲幫助阿夫雷式戰車對付牆壁與壕溝，工程師們又給它們裝上九公尺長的框架型架橋設備，另裝備二點五公尺寬的木捆或長管，用以放到反戰車壕中。實際上，第７９師是執行了一種古老的包圍輜重隊的進攻方式。設計和建造花費了很大的功夫，直到一九四四年四月初該師才收到了第一批阿夫雷式戰車。

## 「桑樹」人工港

在精心設計如何讓部隊登陸的同時，還要充分考慮對他們越過開闊的海灘提供支持的問題。第厄普行動的命運已排除了很早就能佔領敵人海港的可能性。盟軍最高司令部最樂觀的估計是從第一批部隊登陸到奪取瑟堡港將需要兩週時間，另外還要有兩至三個月時間去除雷和整治德軍離開後被破壞的地方。盟軍最高司令部再一次在一九一七年被取消的登陸計劃文件中找到了答案，這些計劃是要預先構建一個浮港。盟軍最高司令部海軍司令哈勒特（John Hughes Hallet）上將使這些計劃重見天日，並把仍記得一九一七年原始計劃的邱吉爾提出的一些建議加到計劃中去。英國準備建造兩座人工港口，代號爲「桑樹A」和「桑樹B」。「桑樹A」將建在霍克角（Pointe du Hoc）以東，供美軍使用；「桑樹B」將建在阿

盟軍最高統帥德懷特艾森豪與他的下屬們：海軍上將雷姆賽爵士，空軍上將李馬洛爵士，空軍上將泰德爵士和蒙哥馬利將軍。

羅曼什（Arromanches）以東１５公里，供英軍使用。這些計劃需要一百五十艘大馬力拖船。為了保護這兩個人工港，盟軍最高司令部計劃築造兩個大型人工暗礁，而這需要沉沒七十四艘老式貨船和廢舊戰艦，並要特別修造一些鋼筋混凝土沉箱來補充。該計劃的代號為「鳳凰」（Phoenix）。

一九四三年十月命令下達，從克萊德（Clyde）到泰恩（Tyne）之間的各船塢要建造二百個以上的鋼筋混凝土沉箱，規格是長六十公尺，高十八公尺，重六千噸。另外還要建造浮起的碼頭外端，要有十六公里的鋼製路面，九十三個各重二千噸的鋼筋混凝土浮塢。這些所要求的部件一造好，便立即沉到泰恩、克萊德以及一百個其他的河口、三角灣和海灣等地方。這樣可避免被德軍偵察到。等到需要時，再把水抽掉，「鳳凰」沉箱便可重現出來。

英國所精心設計的方案要是沒有代號為「波列羅作戰」（Operation Bolero）的美軍的集結，便幾乎毫無作用。美國工業生產能力超過了一九四二年最保守的估計。美國以英國為基地的戰鬥機和轟炸機群已從一九四二年年底的十五個變成了八十六個，占美軍全部飛機的一半以上。到一九四四年六月，英格蘭東部幾乎成了美國空軍基地的飛機庫。在英格蘭西南部，美軍數量從一九四二年五月的三萬六千人增加到一九四四年五月的一百五十萬人。從美國運來的作戰物資則更是驚人。在一九四二年

蒙哥馬利將軍（居中）與布萊德雷將軍（美第１集團軍）和邁爾斯・迪姆普賽中將（英第２集團軍）在一起。蒙哥馬利負責指揮在法國的所有地面部隊，直到１９４４年９月１日由艾森豪接替。而在此之前，布萊德雷和迪姆普賽各自指揮自己的部隊並接受蒙哥馬利的領導。

四月到一九四四年四月這二十四個月內，通過港口輸入的軍事物資達五百萬噸，佔這一時期英國進口物資總噸數的百分之十。

　　波列羅作戰能獲得巨大成功並非易事。美國總後勤主任薩默維爾（Brehon B. Somervell）將軍把很大精力花在該項行動上。有段時間，特別是在一九四三年夏天，當他的注意力集中到地中海的時候，該計劃受到很大影響。一九四四年初時，薩默維爾努力要把堆積在紐約的大量儲備物資運出來，但只是苦於沒有船隻，以至於無法在計劃的登陸日之前按時完成。應羅斯福的要求，邱吉爾命令進一步減少消費品的進口，這雖然加劇了業已短缺

的消費品供給，但卻爲軍需品的運輸提供了方便。一九四四年五月底，薩默維爾已經向英格蘭運送了五萬輛戰車和裝甲車，四十五萬輛卡車和四十五萬噸彈藥，把這個國家變成了「有史以來最大的軍事運作中心」（艾森豪語）。

## 集結繼續進行

　　雖然美軍在英國的集結給人印象最深，但其他國家也向英格蘭輸送部隊和裝備。到一九四四年五月，已有近二十萬加拿大軍人來到英國。加拿大皇家空軍有五萬四千人，有的在三十七個加拿大飛行中隊，有的在英國皇家空軍中服役。還有超過四萬名的澳大利亞和紐西

英軍正在練習從步兵登陸艇進行登陸進攻。這種特別的小艇是由「柯蒂斯‧康沃」工廠製造的。它是建造這些重要船隻的幾十家工廠中的一家，沒有他們的努力，將無法實施登陸行動。

蘭人，有的在該國國家飛行中隊，有的在英國皇家空軍，有的則在皇家海軍中。歐洲被佔領國家也做出很大貢獻，波蘭和「自由法國」有四萬人，比利時、荷蘭、挪威和捷克共有大約一萬人。但最大的部隊——至少在開始時——要算是英國本身的了。一九四四年春，在不列顛諸島上就有一百七十五萬軍人。據所知情況，盟軍有三百萬人在英格蘭南部駐紮，另外有一百萬美軍將從美國直接開來。還會有來自加拿大本土和在義大利的加拿大部隊近十萬也將抵達。

一九四三年秋時，這些持續增加的部隊仍沒有一位最高統帥。邱吉爾認為這項工作應由英國人去做，並半公開地表示將任命參謀總長布魯克將軍擔任此職。但羅斯福認為，鑑於美國物資和軍隊數量日益佔優勢，最高統帥應該是美國人，並試探地提及美軍參謀長馬歇爾將軍。由於意識到在這個問題上會有分歧，首相和總統都同意把這個問題暫時擱置。然而，俄國人對此卻相當不滿，認為英美遲遲不任命盟軍最高統帥是有意延緩開闢第二戰場。一九四三年十一月德黑蘭會議上，史達林要求西方領導人把立即任命盟軍最高統帥作為相互信任的一個指標。

## 艾森豪成為盟軍最高統帥

邱吉爾力薦布魯克，但羅斯福明確表示，如果任命一位英國人為盟軍最高統帥，美國大眾會反應強

盟軍透過空襲以阻止德國人將人員和物資運到登陸地區。這是一張剛遭盟軍空襲後的卡昂火車站的照片。盟軍的轟炸使該鎮變成一片瓦礫，但也使英加軍隊在登陸後的進攻受到嚴重阻礙。

這是1943年集結時加拿大「德·勒維斯」團的一位軍官。除了與眾不同的帽子外，他的服裝與英國軍官的沒什麼區別，並且這種帽子只有在冬天才戴。加拿大人在第厄普戰役中損失慘重。在諾曼第登陸戰鬥中，他們非常英勇頑強。

烈，況且一九四四年是大選之年。英美聯盟之所以運行順利，是因爲建立在首相與總統個人之間的良好關係上。爲了不使羅斯福爲難，邱吉爾撤回了他所鍾愛的人選。直到十二月七日，羅斯福才決定不從華盛頓抽調馬歇爾，而是任命艾森豪將軍爲盟軍最高統帥。自起草「圍捕」計劃之後，艾森豪於一九四二年十一月被授命在北非執行「火炬作戰」（Operation Torch），後又被任命爲地中海戰區司令。他對率領部隊進行戰鬥的經驗較少，但他已在行政方面證明了自己的才能，而且他在外交方面的才能也日益得到認可，特別是在北非處理法國的事務使他名聲大振。被任命組織實施「大君主作戰」後，艾森豪派他的參謀長史密斯（Walter Bedell Smith）少將到倫敦組織成立聯合遠征軍最高統帥部。史密斯是行伍出身，第一次世界大戰中被提升。他性格暴躁，缺乏耐心，但精力旺盛，這是對艾森豪和藹的個性作很好的補充。

　　當一九四四年一月抵達倫敦時，艾森豪發現史密斯已將聯合遠征軍最高統帥部組織完畢並且運行良好。聯合遠征軍最高統帥部設立在泰晤士河畔的布歇公園內，它吸收了盟軍最高司令部的部分人員，到一九四四年五月，人數已達到七千人。

　　艾森豪在一九四四年初

花了一個月時間組成了一個指揮班底。他挑選盟軍空軍前地中海地區總司令泰德（Arthur Tedder）上將做爲他的副手。艾森豪第一次遇到他是在一九四二年十二月，泰德畢業於劍橋大學，他看上去性格內向，有學者氣，常叼著煙嘴，看上去更像一位大學教師而不像軍隊裡的人。邱吉爾在最初判斷人時傾向於根據其外表，因而認爲他不堪重用，就把他打發了。但艾森豪很快就瞭解他，並對其睿智很是欣賞。泰德是海、陸、空協同作戰的堅定倡導者，而不像其他許多空軍將領——他們似乎相信僅憑他們的轟炸機編隊就可以贏得戰爭。泰德充分意識到空地協作的重要性，他最終說服了艾森豪任命了與他持同樣觀點的李馬洛（Trafford Leigh Mallory）上將負責盟軍新型的戰術空軍部隊，儘管李馬洛是眾所周知的難馴之馬。海軍部隊毫無疑問是個重要角色，艾森豪同意邱吉爾的建議，任命雷姆賽（Bertram Ramsay）上將爲海軍總司令。雷姆賽在部署部隊上岸或入海方面的能力都是無人可比的，他曾領導過一九四〇年的敦克爾克大撤退以及一九四二年盟軍的北非登陸。邱吉爾強烈要求任命雷姆賽或許有個沒有明言的想法，即如果登陸日的行動進展很不順利的話，他將是代替艾森豪職務的最合適的人選。

## 對蒙哥馬利的任命

　　艾森豪在挑選地面部隊司令方面覺得更不容易作決斷。在北非時

他對亞歷山大（Harold Alexander）曾留下很深的印象。這是一個來自愛爾蘭衛隊的軍官，衣冠楚楚，認真嚴肅，嘴角翹起，看上去就像好萊塢影片裡的舊時英國將軍。邱吉爾對他評價也很高，他的許多同事雖然承認他有近乎自殺式的勇敢和外交技能，但對他在其他方面的能力都評價不高。英國帝國參謀總長布魯克竭力推薦他的門徒蒙哥馬利（Bernard Montgomery）將軍，他在敦克爾克時是布魯克手下的一個師長。蒙哥馬利是目前英國最成功的將軍，但他為人刻薄且極自我，在北非時就對艾森豪和其他美軍將領們擺出一副屈就的樣子。艾森豪對蒙哥馬利的疑慮雖沒有上升到憎惡的程度，但他還是不太情願地接受

了對其的任命。而對任命布萊德雷（Omar Bradley）將軍指揮美軍第1軍團，艾森豪就沒有這樣的疑慮。作為艾森豪的親密的老友，布萊德雷謙虛、文靜，不擺架子。第3軍團司令巴頓（George Patton）將軍是艾森豪的另一位老朋友，他火爆的脾氣使艾森豪幾次差點解了他的職。巴頓也同艾森豪一樣，對蒙哥馬利也懷有矛盾的心理。

這個指揮班底或許是一九四四年初時高級將領群中最好的一個。作為「委員會主席」，艾森豪充分證明了自己的能力。在任麥克阿瑟的副官時，艾森豪就習慣於對付那個自負、且自我中心的人。在接下來的幾個月裡，艾森豪憑自己的老練和個人魅力使聯合遠征軍最高統

重型設備正在一個英國港口裝船。拖拉機和推土機成為與坦克和槍砲一樣重要的工具。

在英格蘭南部沿海的演習中，一位美軍坦克手正在練習從砲塔中向外扔手榴彈。

帥部複雜的人員機器正常運轉。他容忍了蒙哥馬利的傲慢態度，只是在私下裡挫一挫他的傲氣，卻從不在公開場合這樣做。

艾森豪所遇到的主要問題之一是說服「轟炸機大王」英國皇家空軍上將哈里斯（Arthur Harris）和美國第八航空軍的史巴茲（Carl Spaatz）將軍，讓他們同意將空軍由轟炸德國轉移到阻斷法國北部的運輸系統上來。一九四四年初，泰德的主要科技參謀佐克曼（Solly Zuckerman）提出了一個方案，擬炸毀整個法國北部的一百多個鐵路樞紐。他稱這個行動將使德國軍隊

調動和供應陷入停滯狀態。這個「鐵路轟炸計劃」很快就得到了泰德和李馬洛的支持，但卻受到哈里斯和史巴茲的反對，他們倆都認為只有集中力量對德國進行戰略性轟炸才能贏得戰爭。邱吉爾由於擔心這將會在法國造成平民傷亡，而不太願意支持這個鐵路轟炸計劃。直到戴高樂保證說法國人會因為沒有為自由付出代價而感到恥辱後，邱吉爾才同意了該計劃。

## 艾森豪的第一個勝利

哈里斯和史巴茲非常頑固，他們作了一些巧妙的迂迴方案，例如轟炸德國的綜合煉油廠和汽車廠。實際上，他們執行的仍是老計劃。三月二十五日，艾森豪獲得了從任最高統帥以來的首次大勝利。在聯合遠征軍最高統帥部司令部召開的一個氣氛緊張的會議上，艾森豪對轟炸機大王威脅說，如果他們不同意將空軍部隊轉到轟炸法國鐵路系統上來的話，他就只好辭職。面對將要背上破壞英美聯盟和延誤「大君主作戰」的罪名，哈里斯和史巴茲不得已做出了讓步。

轟炸行動在四月初就很快開始了。在接下來的九個星期內，盟軍飛機對八十個鐵路樞紐投下了七萬一千噸炸彈。五月十日開始，目標擴大到法國西北部所有橋樑。十天後盟軍飛機開始襲擊整個法國北部的火車。這對德軍的巨大衝擊日益明顯。例如五月九日，隆美爾的海軍司令路格（Friedrich Ruge）上將在他的日記中寫道：托德組織從五

月一日後就一直沒將水泥運來。五月十一日，托德組織估計他們已從修築大西洋長城的人員中抽調了約六萬五千人去修復鐵路。五月三十日下午，隆美爾在視察中路過加利昂的塞納河大橋時，不得不讓車子加快速度開過去，因爲到處都可能有炸彈落下，而他們過橋總計用了一個小時。路格簡潔地評論：我們頭頂上有許多飛機，但都不是德國的。到六月五日，盟國空軍已出動飛機二十萬架次，投下了將近二十萬噸炸彈。蘭開斯特式和B-17轟炸機徹底摧毀了鐵路樞紐和編組站，使得在法國北部的鐵路運輸量減少了百分之六十。盟軍飛機接著又將注意力集中到大西洋長城的各要塞上，摧毀了德軍九十二個雷達站中的七十四個，大大降低了德國對英吉利海峽及英國的監聽能力。然而，盟軍的損失也是巨大的：二千架飛機和成爲「大君主作戰」第一批死傷人員的一萬二千名機組人員。

## 盟軍的謹慎

當鐵路轟炸計劃正在實施時，盟軍部隊進行了進攻前的最後一次演習。許多部隊已經等得不耐煩了，過多的訓練已經使得效率開始降低，精心準備的演習似乎已與實際情況沒有多大聯繫。除了第２９步兵師是在一九四二年就駐紮在英格蘭之外，大多數美軍師是在最近才抵達這裡的。儘管他們經驗不足，但卻個個士氣高漲。其他部隊則已參加過多次戰鬥，著名的英國部隊像第５１高地師和第７裝甲師

從埃及途經利比亞、突尼斯和西西里，一直打到義大利。他們清楚地記得像艾拉敏、馬雷特防線（Mareth Line）和薩萊諾等戰役，他們都遭受過重大的傷亡。他們知道前面將會是什麼，而絕不期待著能直搗大西洋長城。

## 邱吉爾的憂慮

首相理解他們的擔憂。二月的一個晚上，當他與他的下屬們討論大君主作戰時，他突然問道：「我們爲什麼要盡力去做這件事？我們爲什麼不在一個友好的國家、一個我們最老的盟友的領土上登陸呢？我們爲什麼不在葡萄牙登陸呢？」於是他將備忘錄送給參謀們等待第二天討論。而整個晚上這些策劃者都在紙上工作，勾勒經過西班牙、跨過庇里牛斯山進攻的可能路線。

第二天早晨，布魯克看了他桌子上放著的計劃後勃然大怒。他的童年是在法國度過的，因此對庇里牛斯山很瞭解。在稍後與邱吉爾一起參加的會議上，他尖銳地批評了該方案。鑑於這樣的反應，邱吉爾意識到這是一個愚蠢的提議，不值得浪費寶貴的時間。但這也同時顯示了邱吉爾清楚地意識到「大君主作戰」的冒險性。兩個月後，在英國海岸幾個類似於諾曼第的區域進行了逼真的兩棲登陸演習。人們被設備操作不靈、交通阻塞和海上碰撞等一片混亂景象給驚呆了。四月二十七日晚在多塞特（Dorset）的斯拉普頓（Slapton）沙地附近的海上，九艘德國潛艇攻擊美國登陸艇

護航隊，以魚雷擊沉了其中三艘，七百五十多名美軍喪生。之後幾天，死屍被衝到多塞特海岸。這提醒了盟軍應該重視敵軍的軍事能力。

一九四四年五月十五日在倫敦聖保羅學校的模型室裡，蒙哥馬利在一群精選的觀眾面前展現了複雜的「大君主作戰」的全貌。這些觀眾包括首相、國王、盟軍最高統帥、大英帝國參謀總長以及幾十位海軍上將、陸軍上將和空軍上將。登陸日（「D日」）定在六月五日，這天，將有八個師在諾曼第登陸，三個師從空中，五個師從海上。兩個美軍空降師——第82師和第101師，將於夜裡沿柯騰丁半島西海岸空降，以確保灘頭西側的安全。同時英軍第6空降師將在奧恩河以東著陸。其餘五個師將在代號分別為「猶他」、「奧瑪哈」、「黃金」、「天后」和「寶劍」等五個不同的海灘登陸。美軍第4步兵師將在柯騰丁最西部的猶他海灘登陸；美軍第一步兵師和部分美軍第29師將在防禦嚴密的霍角和貝新港（Porten Bessin）之間的奧瑪哈海灘登陸；英軍第50師在阿羅曼什到拉里維埃爾（La Rivière）之間的黃金海灘登陸；加拿大第3步兵師在位於拉里維埃爾和盧克（Luc）之間的天后海灘登陸；英軍第3步兵師在寶劍海灘登陸。

## 登陸日的目標

盟軍計劃在「D日」這天拿下諾曼第沿岸八十公里長、縱深約十六公里的一片地帶。英軍將負責保

衛岡城和巴耶（Bayeux）這兩個重要的通訊中心。同時，美軍將轉向西北，從陸地方向進攻並佔領瑟堡。一旦登陸成功，三天內「桑樹港」將運到目的地並以最快速度進行大規模集結。登陸後九十天內，諾曼第將由十七個師增加到三十九個師。到那時，盟軍部隊將可打出灘頭陣地，跨過塞納河，向低地國家和齊格菲防線推進。

隨著「D日」越來越近，瞭解進攻計劃詳情的軍官越來越多，安全保密就變得非常重要。或許就在某次宴會或晚會上，特別是在倫敦外交場合的某次評論中，情報就可能被反饋到德國。英國於是頒布了一項禁令：停止在英國的一切外交通信特權。但這卻避免不了私人電話傳送。例如在四月，艾森豪的老朋友、西點軍校同學米勒（Henry J. Miller）少將在克拉里吉飯店的一個雞尾酒晚會上喝得太多，口無遮攔地談論登陸日，甚至還提到了具體日期。艾森豪對此進行了嚴厲的處理，將米勒降級為上校，並把他遣送回美國。他寫信給馬歇爾說道：「我對發生這種不必要的意外危險非常憤怒，我恨不得親自把這個洩密者給斃了。」

## 盟軍的謹慎

單靠保密並不能保證敵人刺探不到「D日」的詳情。除了消極的安全措施外，盟軍還採取了一個積極的計策，那就是誤導和矇騙德軍，讓他們在「D日」之前把部隊集中到錯誤的地方。在一九四三年

曾設計了各種不同計劃，如「帽章作戰」、「吉爾作戰」、「保鏢作戰」等。一九四四年二月二十三日把全部工作重心轉移到「堅忍作戰」（Fortitude）中去了，而這個計劃的一部分——「北方堅忍」——是為了誤導德軍，使他們相信登陸地點會在加萊。諾曼第登陸在此之後也開始準備，並使之像一個為真正的行動而作的佯攻。這就意味著要在肯特製造一些假部隊。第21集團軍將在英格蘭中南部和西南部的無線電通訊系統全部打開，跨過陸地發送到英格蘭東南部，並多次重發。同時，埃塞克斯（Essex）和索福克（Suffolk）基地冒出了巨大的營地，營地裡擠滿了橡皮吹起來的戰車，而空軍基地停滿了用三層木頭做成的假飛機。前德國情報機構已經經過改造，現由軍事情報局五處領導，他們不斷向德國提供這些營地不斷擴大的詳細的彙報，這些彙報聽起來似乎合情合理。

四月開始的轟炸鐵路計劃使德國電話和電報聯絡長期陷入癱瘓，因此德軍不得不再次使用無線電這種低層級的聯絡方式。在布萊特雷公園的「極」情報部（Ultra）破譯了敵人的密碼。德軍的無線電通信顯示，五月初德軍確信盟軍有七十九個師，而實際上只有五十二個師；在布列塔尼和諾曼第將會有佯攻登陸行動，而主要登陸地點是在加萊。「極」情報部還得知：德軍猜測登陸部隊的統帥是巴頓將軍；另根據截獲的德國無線電信號得知，德國高級將領都認為巴頓是盟

軍最優秀的將領。艾森豪嘲弄地說德軍已經上鉤了，並發布命令任命巴頓為假部隊的統帥，以使德國確信他們的預測沒錯。

## 最後的準備工作

五月，所有的準備工作已全部完成。五月初，海軍上將雷姆賽提醒艾森豪日期可能要推遲：並非所有的戰車登陸艦都已從美國運到。艾森豪的海軍參謀還宣稱六月五日星期日這天可能會有潮汐現象，而這天就是登陸日。一九四四年五月英國南部的天氣非常好：天空萬里無雲，氣溫略高於平均氣溫，英吉利海峽就像水池一樣平靜。

英格蘭所有通往南部沿岸海港的路上都擠滿了軍用物資運輸隊，

美軍別動隊員正在練習徒手搏鬥。別動隊員和他們的英國同伴（英國突擊隊）的任務是在大規模前進之前破壞敵人的碉堡並迅速向內陸進攻，以與空降部隊取得聯繫。

有的超過一百六十公里長。南部和西南部沿海地區已經禁止平民通過，一旦部隊進入該區域，市民便與外界失去聯繫。大規模的人員和物資終於開始移動。

但是英國的天氣是多變的。由於南部沿海繼續沐浴在赤道般溫暖的陽光下，指揮官們開始焦急起來。五月三十日邱吉爾問海軍大臣：「這樣的晴天怎麼能適合登陸呢？天氣有沒有可能變壞，還是一直這樣晴下去？」艾森豪聽了天氣預報也很煩惱，但到五月三十一日晚，他的心情才有所放鬆。

## 日益惡劣的天氣

幾個小時後天氣就變了：黑壓壓的烏雲伴著大風暴雨橫掃英吉利海峽。在接下來的七十二個小時裡，天氣越來越壞。六月三日星期六印出準備在六月五日登陸的命令，但是六月四日天氣預報報導在未來二十四個小時內海浪較大，能見度很低，且諾曼第海灘上還有薄霧。盟軍最高統帥部別無辦法，只得暫停這部巨大的進攻機器。

不幸的是，美國駛向猶他海岸的艦隊已經從康瓦耳（Cornwall）出發，而無線電卻聯繫不上。英國皇家空軍不得不派飛機去通知他們返回。在擁擠的船隻上環境很糟。甚至在索倫特（Solent）避風的水域裡，由於船隻左搖右擺而使部隊暈船現象嚴重，那些擠在甲板下面的士兵只得與嘔吐的難聞氣味相伴。艾森豪知道，如果他取消「大君主作戰」的話，至少要一個月情

況才能恢復。而在這一個月裡，士氣將大受打擊，訓練也會失去效果；並且在這一個月裡，德軍可能會弄清堅忍作戰並重新部署部隊。但是如果他決定按計劃進行的話，結果可能會造成海洋史上最大的災難。

六月六日凌晨四點，氣象學家預計，從六月六日星期二凌晨開始的二十四小時內，惡劣的天氣將有所緩解。海軍上將雷姆賽和蒙哥馬利將軍都表示行動應該進行。艾森豪此時下達了二戰最重大的命令，

他簡單地說：「好，那就幹吧！」

## 「大君主作戰」實施

　　當天晚上，艾森豪從位於南安普敦附近的司令部驅車來到紐伯里（Newbury）附近的格林漢姆考門（Greenham Common），在那裡第101空降師將登機飛往諾曼第。一個星期前，李馬洛得到消息，德軍正在加強空降地區的兵力，他不無擔憂地告訴艾森豪，空降行動只是對這些精銳部隊的屠殺，是毫無用處的，並請求最高統帥取消這些行動。但艾森豪拒絕了。現在他去和他們道別，他相信他是將他們送往死亡之地。當最後一架飛機飛走後，艾森豪放鬆了肩膀，噙著眼淚回到汽車裡。

　　同樣是在這天晚上，邱吉爾對準備睡覺的妻子說：「你可知道，等你明天早晨醒來時，兩萬名士兵可能已經失去生命？」之前，在國王親自干涉下，邱吉爾才放棄了與登陸部隊一同前往的打算。而在整個英格蘭的各個司令部裡，英美將領們都在度過他們最漫長的一夜。

艾森豪將軍在第101空降師出發赴諾曼第之前向士兵發表講話，臉上清楚地展示出重大的責任意識。

# 第二章
# 登陸日

一九四四年六月六日凌晨，諾曼第沿岸的德國防禦部隊被驚天動地的槍砲聲驚醒，結果發現預料中的進攻終於開始了。

按照以往慣例，一九四四年六月五日，英國國家廣播公司（BBC）法語台在新聞播報後，開始「私人通訊」單元。但這天晚上的訊息數量卻大的驚人：共三百二十五件消息，它們在一個多小時後才被全部處理完，其中，「我要帶薔薇來」這個訊息特別重要，它是法國北部的反抗組織實施「綠色行動」的命令，即開始破壞鐵路。隨著廣播的繼續，其他行動開始的消息也傳出來，如「烏龜行動」——破壞橋樑和公路；「藍色行動」——破壞敵人的電力供應系統；「紫色行動」——切斷電話和電報聯繫。午夜之前，「法國內地軍」（FFI）的小組開始行動。在諾曼第灘頭陣地地區的法國內地軍情報負責人麥卡德（Guilloum Mercader，一位法國著名的自行車手，他在不久的未來將會贏得環法自行車比賽的勝利）騎著自行車以極快速度沿著海濱大道將命令送到一個個小隊。在岡城，火車站站長奧吉（Albert Auge）和他的夥伴們使得該城市調度站的車輛全部癱瘓。

再向西，咖啡館老闆法瑞恩（André Farine）帶領隊員們切斷了瑟堡與外界的電話線。同時，其他一些小組在瑟堡一個雜貨商格萊斯林（Yves Gresslin）率領下，炸毀了連接瑟堡與巴黎的鐵路。在布列塔尼，「自由法國」的一些小組乘飛機跳傘，參加了三千五百名反抗組織成員的行動。凌晨到來之前，他們對布列塔尼東部進行了一系列的破壞活動。他們拆毀橋樑和鐵路，炸毀電線桿，建立部署有機槍隊和火箭筒隊的路障。他們採取各種方式以阻止布列塔尼的十五萬名德國部隊迅速增援灘頭陣地。六百公里以外，以第戎為中心的法國東部鐵路網在爆炸聲中癱瘓。共有三十七個地方遭到破壞。整個法國在法國內地軍最初幾個小時的行動中有九百五十個地方的鐵路網被切斷，一百八十列火車出軌。

## 龐大的機群

同時，一波又一波的運輸機及眾多的滑翔機從英國各空軍基地起飛。午夜時分，大約一千二百七十架飛機，包括C-47運輸機和經過改裝的斯特林式（Stirling）和艾爾比默萊式（Albermarle）舊型轟炸機，以及八百五十架英國霍薩式（Horsa）、漢密爾卡式（Hamilcar）和美國瓦科式（Waco）滑翔機，運載著一萬七千名士兵，從英國南部，像潮水般湧向諾曼第海岸。

美軍第１０１空降師的一位傘兵，帶著反戰車火箭筒，全副武裝地登上一架C-47運輸機。大約一千七百二十七架飛機和八百五十架滑翔機把一萬七千名英美空降部隊運送到諾曼第。

第一批代號爲「泰坦尼克作戰」（Operation Titanic）的空中登陸已經開始。小股盟軍帶著五百個假傘兵，在奧瑪哈、黃金和天后沙灘後面的遠離實際登陸的地區空降下來。在奧瑪哈海灘十公里後面的勒莫里（Le Molay），德軍第３５２師指揮官克萊斯（Kraiss）少將在司令部裡得知消息後大吃一驚，連忙派出後備部隊在伊斯尼（Isigny）東南的樹林裡進行搜捕。

大約在同一時間裡，配有精密導航設備的美英前導偵察機在有經驗的導航員的指引下，將隨身攜帶夜間照明器具的傘兵空投到登陸地區。二十分鐘後，美國運兵用滑翔機載著第１０１和第８２空降師沿

東南直向海峽島嶼飛來，越過柯騰丁半島西岸時，從海拔一百五十公尺爬升到四百五十公尺高度。德軍第２４３砲兵旅的雷達探測到了這批機群，一陣密集的防空砲火過後，幾架C-47運輸機從空中栽了下來接著消失在了雲層裡。幾分鐘後，飛行編隊被打亂了。一些飛行員不瞭解具體情況就命令傘兵往下跳。結果，一些傘兵被敵人的探照燈發現，而另一些人則被纏在降落傘裡直接掉到水裡慘遭淹斃。那些沒有受傷的人員則在黑夜中努力尋找自己的隊伍。第１０１師師長，泰勒（Maxwell Taylor）准將單獨一個人降落在一塊田野裡，並在附近找到了一些同件。到這天結束

出發赴諾曼第降落區之前，英軍第６空降師的軍官們正在對錶。他們身後是一架艾爾比默萊式運兵飛機。

C-47運輸機裡的美國士兵在前往諾曼第的途中。在進攻諾曼第的行動中，共有第82師和第101師兩個美軍空降師。在空降過程中，兩個師都遭受了重大損失，使達成預定目標變得異常困難。

時，六千六百人只有二千五百人集中在登陸地帶。第101師有些士兵降落到瑟堡的郊區去了，有三個甚至落到了奧瑪哈海灘以西的霍克角去了。

第82師降落地帶就位於第101師以北，他們同樣也遭受了巨大的人員傷亡。在跳傘途中，有二百七十二名士兵被殺或嚴重受傷，而有些士兵則落在了離指定地點超過三十二公里的地方。大約有三十名傘兵的確降落在他們最開始設計的降落地點：聖母教堂鎮（Ste Mère Eglise），該鎮的一部分在當天早些時候曾被飛機轟炸過。當盟軍士兵在猛火蔽空下降落時，德國衛戍部隊毫不費力地便逮到了他們。其中一名盟軍士兵的降落傘被鉤在教堂的塔頂上達兩小時。在他被敵人抓到之前，教堂的鐘聲差點

把他耳朵給震聾了。另有大約一百人降落在該鎮的郊區，他們在中校愛德華・克拉伍斯的指揮下攻入該鎮。他們很快就將該鎮的衛戍部隊

被稱為「呼嘯之鷹」的美軍101空降師的兩個士兵，留著令人恐怖的「莫希干」頭，正往彼此的臉上塗料。

漢密爾卡式滑翔機正在著陸。英國漢密爾卡式滑翔機在諾曼第登陸過程中獲得很大成功。它是盟軍第一種可運載一輛七噸重輕型戰車的滑翔機。盟軍共造了四百多架漢密爾卡式滑翔機。

擊斃或俘虜，並隨後擊退了德軍的反撲。

## 地面上的混亂

到這天結束為止，82師指揮官李奇威（Matthew B. Ridgeway）少將設法將六千三百九十六名士兵中僅剩下的二千多名集中到了一起。與101師的泰勒將軍一樣，他也感覺眼前的局勢是一團混亂。實際上，儘管行動沒有按原計劃執行，但這股分散的且經過良好訓練與裝備精良的部隊，卻仍給德軍防守的第709和第91師造成很大的麻煩。他們非常分散，德軍發覺自己無法集中力量去進攻某一個目標，因為德軍同樣地處於混亂的狀態。被突然召到雷內斯（Rennes）作戰的第91師師長法利

（Wilhelm Falley）少將是一名經驗豐富的指揮官。然而就在黎明前，他卻在返回皮科維爾（Picauville）附近的司令部的途中遭美軍傘兵伏擊而死。雖然第91師是精銳部隊，但由於突然失去了指揮官，導致該師在整個「D日」期間行動嚴重遲緩，無法發揮其作用。

當美軍正在柯騰丁登陸時，英軍第六空降師的先遣部隊也已接近登陸地區。六月六日零點十五分，六架哈里法克斯式轟炸機在瑟堡上空一千五百公尺將六架霍薩式滑翔機從拉繩放下。五分鐘後，三架滑翔機降落在離目標地點四十五公尺的範圍裡，即位於英軍灘頭堡東邊、岡城運河和奧恩河在貝努維爾（Bénouville）地區的大橋附近。在霍華德（John Howard）少校的率

領下，這支輕型步兵部隊跨過大橋，對敵人加以突襲，使德軍在慌亂中被打得四散潰逃。第6空降師的另一些飛機在更東的地方降落。第5傘兵旅的六十八架滑翔機在離貝努維爾橋一點五公里的蘭維爾（Ranville）著陸。有十八架滑翔機撞到了德軍修造的木樁鐵絲網上而全毀。韋慕特（Chester Wilmot）是一位澳洲的戰地記者，打算記錄這場具有歷史意義的戰役。他隨第5旅一道登陸並寫道：「我能看到其他滑翔機的輪廓，它們被掛在工事上，讓天空襯出一片奇形怪狀。一些飛機的頭部鑽進了泥土裡；另一些掉了輪子或折了機翼；有一架鑽進了一間房子裡，還有兩架撞到了一起。」師長格爾（Richard Gale）少將於凌晨三點鐘在韋慕特附近著陸。他在附近抓了匹馬，直奔蘭維爾，沿途把第6空降師的零散部隊集合起來。到六點鐘時，他已在蘭維爾的奧姆城堡建立了師指揮所，並派幾個營在東邊挖好戰壕，為對付敵人的反撲做好準備。戰鬥將在這裡持續一整天。

## 短兵相接

與此同時，第6空降師所承擔的首要重任卻遇到了困難。阿特威（Terrance Otway）中校所率領的第9傘兵營的任務是摧毀莫維爾（Merville）海岸後面的一個德軍砲兵連，這個砲兵連位於蘭維爾東北約六點五公里處，其砲火能覆蓋全部的寶劍海灘。就在阿特威的部隊來到降落地點前十分鐘，一百架英國皇家空軍的蘭開斯特式（Lancaster）轟炸機向這個砲兵陣地投了一千八百一十四公斤炸彈，但大多數卻落在了南邊的瓦拉維爾（Varaville）。幾分鐘後，當第9營的達科他式（Dakota）運兵飛機飛越瓦拉維爾時，遭到了高射砲的猛烈轟擊。飛機立即向下俯衝並作躲避動作，但飛行編隊卻因而分開了。當飛機爬高時，傘兵向一片寬闊的地帶降落下來，結果有好幾十名士兵直接掉入了第夫河（Dives）的沼澤地裡淹死。到四點鐘的時候，阿特威只集合了擁有一些輕型武器的一百五十五名士兵，而之前，他預計能擁有迫擊砲、反戰車砲和吉普車的六百人的部隊。四點半，按計劃準備在該砲兵陣地迫降的三架霍薩式飛機中的兩架出現在上空。其中一架飛過了目標地點，另一架被砲兵陣地的高射砲擊中，撞到了阿特威和他部隊後面的一棵樹上。

阿特威知道，如果他們延誤的話，英軍的登陸將會遭到猛烈的砲火狙擊，於是他率領隊伍向敵人發動猛攻。到六點鐘的時候，經過了短兵奮戰，砲兵陣地終於被英軍拿下，一百一十名死傷德軍成堆地躺在地堡內，英軍也有六十五人的傷亡。不幸的是，阿特威發現此時沒有辦法摧毀那些大砲。把手榴彈扔到砲管裡儘管可以暫時讓這些大

身著標準服裝的英軍滑翔機飛行員團的一名飛行員。與美軍不同的是，英軍滑翔機飛行員是經過全面訓練的戰鬥部隊，在將滑翔機著陸後，他們還參加地面戰鬥。該滑翔機飛行員團在「D日」三個月後於安恆被消滅。

砲失去作用，卻無法摧毀它們。用盡一切辦法後，阿特威只得帶領八十名士兵去執行下一個任務：掃清勒普蘭（Le Plein）的德軍。結果德軍又佔領了這個砲兵陣地，並在修整後重新使該陣地投入使用。

隨著空降部隊進攻的開始，對布魯日附近海灘的佯攻也正在進行當中。摩托艇用一種特殊裝置向敵人陣地發射大量煙霧，並將帶有反射片的防空阻塞氣球拖到敵軍陣地。同時一隊隊轟炸機將代號「窗」的干擾鋁條扔向敵軍陣地，這更使敵人的雷達陷入混亂。大約三點鐘的時候，一束束德軍探照燈開始搜尋加萊地區，岸砲連重新打開雷達，同時德軍夜戰部隊也在搜索那些假空降部隊。而離該地西南方一百六十公里，五點十五分至五點鐘，一千零五十六架蘭開斯特式、哈里法克斯式和蚊式（Mosquito）飛機分成十組（每組約一百架）向實際登陸海灘的十個德軍大型基地發動了攻擊。總共投了五千噸炸彈，每個地方約投了五百噸。

空襲過後，運載進攻部隊的艦隊朝指定的集合地點懷特島（Isle of Wight）東南部地區駛來。這時，艦隊已經駛過了十個掃過雷的水道，美軍駛向西南的猶他和奧瑪

盟軍艦隊在防空阻塞氣球所形成的防護屏的保護下，向諾曼第駛去。同時英吉利海峽的兩端都用雷區、海軍和空軍巡邏機加以封鎖，阻止德國海軍進攻艦隊。

哈海灘,而英國和加拿大船隻則向
東南朝黃金、天后和寶劍海灘駛
去。艦隊的導航器就是停在離海岸
只有幾百公尺遠的兩艘小型潛艇的
駕駛指揮台上發出的一閃一閃的燈
光。儘管天氣惡劣,到五點鐘時,
進攻艦隊已抵達指定位置。這些艦
隊覆蓋了從東到西八十公里、從南
到北三十二公里的大片水域,在這
塊二千六百平方公里的水域裡集結
了有史以來在一個地方同一時間最
多的船隻。五千七百二十六艘運輸
船和登陸艇,一千二百一十三艘戰
艦和砲艇,共搭載了二十八萬七千
名士兵。艦艇大至戰艦,小至魚雷
艇,包括三艘美軍戰艦,四艘英軍
戰艦,以及二十三艘美、英、法和
波蘭的巡洋艦。

## 猛烈的砲擊

當最後一批轟炸機部隊向北飛
去時,五點十分,英國巡洋艦獵戶
星號(Orion)上一百五十二公厘口
徑的大砲,向一點五公里遠的黃金
海灘以南的弗勒里山砲兵陣地首先
開砲。之後的二十分鐘內,戰艦開
始朝沿諾曼第海岸八十公里的二十
九個地點進行砲擊,一百六十多架
偵察機給砲火指引方向。有些德軍
砲兵陣地非常頑強。在黃金海灘大
規模加固的混凝土陣地上,四門大
砲戰鬥了兩個多小時,在英國巡洋
艦阿賈克斯號(Ajax)和阿戈諾特
號(Argonaut)向他們發射了一百
七十九枚砲彈後才被夷平,但它們
同時卻也打沉了兩艘盟軍艦船。有
些德軍大砲——如在貝納維爾

(Bénerville)——在第一輪砲擊中
就消聲匿跡,但到了白天,它們又
重新開火。

德國海軍的反應僅局限在以哈
弗爾為基地的三艘魚雷艇:海鷗
號、美洲豹號和鷹號。它們在英國
皇家空軍沿登陸地區東側散佈的煙
霧的掩護下,試圖攻擊英軍戰恨號
(Warspite)和拉米利斯號
(Ramillies)戰艦,最後挪威的驅逐
艦斯韋納爾號(Svenner)。而德國
空軍卻無影無蹤,天一亮,已有三
十六個英國和十六個美國的戰鬥機
中隊在海灘上空巡邏,四個P-38閃

一位美軍士兵用音樂轉
移同伴們的注意力,使
他們少受暈船的困擾。
跨越海峽是一件令人
頭痛的事,許多士兵暈
船得很厲害。

電式（Lightning）戰鬥機中隊在海峽上盤旋，同時另有三十個戰鬥機中隊在英格蘭南部待命。

　　當登陸艦朝海岸駛去時，驅逐艦上的砲火又加入到密集的海軍砲火中去，安裝在登陸艦上的一排排火箭也呼嘯著朝敵砲兵陣地飛去。最後，登陸艦艇上的一百一十九公厘六磅重的砲彈也直接飛向德軍陣地。砲兵部隊總計發射了五萬發砲彈和火箭，每個登陸海灘都遭到了大約一萬枚砲彈的轟擊。在部隊在相應海灘登陸的前幾分鐘，最後一波美軍第8、第9航空軍的一千六百架轟炸機從頭頂飛過，去襲擊與海灘緊連著的內陸地帶。

　　進攻最西邊的猶他和奧瑪哈海灘的時間定在早晨六點半——落潮後一個小時。沿英國海岸向東——那裡的潮汐來得晚一些——進攻時間就定在七點半。天一亮，進攻猶他的美軍第4師就沿登陸網爬進登

陸艦，向十一公里外的海灘駛去。六點鐘的時候，離對面海岸還有六點五公里，這時德軍砲兵發現了進攻部隊，並將引導進攻部隊登陸的巡邏艇1261號擊沉，但大部隊仍繼續前進。然而，當登陸艇距離海岸約四千四百公尺時，從海灘側面衝來的一股大潮又將登陸艇沖遠。砲轟也對航行至關重要的登陸標誌的識別造成負面影響。所有這些因素導致當美軍在六點三十一分涉水上岸時，已偏離原定的登陸地點以南二千公尺了。第4師副師長、五十七歲的羅斯福准將（Theodore Roosevelt，羅斯福總統的兒子）是一名有過在北非和地中海等地三次登陸作戰經驗的老戰士。隨第一波部隊一上岸，羅斯福就發覺自己非常幸運，因為該地實際上並未設防。找到一條公路後，到九點半，他已帶領主力部隊來到了距離聖母教堂鎮只有二點五公里

登陸期間，英軍何姆茲號（Holemes）驅逐艦的大砲向諾曼第海岸轟擊。盟軍的海軍重砲使德軍膽戰心驚，在整個諾曼第戰役中發揮了強有力的作用。

的地方。傷亡人數少得令人吃驚，僅一百九十七名，而且其中有六十名是登陸艦在海上受阻時犧牲的。

穿過維爾河（Vire）三角洲向東，美軍部隊遇到的情況便完全不同。從格朗岡雷班（Grandcamp Les Bains）到德拉佩希角（Pointe de la Percée），十公里長的海岸線佈滿一系列的懸崖和岬灣。路走到中途就到了霍克角，這兒是九十公尺高的懸崖，隊伍很難通過。德軍在這裡修築了整個大西洋長城中最堅固的砲兵工事，用混凝土鋼筋加固的巨大掩體裡配備了一五五公厘的大砲，霍克角的砲火最大射程可達一萬六千五百公尺，它可以輕易的

阻擋從北邊來的進攻、從西邊猶他海灘以及從東邊奧瑪哈海灘的登陸。盟軍部隊對該地進行了多次砲擊。五點鐘後，美軍戰鬥艦德克薩斯號（Texas）上的四○六公厘大砲也開始對該地開火。但所有這些並不能保證摧毀這塊砲兵陣地，於是攻堅任務交給了曾在德州斯某中學任足球隊教練的魯德（James E. Rudder）上校領導的第二遊騎兵營的三個連身上。遊騎兵們被盟軍兩棲攻擊艦運到懸崖腳下後，開始攀登懸崖，前去佔領該陣地。

魯德的部隊按計劃應在六點半登陸，但由於海峽風暴肆虐和導航設備誤差的延誤，直到七點十分才

一架B-17空中堡壘式重型轟炸機飛越諾曼第海灘。重型轟炸機從原來的戰略空中攻擊改為去攻擊諾曼第及其附近地區的目標。

美軍遊騎兵隊為進攻猶他海灘做準備。一些士兵為執行特別任務而配備了特殊的裝備，如攜帶爆破筒去清除帶刺鐵絲網，以及帶鐵爪籬桿來攀登陡峭的懸崖。

到達。美軍薩特利號（Satterlee）驅逐艦和英軍塔利本特號（Tarlybant）驅逐艦開到離海岸三千二百公尺以內的海域向懸崖頂部開火，迫使德軍無法回擊。從突擊艇下來後，遊騎兵們爬到懸崖底部的隆起處，用綁著抓鉤和繩梯的火箭向上發射，形成一架架繩梯。隨著海軍砲火上移，遊騎兵開始沿繩梯向上爬。德軍從掩體裡出來，瘋狂地朝遊騎兵隊員扔手榴彈。一些繩梯被炸斷了，遊騎兵隊員摔了下去，但更多的隊員繼續前進，最終爬上了懸崖的頂端。

## 德軍大砲被摧毀

　　雖然遊騎兵個個身體敏捷強壯，並且只攜帶輕型武器，但還是只能十分鐘才爬行三十公尺。他們利用砲彈留下的彈坑和彎彎曲曲的被炸崖體作掩護，向每個德軍地堡發動進攻，並用炸藥包將碉堡摧毀。但是他們卻沒有發現一五五公厘的大砲。魯德猜想德軍想必知道霍克角將會遭到大規模的砲轟，於是把它們運到其他地方去了。但是因為大砲需要在每個方位的掩體都有軍隊把守，所以這些大砲離這裡不會太遠。八點鐘後，魯德派出一個戰鬥巡邏隊去搜尋大砲。一個小時後，當巡邏隊跨過霍克角以南一點五公里的海岸公路時，他們發現了被偽裝起來的大砲，這些大砲擠在附近田地裡的灌木叢中。遊騎兵

們一陣掃射就將砲兵給嚇跑了，然後用燃燒彈將大砲炸毀，並將附近成堆的發射器一併燒毀。

## 遊騎兵被迫撤退

到目前為止，行動進行得非常順利。但接下來，麻煩出現了。由於通訊系統出了故障，雖然遊騎兵們已經佔領了霍克角，但卻沒有辦法將消息傳到向北十六公里以外的指揮艦上去，直到當天深夜他們才重新與指揮部聯繫上。在那之前，由於沒有魯德的消息，指揮部判定這次行動已經失敗，因此將增援的幾個營轉向奧瑪哈海灘方向。德軍很快恢復了元氣，開始反攻，將魯德的隊伍趕到了霍克角的頂端。遊騎兵隊員們在此地堅守了三天後，一支增援部隊才從奧瑪哈趕過來，而此時魯德的二百二十五名隊員中只剩下九十個人仍在戰鬥。

美軍在奧瑪哈以東六點五公里的登陸行動可說是困難重重。這塊沙灘在退潮時是一片寬二百七十五公尺的開闊地帶，從德拉佩希角向東延伸六點四公里就是聖奧諾林（Ste Honorine）以北的杜拉日海岸（Côte du Rage），那裡多是崖石峭壁。因此這塊海灘是僅有的一片可供登陸的地區，但都修築了堅固的防禦工事。德軍從退潮線起修築了三層障礙物。頂端佈滿帶刺鐵絲網的兩公尺高的木頭和混凝土海堤橫亙整個海灘，海堤後面是一塊空地，這是一片有九十到三百六十五公尺寬的水草地，其兩側是高達六十公尺、上面歐洲蕨叢生的險峻懸

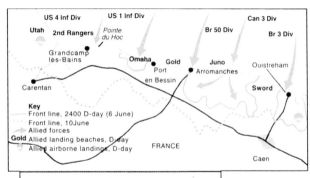

崖。德軍工兵在整個這塊空地上佈滿了地雷。空地的內陸邊上挖了深達兩公尺的反戰車壕，兩邊懸崖上修築了機槍和迫擊砲工事。最難對付的要數四個溪谷或凹進部分的防禦工事，它們與懸崖的火力相交叉，並以幾個與之相連的村莊命名：維爾維爾（Vierville）、穆蘭（Moulins）、聖勞倫特（St Laurent）和考勒維爾（Colleville）。德軍知道通過這塊海灘的唯一可行的辦法就是經過這四個凹進地帶，因此在每個地方都修建了配備有機槍、迫擊砲和二十公厘、七十五公厘、八十八公厘大砲的碉堡。所有這些形成了一道道弧形的火力網。跨過維爾維爾凹谷。有一條碎石路通向內地，德軍在這裡修築了一道高九公尺，厚三公尺的加強混凝土牆。德軍在這塊海灘總共配備了一百門大砲、迫擊砲以及二百挺機槍，由第

９１６榴彈兵團的高特（Ernst Goth）上校率領三個營負責守衛。這個團屬於德軍精銳部隊第３５２師，其中大部分是在東線戰鬥過的老兵，以及少量的十八歲左右的新兵。

就在黎明到來之前，一批批B-17轟炸機飛過沙灘向維爾維爾凹進部工事投彈。但是引導兵把給飛機指明轟炸地點的火把扔到太靠內陸的地方。結果，所有的炸彈都投到了海灘南邊去了，有的甚至投到三公里以外的地方。而運兵船離海灘還在二十公里以外，從艦隊拋錨地出發只行了一半的路程。加之從西北方向吹來的大風使這裡的風暴比在猶他海灘更為肆虐，身負重裝備

的美軍第２９師第１１６步兵團和美軍第１步兵師的第１６團從艦船的繩梯爬上了劇烈顛簸的登陸艇。登陸艇一下水，翻滾的海浪就迎面撲來，幾分鐘內就有十艘小艇翻覆沉入海底，三百名士兵大部分被淹死。僥倖坐在沒有沉沒的小艇內的士兵也經歷著與海浪搏擊的難言痛苦。裝載兩棲戰車的大型登陸艇目睹小型登陸艇的悲劇，便直接駛向海灘，在距離海灘六點五公里處將兩棲戰車放下水。但即使是在正常情況下，兩棲戰車所能經受的海浪也不能超過一公尺。而此時有些海浪超過了二公尺高，所以，二十九輛戰車中馬上就有二十七輛被掀翻。有的兩棲戰車下沉時，倒栽蔥

美軍部隊跳入猶他海灘的淺水中向岸邊前進。這裡的進攻相對來說比較順利，不像在奧瑪哈，德軍的瘋狂抵抗和其他困難造成了盟軍在該地的傷亡人數占「Ｄ日」總傷亡人數的一半。

美軍部隊在強攻靠岸時傷亡不大。盟軍在登陸日的死亡人員總數不超過二千五百人，只佔預測的一小部分。

似地將乘員直接沉入了海底。

## 坐著的目標

奧瑪哈登陸曾被設計成像巴斯比・伯克利（Busby Berkeley）的音樂劇那樣，共有約三十個不同的攻擊波次，每個波次之間的間隔是五至十分鐘。但是那股大潮卻將美軍衝到了遠離目標地點的猶他海灘。登陸艇再向東返回時，進攻波次便開始亂成一片。小說家恩斯特・海明威（Ernest Hemingway）此時是一名戰地記者，坐在一艘大登陸艇上，隨著洶湧的海浪顛簸前進。他描述道：「士兵們由於暈船而臉色灰白，他們與海浪搏鬥著，緊緊抓住船邊使自己不至於掉下海去。」在他們的頭頂上，海軍重砲砲彈呼嘯地向岸上飛去，「砲聲使他們的頭盔都發出回音」。海明威身體前傾，聽到一名美軍士兵大聲說：「看看他們是怎樣對付那些德軍的，我猜那裡已經沒有一個活人了。」

但是，煙霧和低雲使海軍的砲火支援無法找到目標，從海岸向內幾百公尺處，密集的機關槍子彈開始向登陸艇傾瀉而來。與此同時，迫擊砲彈呈弧形向頭上飛來。第116步兵團A連的登陸艇是最先搶灘的，在離維爾維爾凹進部二百七十五公尺的地方，隨著登陸艇的接近，斜坡逐漸變低，德軍直接向登陸艇開火，大多數士兵被打死，倖存的人跳到水裡藏在浪花中。第1師的士兵在東面一千六百五十公尺的雷穆蘭登陸時，也遇到同樣情況。比較成功的一波登陸艇一直開

從空中俯視猶他海灘，大批部隊正蜂湧越過海灘。兩棲戰車也向前開進，給步兵提供大力支援。德軍在猶他的設防相對薄弱，美軍部隊迅速向內地推進。

到離岸很近的地方，並卸下重型裝備。此時海水僅齊頸深，面對越來越密集的砲火，士兵們奮力向海岸前進。一些士兵藏到混凝土障礙物的後面，一些人則半浸入水裡，無

法穿越被子彈密集掃射的沙灘而躲到相對安全的海堤旁。《生活》雜誌的記者坎帕（Frank Capa）隨著第一波次一道上岸，他躺在淺灘的屍體中，用相機拍照下了這些場

布萊德雷上將在被委任率領美第 1 軍團進攻諾曼第之前，曾指揮美第 2 軍在突尼斯和西西里作戰。二戰後，他成為參謀首長聯席會議主席，於一九八一年去世。

景。僅拍了一卷，他就感到手抖到沒辦法再裝膠卷。潮水開始上漲，坎帕身邊的許多傷員都因此被淹死。

一名德國軍官從維爾維爾打電話向克萊斯彙報說盟軍在奧瑪哈的進攻已被擊退。他估計美軍將會放棄這裡。前進指揮所指揮官塔雷（Benjamin B. Talley）上校與副參謀長從離岸邊九百公尺外的一艘戰艦上目睹了這場慘劇，也持相同的觀點，於是向總部彙報說這裡的登陸行動應當中止。消息傳到美軍奧古斯塔號（Augusta）指揮艦上的布萊德雷上將那裡。九點鐘布萊德雷發了個緊急電報給盟軍最高統帥部，要求取消該處的行動。但由於通訊故障，艾森豪直到當天很晚的時候才收到電報，而此時，情況已經有了變化。

懸崖上的歐洲蕨已經著了火，煙霧開始將部分海灘遮蓋住。德軍砲火在佈防嚴密的凹進地帶最為密集，但隨著其砲火的漸漸稀疏，越來越多的美軍士兵幸運地越過沙灘來到了較安全的海防堤下。七點半，第二十九師副師長科塔（Cota）准將與其師部人員來到維爾維爾到雷穆蘭凹進部的半路上。環視周圍的混亂情況，科塔意識到這裡需要的不是一個將軍，而僅是一個排長。科塔向擠在海堤後一組一組的人群看了看，發現既有工兵，又有遊騎兵隊員，還有第 1 師第 29 團的步兵。科塔很快就組織起來一個連級規模的部隊，派工兵用爆破筒

去清除帶刺鐵絲網，並命令遊騎兵領路。他帶領部隊越過開闊地爬上了懸崖的一個崎嶇地帶，這裡可以免受敵人機槍的射擊。在這裡，科塔架起無線電，到十點鐘時終於與船上取得聯繫。科塔集中了大約六百名士兵，派遊騎兵向西到懸崖後面，從內陸向維爾維爾凹進部進攻；而來自第１１６團的步兵則從朝海一邊的懸崖向維爾維爾進攻。到十一點鐘，這次聯合進攻再加上海軍砲火的準確支援，終於將德軍趕出了維爾維爾。

　　在海灘的另一處，戰鬥也漸入高潮。第１師第１６步兵團第２營Ｅ連的斯波丁（John M. Spalding）少尉已經攻到從考勒維爾到聖勞倫特凹進部的半途之中。他集合了二

「Ｄ日」結束時，第一批傷員從「血腥的奧瑪哈」撤離。

十三名士兵，帶著他們穿越三百六十五公尺長的海岸沼澤地，鑽過高高的蘆葦叢，爬上懸崖，到達頂部（現在此處已建成美國軍人公墓）。斯波丁然後轉向西，去進攻聖勞倫特出口的東邊。八點十五分，第１６步兵團團長泰勒（George A. Taylor）上校上了岸後，集合小隊倖存者，向士兵大聲喊道：「留在海灘上只有兩種人，一種是死人，另一種是要死的人。來吧！把惡魔從這裡趕走！」兩個營的最精銳隊伍奮力突破峭壁上的敵軍工事，另一些人緊跟其後。這裡後來被稱做「斯波丁小道」。他們爬上崖頂後轉向聖勞倫特和考勒維爾，從敵人背後進攻。大約十點鐘，３０號戰車登陸艇和５４４號步兵登陸艇全速向前行駛，穿過考勒維爾東面海面上的障礙物，把所有的火力都向敵人牢固的據點傾瀉。與此同時，兩艘驅逐艦也開到雷穆蘭對面海灘一千公尺的海域。當船底一觸及沙地，一百三十三公厘的砲彈就從東邊向敵人據點飛去，其中一發竟從考勒維爾凹進部西邊的一個碉堡的砲眼中穿過。在這些砲火掩護下，工程兵駕駛推土機穿過聖勞倫特凹進部的沙丘，填平了反戰車壕溝，也摧毀了雷區。當斯波丁率領的士兵及第１６團其他士兵開始從後方攻擊後，聖勞倫特的德軍在十一點過後終於投降了。

## 灘頭堡的建立

　　這樣到十一點半時，美軍已經佔領了維爾維爾和聖勞倫特兩個通

道，並開始離開海灘向內陸挺進。另一個德軍據點的砲火也明顯稀疏下來，因為防禦的德軍彈藥已經不足了。德軍第３５２師師長克萊斯少將仍率領他的部隊一直堅持到中午，此時美軍已經佔領了維爾維爾並從聖勞倫特凹進地帶攻了出來。由於早已將預備部隊派到西南地區去對付盟軍的空降部隊，克萊斯現在已無後備兵力可以調遣。下午早些時候，克萊斯在十二門七十五公厘自走砲的支援下，率領一個營的部隊進入考勒維爾地區，但是他們的反攻不久就被盟軍的海軍砲火所阻擋。到晚上的時候，美軍已控制了從維爾維爾到考勒維爾的一塊狹長的灘頭陣地，而更多的部隊正陸續上岸。付出的代價是巨大的：五百六十六名遊騎兵隊員中有三百名傷亡，另外還有數百名駕駛登陸艇的海軍和試圖清除沙灘障礙物的工

兵傷亡。但損失最大的要算步兵師：第２９師死傷二千四百四十名，第１師死傷一千七百四十四名。德軍第３５２師也付出了幾乎相同的代價，有二千五百人被俘，其中大多數負傷；死亡人數或許多達一千人。

## 裝甲部隊的進攻

當登陸艇運送皇家漢普夏團第１營，在考勒維爾以東十公里的黃金海灘登陸時，「奧瑪哈大屠殺」已經進行了一個多小時。在這裡執行防禦的也是德軍第３５２師，其令人吃驚的是德軍砲火擊中了大多數登陸艇。與美軍不同的是，英國人認為風暴太猛，不能讓兩棲戰車下水。因此該團發現自己處在孤立無援的境地。不久，指揮官、副指揮官、砲兵指揮官以及艇長均或死或傷，所有的無線電設備都被打壞

第二批霍薩式滑翔機在達科他式（C-47）運輸機的牽引下，越過諾曼第海岸去支援第６空降師。霍薩式滑翔機共生產了三千六百五十五架，其中有四百架由美軍使用。

了。當軍長巴克奈爾（Bucknell）中將命令戰車登陸船衝過障礙物直接將戰車送上灘頭時，美軍在奧瑪哈的遭遇似乎又要重演了。德軍在利哈美爾（Le Hamel）的據點至少擊中了二十艘大型登陸艇，但大多數還是成功地抵達岸邊並放下升降梯門。出來的不是德軍機槍手們所想像的步兵部隊，而是屬於第７９裝甲師的巨大裝甲車輛。蟹式（Crab）掃雷戰車從雷區掃出一條條通道並直奔海灘，對德軍傾瀉而來的機槍子彈毫不在意。林賽（Lindsay RE）中士指揮一輛蟹式戰車在利哈美爾東部登陸，穿過德軍佈防嚴密的小鎮中心，一邊射擊一邊自動掃雷，一直開到一座砲台邊。林賽將戰車慢慢地轉過來，將砲口對準敵人的砲眼，然後射擊，將砲台裡的八十八公釐火砲和德軍炸得粉碎。

在黃金海灘的中部，另一支進攻營，多塞特（Dorset）第１營，在雷羅蓋特（Les Roquettes）以東登陸。這次他們在蟹式戰車和阿夫雷式裝甲車的支援下迅速向內陸推進。另一支得文（Devon）第２營在利哈美爾登陸，其後緊跟著運載皇家海軍陸戰隊第４７突擊隊的五輛登陸艇。漢普夏營剛到岸邊，潮水就漲起來了，淹沒了海灘的障礙物，其中三輛登陸艇撞到了地雷，有四十三名士兵被炸死，剩下的人員丟開登陸艇向岸邊游去。儘管死

恐怖的一天結束後留下的廢墟。海灘被清理完畢，進攻部隊由於後續部隊的到來而得到休整。後續部隊的任務是在德軍進行反攻之前鞏固陣地，並向內陸推進。

傷慘重，但突擊隊員們仍裝備齊全地向內陸進發，繞過敵人的據點，沿英、美目標海灘的分界線從後面向貝森港進攻。

在黃金海灘的最東邊，綠霍華德第６營和東約克第５營分別在拉里維埃爾以西和以東的海灘登陸。這個地區是由德軍第７１６師的第４４１營負責防守。十點鐘，當東約克第５營和綠霍華德第６營越過主要海灘防禦區時，德軍就四散潰逃了。負責該地帶防禦的德軍指揮官命令第３５２師的預備隊第９１５團馳援拉里維埃爾。該團在頭天晚上曾為了對付假傘兵部隊的著陸而被派到西南方向去。現在該團必須急行軍三十二公里，一部分靠步行，一部分靠騎自行車，還有一部分人乘法製摩托車，但這些車卻老是拋錨。實際上，這天通往巴耶的

最終成功登陸：第１３及第１８輕騎兵隊的士兵，包括一些傷員，登上寶劍海灘。他們的兩棲戰車受到位於奧斯特里漢的敵軍八十八公厘大砲的猛烈轟擊，損失很大，大大降低了部隊在進攻中的裝甲支援。

對盟軍的進攻經過最初的震驚後，德軍迅速組織起來，開始反攻，但由於缺少彈藥和預備部隊，德軍的海灘防禦效果甚微。

大路暢通無阻，但英軍並不知道這個情形，仍將部隊集中在海岸邊並加固灘頭陣地。

加拿大第3師在更爲東邊的天后海灘登陸，遇到了更大的困難。當他們在一個大型突出部著陸時，登陸艇撞到了不明障礙物上的地雷。一個登陸營中二十四艘登陸艇就損失了二十艘。據稱該師三百零六艘艦艇就有九十艘在早晨期間沉沒或失去戰鬥力。進攻部隊之一的女王步兵營（Regina Rifles）計劃在佈防嚴密的庫爾色耶鎮（Courseulles）以東登陸，但是A連登陸的地方太靠西，正好在該鎮的對面。以付出十五人死亡爲代價（踩中地雷），部隊才飛速衝過海灘來到海港防護牆這個比較安全的地方。女王步兵營剩下的人員在皇家海軍陸戰隊的人馬式（Centaur）戰車及第７９師阿夫雷式裝甲車的支援下，從東面攻入庫爾色耶鎮，逐屋與德軍展開巷戰，到下午終於控制了該鎮。

大約向東三公里，「北岸登陸團」（North Shore，新布倫斯韋克）在聖奧班（St Aubin）的登陸進行得比較順利。弗特加里霍斯團（Fort Garry Horse）兩棲戰車在距岸一千七百公尺處下水，與步兵部隊同時登陸，一起越過海堤，摧毀敵人堅固的工事。而在以西一點五公里的伯尼爾斯（Bernières-sur-Mer），事情就沒有這樣順利了。運載女王衛隊步兵營（Queen's Own Rifles）的登陸艇在該鎮最牢固工

事對面登陸。當登陸艇的搭橋剛一放下來，德軍機槍就朝停泊的船隻掃射過來。支援部隊也遭受較大的傷亡：德拉肖迪埃爾團（Régiment de la Chaudière）——在加拿大被稱爲「肖茲」（Chauds）——團的五艘登陸艇中有四艘被擊中，大多數士兵只得游泳上岸。在伯尼爾斯，女王衛隊步兵營與德軍展開巷戰。肖茲團趕來增援，到十點半終於消滅了除幾名狙擊手以外的所有敵人。

整個上午，加拿大第3師的後續部隊陸續登陸，在伯尼爾斯與聖奧班之間集結了大批部隊。工兵集中力量在海岸障礙物地區打通三條道路。從十四點開始，該師已開始向內陸推進。在向西南前進十公里後，加拿大第7旅的部分人員已與英軍第50師在克魯伊取得聯繫，並切斷了岡城—阿羅曼什公路。與此同時，北方新蘇格蘭高地營（North Nova Scotia Highlanders）與第27裝甲旅沿庫爾色耶—岡城公路向南推進，抵達岡城以東三公里處的維隆—雷—布伊松（Villons-les-Buissons），離「D日」的預訂目標卡爾皮奎特（Carpiquet）飛機場僅有向北八公里的路了。

## 德軍的抵抗

英第3師的登陸地點寶劍海灘位於聖奧班至梅爾河以東五公里，一直延伸到岡城運河和奧恩河河口。盟軍作戰參謀擔心加拿大和英軍主力登陸部隊在天后和寶劍之間留下缺口，決定派皇家海軍陸戰隊第48和第41突擊隊在兩側登陸，以加快促成英軍和加拿大部隊連成一片。當第48突擊隊於9點鐘向聖奧班對面的海灘靠近時，五艘登陸艇觸雷，一隻被砲火擊中。到他們抵達海灘時，只剩下二百名

進攻後寶劍海灘變成了一片廢墟。在佔領該海灘後，由第4特種勤務旅的突擊隊員負責守衛，英軍第3步兵師和第27裝甲旅隨後抵達。

隊員仍能堅持戰鬥。這群倖存的士兵繼續向內陸推進，並成功地佔領了朗格倫村（Langrune）。但他們繼續東進時卻遇到了德軍的頑強抵抗。第４１突擊隊登陸時比較順利，但不久就因遇到敵人猛烈的砲火而陷入困境。

洛瓦特（Lovat）勳爵的第１突擊旅在位於奧斯特里漢對面的寶劍海灘的最東邊與第一批兩棲戰車和蟹式戰車同時登陸。首先登上海灘的部隊是讓基弗（Jean Kiffer）率領的自由法國突擊營。有一個排從登陸艇向外衝鋒時，一枚迫擊砲彈落在他們中間，該排大部分人非死即傷。基弗率領隊伍沿海岸公路向東攻入奧斯特里漢鎮，有計劃地挨家挨戶肅清德軍。德軍防禦中心設在奧斯特里漢的娛樂場，這是一座建在空地上可以俯視大海的堅固大樓，其火力可以覆蓋大部分的海灘。德軍花了很大功夫使該大樓變成一座堡壘，但是第７９師的阿夫雷式裝甲車摧毀了防護牆，突擊隊員們攻入大樓，驚嚇恐懼的倖存德軍糊里糊塗地成為俘虜。

就在基弗率領部隊在奧斯特里漢展開巷戰的同時，洛瓦特勳爵率領的大批突擊隊正向內陸推進，目的是爭取與已處於困境的傘兵部隊會合。他們所走的路線是由反抗組織的情報部門精心選擇的，當他們迅速向東南推進時，他們沿著樹籬和農田前進，避開了主要道路和德軍據點。他們漸漸能聽到從南邊傳來的戰鬥聲；再往前走，聲音越來越大。空降部隊的布倫式（Bren）輕機槍斷斷續續的震顫射擊聲與德軍MG 42機槍激烈的呼嘯聲交織在一起。洛瓦特勳爵或許至今仍能記得，當增援部隊抵達時，被圍困已久的傘兵部隊欣喜若狂的樣子。一三○○之前突擊隊終於與空降部隊合兵一處了。

突擊隊員進攻寶劍海灘的行動進行得非常成功，但第３師的大隊人馬卻遇到了困難。寶劍海灘狹窄的地帶使得第３師一次只能登陸一個旅，而他們的任務卻是「Ｄ日」中最艱鉅的：奪取擁有大約十萬人口的中等城市岡城。由南蘭開夏團第１營，東約克夏團第２營以及第１３、１８皇家輕騎兵隊和第７９師的裝甲部隊組成第一進攻波次。大風吹動海水形成巨浪向岸邊翻滾，控制登陸艇的方向非常困難。登陸艇在滿是鐵柱、斜擋板和尖頂上掛著水雷的木樁的水域中穿梭前進，這使得羅斯（A. D. Rouse）上校感覺像在奇形怪狀的石林中摸索前進似的。英國廣播公司記者霍華德・馬歇爾（Howard Marshall）當時正與第８旅在一起，他回憶道：「當我們正試圖穿過德軍防禦時，突然登陸艇一晃，撞到了一枚水雷，一聲巨大的爆炸響，整個船劇

德軍第３５２師第９１６擲彈兵團的一名中士，手裡拿著一支七點九公厘口徑的毛瑟步槍。第３５２師是盟軍「Ｄ日」之戰所碰到的主要對手，該師使美軍在奧瑪哈海灘遭受重大傷亡。

烈地擺動，水開始湧入。」第１３
和第１８輕騎兵隊以及第７９師的
戰車已經登上岸，但遭到了來自奧
斯特里漢的德軍八十八公厘火砲的
阻擊。設在登陸地點以東的拉布萊
什（La Breche）的一座堅固據點裡
的三門德軍大砲擊中了一輛又一輛
戰車，整個海灘上到處都是燃燒著
的裝甲車輛。南蘭開夏團向東進
攻，但花了近三個小時才佔領拉布
萊什。該團死傷人員一百零七名，
團指揮官也戰死。

　　上午，南蘭開夏團已經攻佔了
從拉布萊什向內陸一點五公里處的
赫曼維爾（Hermanville）；東約克
夏團正在清除奧斯特里漢的防禦設
施；索福克團的一個營隨後也登

陸，在南蘭開夏團和東約克夏團之
間，沿著高於海平面六十公尺的陡
峭的佩里耶（Périers Ridge）山脊
向上進攻。在這裡他們遭遇了兩個
被英國人稱為「莫里斯」（Morris）
和「希爾曼」（Hillman）的堅固據
點。「莫里斯」是一個小型的據
點，擁有四門大砲和六十七名守
軍。當索福克團進攻時守軍很快便
投降了。但「希爾曼」卻是一個難
啃的骨頭。這是一個五百五十公尺
長，三百六十五公尺寬的堡壘群，
上面佈滿了鐵絲網和地雷，它是德
軍第７３６團的指揮部。德軍輕易
地打退了索福克團的第一波進攻
後，該團指揮官決定不再強攻避免
使他的部隊遭受無謂的傷亡。下午

晚些時候，在砲火和空中支援下，裝甲部隊與步兵協同組織了另一次的進攻，直到二十點，「希爾曼」的德軍才告投降。

等到夜幕降臨的時候，整個英軍第３師都已登陸，但仍然沒有打通離岡城五公里之遙的佩里耶山脊。幾週以後，他們才又開始有進一步的進展。

## 隆美爾的警覺

對德軍來說，六月六日的事件很令人困惑。五日這天，天氣非常惡劣，因此隆美爾離開他在拉羅什居庸（La Roche-Guyon）的指揮所，乘汽車前往他在德國南部赫林根（Herrlingen）的家去看望妻子，並於翌日去上薩爾斯堡（Obersalzberg）晉見希特勒。德國第７軍團指揮官多爾曼（Friedrich Dollmann）也同樣認爲不會有進攻行動，所以六月五日他把大多數軍官都派到布列塔尼的雷內斯去參加軍事演習去了。最早顯示可能會有不祥事件發生的跡象，是來自位於駐守加萊的第１５軍團。該軍團的指揮官薩爾莫特（Hans von Salmuth）將軍對盟軍在海峽的行動有所警覺，並讓部隊進入了全面戒備狀態。倫德斯特在巴黎批准了這個決定，但鑑於惡劣的天氣情況，他認爲沒有必要在其他地區也採取同樣的措施。

大約凌晨二點十五分，史佩德被告知有傘兵登陸，但對傘兵的規模或實力並沒有確切的消息。當他最終接通了倫德斯特的電話後，後者也沒有更明確的消息，兩個人都確信這次登陸行動只是給法國反抗組織提供援助。到四點三十分時，一個異常景象開始出現。無線電和通信員帶來訊息稱，在柯騰丁半島和塞納河口之間出現了數量龐大的船隊。倫德斯特仍然認爲這只是盟軍的一種牽制戰術，而眞正的登陸地點將會在加萊。不過他還是採取

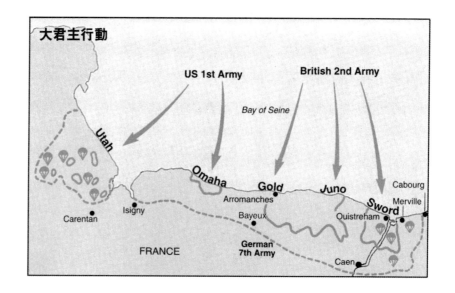

大君主行動

US 1st Army　British 2nd Army

Bay of Seine

Utah

Omaha　Gold　Juno　Sword　Cabourg

Arromanches　　　　　　Merville

Isigny　　Bayeux　　Ouistreham

Carentan

FRANCE　German 7th Army

Caen

了一個預防措施,命令第12黨衛裝甲師和裝甲教導師(Panzer Lehr)準備向諾曼第開進。

早晨五點三十分,當盟軍海軍砲火第一發砲彈落在海灘上的時候,所有祕密進行的行動均正式曝光。但把這個消息傳到數公里遠的內陸德軍司令部的過程又受到了延誤。當史佩德於六點三十分最終接通隆美爾的電話時,隆美爾仍對盟軍的轟炸不太在意。傘兵部隊的著陸被分別彙報著,因此使這位元帥產生一種虛假的安全感。史佩德不久就獲知更確切的消息,但一直到十點鐘他才又接通了隆美爾的電話,再次告訴他盟軍已在諾曼第展開了登陸行動。這個消息促使隆美爾立刻開始行動,但他花了大半天時間才趕回司令部。因為希特勒在此之前曾發布一個命令,禁止德國高級軍官乘坐飛機以防被擊落。

在勒芒(Le Mans),多爾曼將軍司令部裡的人員一直對登陸行動無動於衷,直到八點四十五分,他們才接到消息稱英軍已在岡城對面的海灘進行登陸。另外,他們直到十一點才得知盟軍也在西邊登陸。多爾曼認為後一個登陸行動是假象,早一些的英軍登陸行動才是進攻主力。倫德斯特卻持不同的觀點。甚至在他收到了確切的登陸消息後,他仍堅信這些全是伴攻,而

進攻之中:一輛邱吉爾式戰車從一個法國村莊狹窄的街道上隆隆地駛過。盟軍後來從其所受的損失中發現,諾曼第的鄉村是德軍進行防禦的理想地帶。

反攻：德軍第２１裝甲師的虎式戰車正向諾曼第前線駛去。虎式戰車曾令盟軍部隊膽戰心驚，因為這種戰車防護性較佳且火力較猛。

真正的進攻不久就會轉到加萊地區。

## 希特勒的反應

　　希特勒自己也是這麼認為。當他在十點鐘得知盟軍登陸的消息時，他正在貝希特斯加登（Berchtesgaden）召開會議，對此他似乎鬆了口氣。「他們終於來了」，希特勒說道。因為在此之前的兩年時間裡，當盟軍仍在英國南部進行集結的時候，龐大的德軍部隊已經在大西洋沿岸做好了準備。現在盟軍終於採取行動，德國軍隊是能夠消滅他們的。德國軍需部長斯皮爾六月六日與希特勒在一起，他的回憶錄記錄了那天希特勒的一系列推論：「你能想起來嗎？在我們所收到的各種報告中，有一條精確地預測了登陸地點和登陸時間，它更使我確信這次仍然不是真正的進攻。」

　　希特勒一開始仍對授權動用裝甲預備部隊有所猶豫，同時間，德軍部隊則在海岸沿線拚命抵抗。但這些都是以連和營為單位的戰鬥，與高級指揮部間幾乎沒有聯繫。在灘頭堡的最東邊，法赫亭格（Edgar Feuchtinger）少將率領的第２１裝甲師（曾與隆美爾一起參加過北非的戰鬥）在此駐守。儘管沒有接到命令，他仍在黎明前就將戰車派往奧恩河橋去攻擊盟軍的傘兵部隊。十點的時候，第２１師已與盟軍傘兵部隊展開激烈的戰鬥，並逐漸佔了上風。此時法赫亭格收到了總部發來的第一道消息，命令他甩開敵人，趕去保衛岡城。第２１師花了半天時間，直到下午才趕到岡城。到下午中段時分，法赫亭格的許多戰車的燃料已所剩無幾，但其後勤軍官卻無法與岡城的倉庫取得聯繫，不能補充燃料。儘管如此，第２１師的一個戰鬥群還是偵

測到英軍第３師的右翼在位於寶劍和天后海灘之間有一個縫隙，於是六輛戰車和一個步槍連成功地抵達海岸。此時，預定作為第６空降師在奧恩河以東登陸之用的運輸機和滑翔機正從該處上空飛過。德軍戰鬥群的指揮官認為自己將會被另一支盟軍空降部隊切斷退路，於是又從這條「走廊」把部隊帶了回去，就這樣讓盟軍在幾小時後把寶劍海灘和天后海灘連接起來。

　　六月六日黃昏時分，德軍的行動開始變得協調起來。裝甲預備部隊、第１２黨衛師、第２黨衛師、裝甲教導師和第１７裝甲擲彈兵師都已接到命令，開赴灘頭堡，但一切為時已晚。對德軍來說，這是糟糕的一天。他們對盟軍的登陸做了

錯誤的判斷，這一部分是盟軍「堅忍」佯攻作戰的結果，一部分則是由於各級指揮人員之間通訊聯繫上的失敗。德軍部隊整體說來戰鬥意志相當頑強，但由於增援部隊未能抵達，使得他們大多強迫投降，或是遭到殲滅。許多盟軍將領曾預測這次登陸將會是加里波里慘劇的重演，但出乎意料的是，這次共有十三萬人的部隊從海上登陸，另外有二萬二千五百人從空中著陸。在一萬名死傷人員中，有一半是在奧瑪哈。的確，英軍第５０師應該能佔領巴耶，但卻沒有成功。加拿大第３師接近了卡爾皮奎特飛機場卻停了下來。英軍第３師也沒能攻佔岡城。但對盟軍整體來說，這天是個好日子。

「Ｄ日」的消息傳向全世界。在倫敦火車站的旅客急切地讀著晚報。從諾曼第來的報導是樂觀的，並經過認真的審查。

# 第三章

# 血戰波卡基

對盟軍來說，保住法國沿海的立足點只是戰鬥的第一步。現在他
們面臨著一個非常艱鉅的任務：衝出茂密的諾曼第灌木叢。

盟軍作戰參謀去解決部隊登陸的問題曾花費了很多時間，但對部隊一旦打出海灘後會遇到什麼問題卻幾乎未加思考。盟軍部隊曾以大型裝甲兵團為單位，在薩利斯伯里平原（Salisbury Plain）、達特莫爾（Dartmoor）、艾克斯莫爾（Exmoor）和北約克夏莫爾斯（North Yorkshire Moors）等地進行過訓練，準備進行如同北非戰役時的機動作戰。在灘頭堡最左邊面向西南方向，第6空降師在奧恩河建立了一座可俯視大片地域的小型橋頭堡，這裡與薩利斯伯里平原有點相像。然而要是把它當作裝甲師集結地的話，那就顯得太小了，當然也無法進行保密。在西邊的情況則更糟。這裡英軍第3師面對的是德軍嚴密佈防的岡城近郊的工業區，所有部隊都不願意攻入城市，因為這將是一場耗費時日的血戰。在這裡，卡爾皮奎特空軍基地從東到西，橫跨加拿大第3師向南推進的必經之地，德軍集中力量固守這條通道的南部。再往西，黃金海灘的英軍、奧瑪哈海灘和猶他海灘的美軍也面臨著各種不同的困難。從卡爾皮奎特一直延伸到柯騰丁半島的沼澤地帶是波卡基（Bocage）地區，這是個由錯綜複雜、坑坑洞洞的小道與四周圍滿

灌木樹籬的小塊田地所組成的地區，而這些樹籬高約有二點七五公尺，有的甚至高約四點五公尺。大約每九百公尺就有一處大的農莊或小村落，散落在這片廣闊的地帶。農莊的房屋都是用大石塊砌成，並有很深的地窖，這些都是在五百年前的英法百年戰爭末期，諾曼第作為戰場時留下的遺跡。更令人頭痛的是，從這裡再向內陸行十六公里處，有一片高高低低的小山。最高的一座是四百二十五公尺高的皮松山（Mont Pincon），位於諾曼第地區的中心地帶，被稱做「諾曼第的瑞士」，因為它與阿爾卑斯山的丘陵很相似。諾曼第鄉村是進攻者的地獄，但卻是防禦者的天堂，是一片自然形成或人造的精緻的障礙網，裡面散佈著成千上萬座堅固的房屋。許多房屋只有用大口徑砲彈直接命中才能摧毀。

隆美爾知道要想摧毀盟軍的灘頭堡，必須調集大批部隊迅速進攻。他命令第21裝甲師和第12黨衛裝甲師集中力量，協同發動攻擊。但是兩個師都已經零散地與盟軍展開戰鬥無法脫身。六月七日黎明時，一部分第21裝甲師的部隊前赴支援第15軍的346師和711師，進攻盟軍傘兵和突擊隊在

藏匿於諾曼第波卡基深處的偽裝德軍士兵準備發射迫擊砲。德軍士兵能夠非常熟練地使用迫擊砲，他們能迅速地打散盟軍在沒有後續部隊支持下的進攻。在缺少空中支援的情況下，迫擊砲往往成了德軍唯一一種火力支援的方式。

奧恩河以東建立的橋頭堡。德軍的反撲一度成功地奪回了一些地方，但接著又被英國皇家海軍的砲火給摧毀。與此同時，英軍第51高地師已越過奧恩河，支援盟軍空降部隊和突擊隊。在中部地區，德軍第12黨衛裝甲師的先頭部隊對位於卡爾皮奎特的加拿大部隊發動反攻，其中一個戰鬥群已成功地將在布雷特維爾（Bretteville）的女王步兵營截斷。此時速度是最重要的，德軍的裝甲教導師試圖在日間沿第12黨衛裝甲師左側向英軍第50師發動進攻，但是不斷地遭到盟軍的空中打擊。該師指揮官拜爾林（Fritz Bayerlien）少將曾在北非戰役中任隆美爾的參謀長，他描述此次空襲是他經歷中最猛烈的一次，維爾河通向外面的道路成了盟軍戰

一名法國反抗組織成員懷抱自己的布倫槍滿心歡喜。盟軍為這次行動專門給反抗組織提供武器。反抗組織成功地延緩了德軍對前線的供應和增援。

鬥轟炸機的靶場。裝甲教導師在這次行軍中共損失了八十輛半履帶式卡車、自走砲和牽引車。空襲嚴重影響了德軍幾個兵團向諾曼第的調動，包括以聖納扎爾（St Nazaire）為基地的第275師的一個戰鬥團。該部隊於六月七日乘火車駛往巴耶的途中，在阿弗朗什（Avranches）附近遭到幾批轟炸機和雷霆式戰機的轟炸而全軍覆沒。

法國反抗組織在阻止德軍部隊向諾曼第運動的過程中也發揮了重要作用。若不是德軍第2黨衛裝甲師未能夠在盟軍進攻的起初幾天裡趕到諾曼第，戰鬥的進程可能就會是另外一種情況。德軍第2黨衛裝甲師——「帝國師」——是在西歐最令盟軍頭痛的兵團之一，它是一支擁有兩萬名訓練有素、作戰頑強的軍人的部隊，配備有二百四十輛戰車和自走砲，包括一百輛虎式和豹式戰車。然而在「D日」這天，它仍駐紮在離灘頭堡約六百五十公里的土魯斯（Toulouse）北面的蒙陶班（Montauban）。

## 帝國師的延誤

六月六日晚，該師指揮官拉馬丁（Heinz Lammerding）接到向諾曼第開進的命令。在正常情況下，該部將會於六月九日抵達目的地。但事實上先頭部隊只到達利莫日（Limoges），離諾曼第南部仍有三百二十公里之遙。該師的餘部受到英國皇家海軍侵擾，擔心基地被佔，從二百九十公里外趕回蒙陶班。局面越來越惡化。儘管該師已

一隊美軍巡邏士兵穿過波卡基地區典型的樹叢前進，戰鬥在非常狹小的範圍裡發生。你根本無法弄清相鄰地帶的狀況，更不用說幾公里以外了。

處於全面戒備狀態，六月七日法國反抗組織還是將其大部分燃油儲備和一些運輸設備給炸毀了（在此之前的三個月裡，該師在與法國反抗組織的衝突中就已經死傷了二百人）。德軍迅速徵用所有能使用的燃油和平民車輛，但部隊行動還是被耽誤了好幾個小時。在隨後的四十八個小時裡，情況變得更為不利。反抗軍在未到索伊利克（Souillic）的一座橋上對德軍先頭部隊實施伏擊，而英國皇家海軍的一支部隊則已經在這兒渡過了多爾多涅河（Dordogne），並從十幾個地方對德軍的側面進行襲擊。

反抗組織往往藏在暗處，襲擊後又迅速消失到鄉間。黨衛軍對因此所造成的傷亡和延誤極為惱怒，他們用在東線鎮壓游擊隊的殘暴方法進行報復。六月九日，拉馬丁率

領一個裝甲擲彈兵營進入利莫日以南八十公里的小鎮圖勒（Tulle），逮捕了正在慶祝解放的市民。黨衛軍在沿大街房子的陽台外吊死了九十九個男人、婦女和孩子，並強迫他們的家人觀看。第二天，德軍包圍並佔領了利莫日西北十四點五公里的格朗河上的奧拉圖爾（Oradour-sur-Glane）。黨衛軍將男人與婦女、小孩分成幾組，用機槍進行掃射。他們將婦女和小孩全部集中到教堂裡，然後向教堂裡扔高爆炸藥和手榴彈，總共有六百四十二人被殺，其中男人一百九十名，女人二百四十五名，還有二百零七名兒童。

德軍繼續向北前進。當他們於六月十一日抵達羅亞爾河時，他們發現唯一一座單向橋樑在破壞和空襲中倖存下來。該部隊的後方不斷

皇家空軍部隊的颶風式飛機向法國北部的一輛德軍運兵火車發射火箭。對德軍增援部隊的阻擊有力地支援了盟軍部隊在灘頭堡的戰鬥。

受到反抗組織的騷擾，現在全部擠入了這個狹口。英法的突擊隊與反抗組織配合，再加上轟炸機的活動，使德軍成了明顯的活靶。與此同時，六月十四日，一部分的德軍帝國師已抵達該師的集結地區——灘頭堡以南八十公里的多姆弗朗（Domfront）。此時早已等候多時的颶風式（Typhoon）戰機在突擊隊的引導下向該部德軍發動攻擊，在第一波次的攻擊中就摧毀了十六輛裝甲車輛。德軍第２黨衛裝甲師費盡周折終於在六月二十三日全部抵達諾曼第，但為時已晚，無法扭轉戰局了。

蒙哥馬利於六月八日早晨上岸，將他的司令部設在克魯利（Cruely）附近的一個法國城堡裡。該城堡早已擠滿了各種車輛。兩天後，當邱吉爾與布魯克、斯馬茨（Smuts）來視察時，蒙哥馬利向他們勾勒出地面作戰的宏偉計劃。經歷了最初的阻礙後，美軍集結的部隊力量在逐漸上升，蒙哥馬利認為美軍部隊應即刻向西進攻，佔領柯騰丁半島並同時拿下瑟堡港。因此他打算盡量把德軍導引到由英軍負責的地帶。而此時情報部門向他提供了一個能獲得驚人勝利的好機會。顯然的，德軍將預備部隊調往諾曼第並進行聯合反攻行動遇到了很大的阻礙。在岡城西南部的維勒—波卡基地區，德軍第１２黨衛裝甲師和裝甲教導師之間存在一個缺口；在盟軍第５１高地師沿岡城東邊向南進攻的同時，剛剛登陸，被稱作「沙漠之鼠」的盟軍第７裝甲師也正準備直接向南進攻，先穿過維勒—波卡基地區，然後向東，與第５１高地師匯合，最後包圍岡城。

## 「瘋子」辛德

這是一個大膽的計劃，它需要一個大膽的人才能執行。不幸的是，下級指揮官中一些軍官不能執行這個精心設計的行動，其他一些軍官則在北非、西西里和義大利見過太多的行動而對此感到厭煩。六月十二日，蒙哥馬利的直接下屬、英第２軍團指揮官鄧普賽中將，在去拜訪第３０軍司令巴克奈爾中將的司令部時（第７裝甲師屬於該軍），驚訝地發現該部隊完全沒做

進攻的準備。當第7裝甲師的戰車於十三日向南開進時，該師指揮官艾斯金（George Erskine）少將對沒有能早一天接到命令感到非常遺憾——他相信德軍此時應已堵上這個缺口。時間就是戰機，艾斯金挑選辛德（Robert Hinde）旅長率領第22裝甲旅作先頭部隊率先出擊。辛德因在北非戰役中無所畏懼的勇敢行為而獲得一個「瘋子」的綽號。他帶領部隊於六月十三日早上八點攻進維勒—波卡基地區，然後命令第四倫敦義勇龍騎兵隊和步槍旅的一個連趕往沿公路方向位於岡城東北一點五公里的一座小山，這個山頭在盟軍地圖上被標為213高地。義勇龍騎兵隊的指揮官克蘭利

（Arthur Cranley）中校向辛德指出，這條路兩邊都是深溝，而且路邊是厚厚的樹籬。他想花些時間去偵察一下，但辛德命令他直接採取行動。大約十一點鐘，英軍已來到這座小山上，從這裡能夠看到岡城近郊的工業區科倫貝勒（Colombelles）遠處的煙囪了。在213高地以南幾百公尺，德軍指揮官魏特曼（Michel Wittman）——一位在東線參加過許多場裝甲戰役的老將，從經過嚴密偽裝後的虎式戰車的瞭望孔中，已經能清楚地看到樹籬上面英軍戰車的砲塔了。英軍戰車沿路排開，像鴨子一樣進入了德軍射程。

魏特曼率領第2連和第501

負責灘頭堡戰役的指揮官（從左到右）：霍奇、克列拉、蒙哥馬利、布萊德雷和鄧普賽。在這次戰役中，蒙哥馬利負總責。艾森豪於一九四四年九月一日接管蒙哥馬利的職務——這實際上是對蒙哥馬利的降職，儘管此舉甚至在登陸之前就做好了計劃。

重型戰車營在晚上到達維勒一波卡基，但此時他則是單槍匹馬。魏特曼將戰車開到與大路平行的農莊小道上，發射砲火擊中了一輛從大路開過的布倫槍運輸車，黑色的濃煙立即從運輸車中噴出來。虎式戰車轟鳴著向維勒一波卡基開去，魏特曼又向英軍隊伍發射了二十二發砲彈，每發砲彈都摧毀了一輛戰車或輕型裝甲車，而英軍的砲彈卻從魏

特曼的裝甲車上彈開。進入小鎮時，魏特曼又擊毀了克蘭利子爵的戰車，而後又將克蘭利的副手以及團軍士長的戰車給摧毀。到達小鎮廣場時，魏特曼受到英軍及戰車砲火的猛烈砲擊，於是迅速掉轉方向，在前進中又摧毀了另一輛英軍戰車。補充彈藥和燃料後，他與另外四輛虎式戰車和一輛裝甲車趕回２１３高地，完成了對倫敦義勇龍騎兵隊的屠殺，然後在得到第２裝甲師的一些戰車的支援後，再次攻入維勒一波卡基。但這一次英軍已做好了準備，包括魏特曼的戰車在內的三輛虎式戰車被六磅和十七磅的反戰車砲火聯合摧毀，而魏特曼和大多數乘員則棄車逃走。德軍第２裝甲師的力量在當晚和第二天逐漸增強，巴克奈爾命令放棄維勒一波卡基，在美軍砲火網的掩護下於六月十四日夜間進行撤退。在這一役中，德軍總共以損失四輛戰車的

德軍魏特曼所轄的虎式戰車。黨衛軍第１０１重戰車營於一九四四年六月十日左右向前線運動，此時已到了莫爾尼村附近。

一輛英國克崙威爾式戰車與德軍虎式戰車相遇後被擊毀。英國與美國的戰車都敵不過在諾曼第戰場巡遊的德國豹式和虎式戰車。但盟軍壓倒一切的空中優勢使盟軍在戰役中處於有利地位。

在大風暴中，波濤將一個「桑樹港」的沉箱衝開，從而摧毀了一個人工港，另一個也需要經大修才能使用。風暴於六月十九日開始並持續了三天，這嚴重地影響了進攻時間，同時也使盟軍損失了十萬零五千噸貨物和二萬部車輛。

代價，摧毀了英軍戰車和裝甲車共五十三輛。進攻維勒─波卡基的大敗完全阻止了蒙哥馬利準備突破岡城西部的計劃。也影響了第 7 裝甲師的士氣，驚恐和沮喪瀰漫著整個盟軍部隊。儘管德軍在維勒─波卡基取得了勝利，但這僅具有戰術上的作用，因為這次行動，以及盟軍空軍和法國反抗組織採取的所有阻斷行動，為建立灘頭堡贏得了幾天寶貴的時間。在登陸前的幾個月裡，為計算出複雜的人員和物資的登陸程序，花費了數百萬小時的時間。在登陸諾曼第海灘的最初一段時間裡，所有的計劃都未生效，到處是一片混亂場面。後勤部隊在海灘上組成專門小組，不停地將物資運往臨時倉庫。到第一天結束時，僅在英軍負責的海灘上就登陸了八千九百部車輛和一千九百噸物資。這些工作常常受到哈弗爾德軍砲火

的干擾，他們不停地朝寶劍海灘發射砲彈。但受到的最大一次襲擊不是來自德軍砲火，而是來自英國皇家海軍轟炸機。六月七日，一架蘭開斯特式戰機轟炸目標判斷錯誤，

朝海灘外的英軍主要軍械庫投下一連串炸彈，災難性地使二萬六千升燃油和四百噸彈藥毀於一旦。

## 大風暴

後勤參謀知道向露天海灘運送人員和物資將會是一件危險且難以確定的事，很難提供足夠的軍事力量來保衛海灘，更不用說打出灘頭堡向內陸進行突破了。成功的關鍵在於盡快使「桑樹港」到位。最初的六百具沉箱和裝載船於六月七日，放置在英軍區域的阿拉曼什之外和美軍區域的奧瑪哈海域。十一天後美軍海港收到了第一批貨物，到六月十八日，二萬四千四百一十二噸的補給和軍火已通過這兩個人工港上岸。大約在十八日深夜，海風吹到了東北部海岸，到十九日黎明變成了大風暴，塞納河海灣成了一個沸騰的大鍋。泰勒中校（Taylor）率領一批拖船拖著二十二具沉箱在海峽中航行，在他的航海生涯中，從未遇到過如此厲害的大風暴。風暴不知從什麼地方就吹了過來，一開始是呼嘯著拂過海面，最後就變成了狂風怒吼。風暴抓住了這些不適合航海的拖船，惡狠狠地把船拋來蕩去，直到這二十二具從索倫特的好天氣中駛來的捕鯨船沒有一艘能夠浮起來為止。大風暴猛烈地撞擊奧瑪哈海灘，海浪打在防浪堤上，倉庫船後部被撞破，「鳳凰」沉箱開始解體。大風浪穿過缺口狠命地撞擊浮動道路和碼頭，它們不久就開始下沉。飄浮著的登陸艇和設備與半浮在水上的浮動道路堆在一起，各種殘骸使停泊處和海灘成了亂糟糟的一片。沿著海邊長長的浮動道路和船隻變得破損不堪。損失極其慘重。

在奧瑪哈海灘一個通道出口的對面，一位工兵軍官記錄下共有三十五艘登陸艇、十一艘戰車登陸

美國國旗在猶他海灘上空飄揚，急切地等待後續步兵部隊及物資的上岸。

艇、九隻「犀牛」渡船、三艘步兵
登陸艇和二十多隻其他船隻橫七豎
八地堆在一起。乍一看，桑樹B人
工港也好不到哪兒去。泰勒回憶
道：沿著阿拉曼什海灘，亂七八糟
的船隻殘骸堆的很高，使高水位線
附近幾乎成了混亂的鋼鐵堆。儘管
看上去差不多，但是桑樹B人工港
證明是尚可挽救的，海港前的卡爾
瓦多暗礁抵擋住了大部分風暴的力
量。美軍人工港的殘餘設備被拖到
東邊去修補英軍的人工港。到這個
月底每天可以通過四千噸物資，然
而更多的物資繼續在露天海灘上
岸。大風暴過後，後勤人員所面臨
的問題顯然已不是如何將物資運上
岸，而是如何在海灘找一個存放物
資的地方。

陌生人在陌生的地方：
在一架白朗寧十二點七
公厘的高射機槍下面，
一名美軍士兵在利用時
間讀一本學法語的小冊
子。

一名德軍擲彈兵駐守在
洪水四溢的柯騰丁半島
的一個防禦工事裡。他
披著一件偽裝防潮布，
這種東西既可作雨披，
又可搭成帳篷。他的武
器是令人恐懼的MG 42
機槍。

　　大風暴雖然沒有對後勤工作造
成致命影響，但它的確突顯了佔領
一個港口的必要性。這是在猶他登

灘頭堡後面的地形對德軍防禦有利，圖上美軍部隊迅速跑向高大的樹籬環繞的地帶以尋求藏身之處。

陸的柯林斯（Collins）第7軍的任務，但是首先得將美軍的幾個灘頭堡連接起來。兩個海灘後面的地形比較複雜，而且對守軍有利。部隊離開奧瑪哈越過懸崖後，擺在面前的是被淹沒的奧萊峽谷。美軍第1師第26團的部分官兵直到六月八日早晨，才佔領一點五公里以外維爾維爾灘頭堡後面的一個小村福米尼（Formigny）。第116團在遊騎兵的支援下，直到六月九日才消滅了霍克角頂端分散的德軍士兵。再向西南，第29師、第175步兵營和第747戰車營在海軍砲火的掩護下緩慢地向前推進，大約在同時攻入了滿目瘡痍的伊斯尼。

## 緩慢推進

柯騰丁半島上，第101空降師從空降地帶向南沿瑟堡—岡城鐵路朝卡倫坦（Carentan）鎮前進。他們必須佔領這條鐵路線才能將美軍的灘頭堡連成一片。六月九日，

第101師506傘兵營營長辛克（Robert Sink）上校率領一隊巡邏兵穿過海灘後面的沼澤地，來到一條高於周圍兩三公尺的公路上。這條公路向西南跨過杜伏河（Douve）通向卡倫坦。很快的，這支空降部隊在越過公路前進時受到砲火的阻擊。但是辛克與德軍交火的彙報被他的司令部誤解了，他們得出的結論是這條公路佈防不嚴。於是第101師師長泰勒准將命令第502空降營攻過這條公路。但士兵們發覺他們只能單兵隊形彎著腰甚至匍匐前進。他們花了三個小時，卻只是經過橫跨杜伏河及其支流上的一系列橋前進了八百公尺。部隊的行進受到公路西邊一間大石屋裡的火力阻擊而完全停滯，這個大石屋建在靠沼澤地一側陡峭的小丘上。鑑於砲火無法將這個據點摧毀，502營營長科爾（Robert G. Cole）中校命令部隊進攻該農場。科爾和他的副手斯托派克（John P. Stopka）

中校踏著水花穿過沼澤向德軍衝去。一開始他們後面只跟著大約六十名士兵，但由於受到他們長官的鼓舞，或是因為自己的猶豫而羞愧的緣故，越來越多的士兵加入了進攻的隊伍，終於攻上了敵人的據點，並用手榴彈和刺刀消滅了德軍。

當５０２營和其他部隊接近卡倫坦鎮時，該鎮德軍指揮官海特（Friedrick von der Heydte）上校正在催促增援部隊迅速趕到，但是盟軍空中部隊和法國反抗組織有效地阻斷了增援行動。他唯一得到的援助是十一日晚一架運輸機空投了十八噸步兵彈藥和八十八公厘砲彈到該鎮。德軍後勤部隊幾乎起不了什麼作用，因為盟軍海軍砲火、大砲、迫擊砲和戰車砲聯合轟擊卡倫坦，並使許多建築物陷入火海。六月十二日凌晨二點，對５０２營進行換防的５０６空降營開始攻入卡倫坦東北部，同時第３２７滑翔機步兵營從西北部開始進攻，到七點三十分兩支部隊在鎮中心會師。

與此同時，美軍在向猶他灘頭堡以北進攻的時候也遇到德軍猛烈阻擊而陷入停滯。緊挨著的西邊，情況則更為嚴重。六月八日在勒莫特伊（Le Motey）的梅雷迪特河（Meredet River）上建起的橋頭堡，在德軍的反攻F，由於５０７營部分士兵的恐懼和臨陣脫逃而幾乎被德軍佔領。美軍第７軍軍長柯林斯將軍調第９０師越過梅雷迪特河，並命該師師長麥克凱維（Jay W. MacKelvie）率軍進攻柯騰丁半島

西海岸。六月十日早些時候，第３５７步兵團的第２營主力在砲火的掩護下向前進攻，但很快就在迷宮一樣的樹籬和小塊田間走散，只前進了幾百公尺遠。下午第１營前去支援，但也沒有很大進展。第９０師第二天繼續嘗試，但部隊只能牛步前進。在密集的砲火掩護下，到十三日為止，部隊才前進了三公里到達龐特‧阿貝鎮，該鎮已被夷為平地，一位美國軍官稱只發現兩隻野兔生還。

柯林斯對進攻如此緩慢很是吃驚，當天便解除了麥克凱維及其兩個團長的職務。他一邊調整第９０師，一邊決定重新訂定進攻計劃。柯林斯最初經歷的戰鬥是於一九四三年一月在叢林覆蓋的瓜達康納爾島上，當時他率領第２５師與日軍作戰。他現在意識到柯騰丁半島在很大程度上更像西南太平洋上的小島，而與美軍在英格蘭的達特莫爾和艾克斯莫爾進行的訓練截然不同。由於穿過樹籬需要更多的步兵，柯林斯調派第９師和著名的第８２空降師以第９０師為中心向前推進。效果立即顯現出來。六月十六日為止第８２空降師已向西推進了八公里，並佔領了聖索維爾─利─維克姆特（St Sauveur-le-Vicomte）。兩天後，第９師攻佔了巴爾維爾（Barneville-sur-Mer），向下可俯視柯騰丁西海岸，

美軍第１０１空降師的傘兵身著典型的戰鬥服。該師徽章上嘶鳴的老鷹是美國內戰時期「鐵旅」中的一個團的吉祥物。

並用砲火消滅了一股沿公路向南撤退的德軍。

## 空中粉碎

重新組織部隊後，柯林斯派第４、９和２９步兵師向北進攻。到六月二十日，美軍已經突破了德軍的主要防線。這條防線是一個鋼筋混凝土防禦系統，它以十公里長的半圓置於瑟堡南部。柯林斯的部隊如果遇到的是正規德軍或黨衛軍的話，可能很難成功。然而德軍在該工事系統的二萬五千名駐防軍中，大部分是中年行政人員，超過五分之一是從波蘭和俄羅斯來的俘虜組成的。

六月二十一日，柯林斯請求對瑟堡郊區五十平方公里的地區實施

「空中粉碎」，以摧毀德軍士氣，迫使其投降。第二天中午十二點四十分，數百架轟炸機向該地區投彈，並從九十公尺的高度向下掃射。儘管有二十四架戰鬥機被德軍的防空砲火擊落，但德國空軍卻不見蹤影。戰鬥機剛剛飛走，一批批重型轟炸機嗡嗡地飛過頭頂，對瑟堡的外圍防禦工事投下了一千一百噸炸彈。在二十四小時內，三個美軍師就從許多地方突破了德軍的防線。六月二十五日，美軍又得到三艘戰鬥艦、四艘巡洋艦和幾艘驅逐艦的砲火支持。砲火猛烈到讓瑟堡守軍指揮官希里本（von Schlieben）被迫藏到了一個很深的地下碉堡中，從而失去了對部隊的掌握。六月二十六日下午，隨著美軍攻入了瑟堡

盟軍最初的進攻速度要比預計的慢，一些城鎮和村子裡的居民急切地期盼他們的解放者到來。大多數情況下盟軍一到就受到熱烈的歡迎。這裡美軍士兵正與瑟堡市民進行慶賀。

第101師的一名空降兵正給一輛在卡倫坦繳獲的德國車加油。這種小型多用途車為德國空降部隊運送物資和彈藥之用，或者用以牽引輕型榴彈砲和反戰車砲。

郊區，希里本投降了。德軍士兵已經使海港變成了一片廢墟：沉沒的船隻阻塞著海港，倒在地上的起重機成了歪七扭八的廢鋼筋堆。地雷埋得到處都是，盟軍花了八週的時間才將殘骸清理掉，而直到十一月海港才全部重新投入使用。德軍做事通常非常的有效率，事實也的確如此，他們破壞得如此徹底，以至於美軍不得不仍依賴於露天海灘的供應。

## 希特勒大發雷霆

　　當美軍為解放瑟堡而進行戰鬥時，岡城周圍發生的事件更是引人矚目。希特勒六月十七日飛往法國，召集倫德斯特和隆美爾開會。希特勒憤怒地咆哮：「別叫它灘頭堡，這是敵人所能擁有的法國土地的最後一塊。」史佩德——隆美爾的參謀長——記錄到他們這位迄今為止一直神情沮喪的元帥開始變得樂觀起來，並稱頌元首「不可思議的魔力」。希特勒這次表現出不可思議的強硬。他命令從東線調兩個精銳師到諾曼第，這使隆美爾到六月底為止在軍事力量上佔有質的優勢，雖然這也僅是短暫的。六月二十日，希特勒命令龐大的六個師的部隊向巴耶運動，於七月一日發動進攻，目的在擊破盟軍灘頭堡，並使他的部隊最終能徹底擊敗英美部隊。

　　幾乎就在元首為自己的計劃進行部署的同時，蒙哥馬利正在為包圍岡城做準備，這次是從更近的地方進攻該市。他這回不打算派一個裝甲師穿過波卡基，而是派第8軍的三個師於六月二十五日實施突襲。由於這天是英國著名的賽馬日，因此這次的進攻被命名為「埃普索姆作戰」（Operation Epsom，埃普索姆是倫敦南部的城市，以賽馬著名）。六月二十二日蒙哥馬利

召集所有軍、師級指揮官到他在克瑞利的作戰司令部開會，並勾勒出他的計劃：「現在一決雌雄的階段已經到了，」蒙哥馬利宣稱，「向內陸保住一個立足點的階段已經過去了，敵人正在增強力量，準備包圍我們。我們已經到了為行動做周密準備的階段。我們絕不能退縮，我們必須保住現有戰果，整個部隊在前線必須迅速前移，並迫使敵軍無法前進一步。」這次進攻共分為兩個階段。六月二十五日凌晨四點十五分，第４９師的先鋒營藉著濃厚的晨霧朝馮特雷村（Fontenay）和羅瑞村（Rauray）挺進，去確保行動的第二階段、也是最主要階段的出發地。霧非常重，它一方面為進攻部隊提供了掩護，但另一方面也使他們無法進行聯繫協調。到了上午的中段時，霧已經全部散去，在馮特雷村西南部，波卡基的德軍砲火阻擋了第４９師的前進。

六月二十六日黎明，一陣極其猛烈的砲火揭開了第二階段的進攻序幕，盟軍海軍有七百多門大砲參與這次砲擊，這是諾曼第行動中火力最集中的一次。第１５蘇格蘭師、第４３維塞克斯師和第１１裝甲師共計六萬人和六百輛戰車從馮特雷村東方僅三公里長的前線衝向巧克斯村（Cheux）的大街。沿著這條大街急轉直下進入一個深溪谷，溪谷底部有一條橫跨奧登河的小石橋。一旦越過該地區，第８軍就可轉向進攻岡城東南，並與從岡城東部過來準備進攻岡城西南部的第５１高地師匯合。第８軍的主力部隊——第１５蘇格蘭師攻入巧克斯村後，發現來到了一個精心預備的屠場。黨衛裝甲師的士兵已經在大街上佈滿了地雷，並在每個房子裡都開鑿槍眼並佈設了陷阱。蘇格蘭師只得通過逐房逐房的近距離戰鬥來掃清巧克斯的敵人。在這次戰鬥中，該師的主力營——第２格拉斯哥高地營有十二名軍官和二百名士兵戰死。下午早些時候，第１１裝甲師的偵察分隊——北諾森伯里龍騎兵隊，終於穿過了巧克斯大街，來到奧登溪谷。在這裡他們遭到了躲在茂密叢林中的德軍黨衛裝甲師「希特勒青年師」的猛烈攻擊。向東大約一千五百公尺，第２阿吉爾營和蘇塞蘭德高地營也攻下奧登河，並完整奪取了圖爾莫維爾村（Tourmauville）的橋。第２３輕騎兵團的戰車排成縱隊渡過了河。在接下來的四十八小時裡，輕騎兵團向南沿斜坡進攻位於岡城西南部二百四十五公尺高的高地，該地在盟軍地圖上被稱為第１１２高地。德軍本來是打算依靠他們八十八公厘大砲將英軍戰車壓制在河

薛曼戰車在波卡基複雜而危險的地帶前進。前進的速度非常緩慢，因為每個樹籬叢中都可能藏著一個機槍群、一門穿甲砲或一門八十八公厘的反戰車砲。

灣，但是盟軍戰鬥轟炸機的持續轟炸為輕騎兵團掃清了道路。第１１２高地戰鬥中的一名倖存德軍回憶道：「下午早些時候剛過，大約十二輛戰車形成兩隊向我們駛來，對我們發動突擊。到底該先打哪兒？是先打飛機還是先打戰車？當我們正被空襲弄得暈頭轉向時，戰車又向我們開砲，一門又一門大砲連同砲手被擊中，現在只剩一件事能做了，撤退！」

　　蒙哥馬利六月二十七日晚與布魯克通話，聲稱他對戰鬥的進展非常滿意，並相信鄧普賽很快就會率領整個第１１裝甲師登上１１２高地。英國現在已即將獲得重大勝利，因為佔領１１２高地將使英軍能夠封鎖岡城南部。德軍此時的處境顯然十分危急，其第７軍團指揮官多爾曼將軍在被告知瑟堡已失守後，發覺如果１１２高地丟了的話，後果將不堪設想，他於六月二十九日早晨猝死。儘管德國媒體宣稱他是死於心臟病，但人們私下揣測他是自殺的，因為他擔心會被免職並召回德國，為他在諾曼第戰鬥中的指揮而受到指控。事實上，情況並沒有多爾曼想像的那樣嚴重。在１１２高地的輕騎兵團雖然得到第２９裝甲旅一部分人員的增援（該旅隸屬於第１１裝甲師），但英軍部隊的大部仍在奧登河北。太多的戰車、卡車和人員擠在狹窄的前線附近。巧克斯大街已造成嚴重的交通堵塞，並一直堵到出發地。因為第４９師進攻受阻，隊伍的西側敞開，而小股德軍從巧克斯的麥

田裡過來偷襲，更添了盟軍的混亂。

　　六月二十九日凌晨，多爾曼的繼任者，曾在東線率領令敵人膽寒

豪賽爾，在東線戰場是令對手膽寒的第１黨衛裝甲軍前指揮官，他接替了多爾曼第７軍團指揮官的職務。

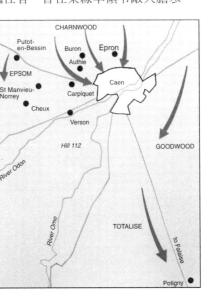

的第１黨衛裝甲軍的豪賽爾（Paul Hausser）開始扭轉局勢。豪賽爾命令正集結準備開往巧克斯的進攻部隊按計劃出發。但這不能稱做是一次密切協調的快速進攻行動，因為部隊抵達奧登河時豪賽爾只能零星地供給他們補給。六月二十九日，蒙哥馬利駐紮在「極」情報部的情報官埃沃特（J. Ewart）上校收到截獲的敵人情報顯示，第８軍已處於日益危險的境地。盟軍第１５師、第４３步兵師和第１１裝甲師佔領了從１１２高地向北延伸的、長約十公里寬約三公里的一個走廊。但「極」情報部的情報顯示德軍第２、第９、第１０黨衛裝甲師和裝甲教導師正從西向這裡推進，而同時德第１師和第１２黨衛裝甲師與

雖遭到連續打擊但仍有一定實力的第２１裝甲師正從東邊向該地趕來。

## 盟軍的憂慮

對蒙哥馬利和鄧普賽來說，此時的情況已顯得非常嚴重。１１２高地正進行著激烈的戰爭，盟軍第２９裝甲旅被從高地的南坡趕了下來。更嚴重的是，一個德軍戰鬥群已經攻入了巧克斯村，這個行動預示著德軍打算切斷所謂的「蘇格蘭走廊」，但是英軍指揮部卻對此一無所知。英軍砲火和空中力量在反攻中遭受了重大的損失，輕騎兵團幾乎全軍覆沒。鄧普賽此時已經相信「極」情報部所提供的德軍意圖和能力的情報是準確的，因此命令

在巧克斯的德國黨衛軍。就是在這裡，第１５蘇格蘭師走進了德軍精心佈置的陷阱，並遭受重大傷亡。在這個村子裡進行的是野蠻的近距離巷戰。

第29裝甲師放棄112高地，撤回奧登河以北。在接下來的四十八小時裡，德軍部隊遭到來自盟軍戰鬥艦和巡洋艦大規模砲火的猛烈阻擊，同時重型轟炸機將高性能炸彈像雨點似地投向德軍。為了阻斷德軍第9黨衛裝甲師的前進，皇家海軍175部隊的蘭開斯特轟炸機將維勒－波卡基炸成了一堆燃燒著的廢墟，這將預示著事情會更為複雜。

六月三十日，蒙哥馬利召集各級指揮官到他位於希瑞西森林（Cerisy Forest）附近布雷村（Bray）的新司令部（喬治六世國王在到該地的一次的視察中，與蒙哥馬利談妥將最初的司令部移到這裡），向他們宣佈，儘管包圍岡城的行動沒有成功，埃普索姆作戰則頗有成效。但包括許多美軍高級將領在內的很多人對埃普索姆作戰的評估持懷疑態度。這是蒙哥馬利所要求的「閃擊戰」，卻又成了死傷慘重的消耗戰，僅僅就第15蘇格蘭師來說，就有二千三百三十一名人員傷亡，死亡士兵的屍體在奧登河的河谷中堆積如山。

但是德軍的傷亡更大。埃普索姆作戰已經挫敗了希特勒所準備的大規模進攻的企圖。七月一日七個師的聯合攻擊計劃是德軍打散和摧毀灘頭堡的唯一希望。但對英美政治領袖來說，這種情況則不是馬上就能感覺到的，他們此時已經對蒙哥馬利作為地面部隊總指揮的能力開始產生懷疑了。

七月的第一個星期裡，英軍和德軍的指揮官都面臨危機。七月二日倫德斯特打電話給國防軍最高統帥部的凱特爾（Wilhelm Keitel）元帥，告訴他反攻已經失敗的消息。當凱特爾問：「我們該怎麼辦？」倫德斯特由於這一次對英軍防線全面進攻剛剛受挫，心情非常沉重，他氣惱地接口說：「議和！你們這些蠢才，你還能有別的辦法嗎？」

這位倔強的普魯士老人此時已是六十九歲了，他總是毫無顧慮地說真話。三年前他就曾因直率地建議希特勒放棄「巴巴羅沙作戰」而被解職。一九四四年七月三日，元首又一次解除了倫德斯特的總司令之職，任命克魯格（von Kluge）元帥接替他的職務。克魯格主張不論損失多大都應該堅守現存防線。克魯格與倫德斯特的性格不同，他是一個比較溫順的人，對法西斯事業一味奉承才使他獲得目前的地位。正因為如此，希特勒在克魯格六十歲生日的時候（一九四二年十月三十日），送給他一張二十五萬馬克的支票，其中一半是為了修葺他的房子的。克魯格沒有倫德斯特那樣的統帥才能，但他至少能夠通過不向元首彙報令人不快的事實而保住自己的職位。

## 邱吉爾面臨壓力

在灘頭堡，蒙哥馬利的職位像他前任的德軍對手一樣岌岌可危，他曾向艾森豪保證要繼續向東推進，也曾向空軍保證給他們提供一個空軍基地，但所有這些他都沒有做到。空軍上將泰德開始鼓動艾森豪解除蒙哥馬利的職務。艾森豪對於尋求邱吉爾的支持去解除蒙哥馬利的職務一事感到非常躊躇。他知道任命蒙哥馬利為第 8 軍團總司令是布魯克的主意，而邱吉爾此時也十分矛盾。

邱吉爾開始面臨越來越大的政治壓力。因為六月二十三日，東線

維勒─波卡基的小鎮被盟軍炸彈和砲火夷為平地。法國在二戰中死亡的三十萬平民很多是盟軍在進攻諾曼第時造成的。

蘇軍在「巴格拉季昂作戰」（Operation Bagration）中已突破了德軍的防線。加之，自從六月十四日以來，德軍V1火箭已經在英格蘭東南部造成了二千人死亡，另有七千五百人受到重傷。公眾都深知消除這種威脅的唯一方法就是盟軍部隊攻佔發射區。但是英美報刊都以醒目的標題宣稱「諾曼第前線陷入困境」。七月六日地下內閣作戰室的一場全體會議上，布魯克記錄道：「邱吉爾由於聯軍行動緩慢而對蒙哥馬利進行指責，並一再重提艾森豪對蒙哥馬利的過分謹慎的批

評。我立刻火了，並問他能否給他的將軍們多幾分的信任而不是貶低他們。邱吉爾對我大為光火，但我希望這對將來有些好處。」蒙哥馬利的職務危機暫時可說是過去了，但這並不代表可以就此高枕無憂。

蒙哥馬利發動第三個大規模進攻行動時，又受到來自各方面的批評和壓力。「溫莎作戰」（Operation Windsor）和「查恩伍德作戰」（Operation Charnwood）都是擴大灘頭堡和佔領岡城西北部的補充行動。七月三日晚在溫莎作戰中，英軍戰艦羅德尼號（Rodney）

克魯格元帥在東線前線。他於一九四四年七月三日受希特勒之命接替倫德斯特任西線總司令。幾個星期後他受刺殺希特勒的炸彈事件牽連，於八月十八日自殺。

在岡城的一輛德軍裝甲車。盟軍重型轟炸機造成的巨大破壞嚴重影響了盟軍奪取該市，因為廢墟為防禦的德軍提供了極好的掩護。

從二萬四千公尺以外向位於岡城西部的卡爾皮奎特空軍基地以北的卡爾皮奎特村發射了十五枚十六英吋的砲彈。第二天早晨五點鐘，加拿大第8步兵旅以弗特加里霍斯裝甲團為先鋒，在砲火的支援下攻入了卡爾皮奎特村。黨衛裝甲師的部分

人員躲在空軍基地西側的混凝土工事裡拚命抵抗，二十四小時後，加拿大軍隊的進攻陷入困境。

四十八小時後，主要攻勢——查恩伍德作戰在岡城展開。沒有部隊喜歡進行逐房逐房近戰的，蒙哥馬利也決定不讓他的部隊陷入小型

的史達林格勒會戰。解決之道就是摧毀這些房子。七月七日二十二點，四百六十七架蘭開斯特式和哈里法克斯式轟炸機在該市投下了二千五百噸高爆炸彈。第2東約克團的副團長雷尼森（Bill Renison）少校後來回憶：從北部望去，一片夾雜著塵土的黑雲直衝雲霄，幾乎遮蓋了整個城市。黑雲慢慢地朝我們飄來，飛到了奧登河上空。空襲結束後，盟軍士兵站在狹長的掩體邊拍手歡呼。這時鼓舞士氣的作用是十分顯著的。但是不幸的是，岡城城裡也擠滿了法國平民，因此後果是非常可怕的。岡城市區中部和北部大部分地區變成了一片瓦礫，至少有六千名法國平民（其中大部分是婦女和兒童）被炸死或傷重而亡，成千上萬人嚴重傷殘。盟軍的轟炸破壞了德軍的供應線，但是岡城市北部地區的德軍防禦工事受到的影響卻不大。英加聯軍集中了佔絕對優勢的部隊，在一艘戰艦、二艘巡洋艦和二百五十架輕型轟炸機的砲火支援下，以三個師的兵力終於衝破了德軍的防禦。在岡城東北部的格魯希（Gruchy），加拿大第3師的偵察團的十六名隊員手持布倫輕機槍攻入了敵軍防禦工事的心臟。大吃一驚的德軍稍作抵抗後便成了俘虜。但在其他地方，特別是黨衛裝甲師卻是頑強抵抗到最後，並最終被鱷魚式戰車火焰砲發射的烈火所擊潰。近接戰鬥進行得非常殘酷，到七月九日德軍已死傷六千人。英軍和加拿大部隊的死傷人數也不少：約有三千五百人死亡、受

傷或失蹤。到七月九日晚為止，英加聯軍已經攻佔了該城的西北部。郊區工業區科倫貝勒以及位於奧恩河東南部的半個岡城市區則仍在德軍手中。

當蒙哥馬利發動「朱比特作戰」（Operation Jupiter）的第四次大規模進攻時，岡城城內的戰鬥暫時停止。朱比特作戰是以第43師為主力進攻德軍位於岡城以西112高地的德軍據點。這是一場殘酷的消耗戰的開始，一直持續進行了數週。在開始的三十六小時內，第43師在試圖奪取高地北坡的立足點的戰鬥中就死傷二千人。德軍七月十一日的一次反撲幾乎將英軍打退，但是第4薩默塞特輕步兵營牢牢堅守住一個略微突出的地帶。七月十二日凌晨一點，該營發動了一次反攻，但立即遭到猛烈的阻擊。一名英軍倖存者普魯克特（ Corporal Douglas Proctor），生動地描繪了那次夜裡進攻的恐怖場面：一個進攻小分隊的指揮官試圖爬過敵人的鐵絲網，一顆子彈穿過他的腹部，結果引爆了他帶在網兜裡的燃燒彈，他在絕望的掙扎中被纏到了佈滿鐵鉤的鐵絲網上並被吊在了上面，成了一個活生生的人體火球。為了從火焰的地獄中解脫出來，他無奈地乞求別人馬上將他殺死。這次進攻幾乎使第4薩默塞特步兵營的進攻分隊全軍覆沒，參加這次行動的普魯克特所在的排中三十六人只剩下了九個

美軍第1步兵師的一名士兵身著迷彩服，但這種服裝很快就被換掉了，因為德國黨衛軍也身著與此相似的服裝。

人。該營被迫撤出１１２高地，由其他部隊接替。戰鬥一天天地進行著，又持續了兩週時間。

## 易受攻擊的薛曼戰車

七月中旬，英軍和加拿大部隊戰區的戰鬥已經陷入困境；而在美軍戰區的情況也沒有比較好。攻陷瑟堡後，布萊德雷率領所有部隊向南挺進。七月三日，第８軍在米德頓（Troy H. Middleton）少將的率領下攻入柯騰丁半島西海岸並向柯坦斯（Coutances）推進。與此同時，考萊特（Charles H. Corlett）率領的第１９軍向卡倫坦東南部發動進攻，沿著維爾河一直推向聖羅（St Lo）。布萊德雷又任命柯林斯率

領第７軍沿中部進軍，奪取位於柯坦斯和聖羅之間的小鎮佩里耶（Périers）。布萊德雷的意圖是保護聖羅—柯坦斯公路，並將這條公路線作為向西南發動全面進攻的集結線。這條公路線與海岸線平行一直通往阿弗朗什，波卡基從這裡開始逐漸變成更為廣闊的鄉村。

美軍沿一條非常廣闊的前線（四十八公里）穿過鄉村向前挺進，而在波卡基時部隊遇到的困難最大。在這種鄉村地帶，部隊之間保持聯繫非常困難，更不用說編隊了。厚密的樹籬很快就使進攻營變成了進攻連，然後又變成了以排為單位的進攻。進攻的成敗與否因此在很大程度上依賴於排指揮官的能

波卡基的美軍砲兵正在發射砲彈。大雨再加上厚密的樹籬常常給相鄰部隊的無線電聯繫造成很大難度，甚至聯繫不上，這給部隊之間的協同作戰造成了嚴重的麻煩。

力和經驗，指揮官的死亡或是受傷常常會使進攻停頓。一挺德軍機槍在一至二門迫擊砲的支持下能堅持數小時。美軍發現，當雨水打濕樹籬的時候（一九四四年夏天，三天就有一天下雨），兩地之間的電波信號就無法傳遞。常有某個排在一個地方的進攻成功了，但在相鄰地域的戰鬥卻失敗了，各部隊彼此的聯繫因而被割斷。為了保持進攻態勢，步兵指揮官調來戰車支援，但是在樹籬間穿行的薛曼戰車的高大輪廓很容易被德軍發現，成了部署在附近的德軍及戰車砲的靶子。戰車兵很快就發現薛曼戰車沒有足夠的馬力或牽引力，很難越過樹籬，每次嘗試都使戰車的底盤抵在樹籬上，使戰車最容易被損壞的底部暴露在德軍各種反戰車砲火之中。德軍的反戰車小組在樹籬中搜索盟軍戰車，結果盟軍戰車不但未幫上忙，反而遭受了重大損失。

　　到七月十五日為止，第８軍的四個師以傷亡一萬人的代價才推進了十一公里。而第７軍情況更糟。七月四日，該軍的第８３師前進一百八十公尺就死傷人員一千四百名。第１９軍也同樣進展緩慢。七月七日，第３裝甲師在第３０步兵師試圖奪取德軍防禦工事的一個缺口時，雙方都把對方誤判斷為德軍，並進行了激烈的戰鬥。兩個師都調來美空軍戰鬥轟炸機，而這些戰鬥轟炸機不加區別地對雙方都進行掃射。等兩個師分清對方時，德軍已經堵住了這個缺口。

德國黨衛軍裝甲擲彈兵裝備的戰防火箭。德軍常越過佈滿樹籬的土埂，對美軍薛曼戰車易損的底部進行攻擊。

美軍士兵為奪取聖羅鎮進行苦戰，布萊德雷認為奪取這個地點是突破諾曼第、繼續進攻的重要一環。

　　七月十日，為了將德軍的防禦移開，布萊德雷決定派兵奪取形成德軍防線東邊支撐點的聖羅，該鎮曾於六月六日被盟軍一波又一波轟炸機的連續空襲而徹底摧毀。這次轟炸造成八百名居民被炸死，並使該鎮變成一堆廢墟。比聖羅本身更重要的是從北到西環繞聖羅鎮的一些小山和山脊，德軍在該地集結了強大的部隊：第３空降師，第３５３、第３５２和第２６６師，同時得到各種重砲及戰車砲以及多管火箭發射器的支援。負責指揮的是空降部隊出身的曼德爾（Eugen Meindl）中將，他作戰頑強，並有在東線的豐富作戰經驗。德軍防線是由許多相互支援的堅固據點組成，所有這些工事都不易受到飛機或砲火的襲擊。聖羅鎮正北有一座小山，在美軍地圖上被標為１２２號高地，並被作為德軍防禦工事的核心。參加進攻德軍這塊複雜的防禦工事的共有兩個美國軍：格魯（Leonard T. Gerow）少將率領的第５軍和考萊特少將率領的第１９軍。但是兩個軍的總指揮認為直接進攻第１２２高地代價可能太大，於是決定採取迂迴戰術，從東邊奪取馬丁維爾山脊（Martinville Ridge）和附近一個四十五公尺高的高地，這個高地被命名為１９２號高地。

## 美軍進攻的開始

　　美軍對於進攻將會遇到什麼樣的困難毫無概念。七月十一日黎明，承擔奪取１９２高地任務的美軍第２步兵師在砲火支援下開始行動，但是事情一開始就亂了套。早晨的大霧使能見度極低，以至於計劃在進攻之前的空襲被取消。但不幸的是美軍部隊已經後退幾百公尺以躲開己方的轟炸，而空襲被取消

後，部隊就要在德軍重砲的**轟擊**下行進更遠的路。德軍防禦工事和掩體佈置在樹籬深處，很難被探測出來，結果第一輪進攻中美軍就死傷二百人並損失了六輛戰車。上午晚些時候，第２師在自己大砲發射的二萬多發砲彈的支援下發起第二輪進攻。這次步兵終於能夠靠近躲在樹籬後的德軍，並用手榴彈和步槍將他們消滅。下午，防禦的德軍開始撤退，將１９２高地丟給美軍，而１９２高地向南則是一個更高更可怕的１０１高地。此時第２９師本應該沿馬丁維爾山脊向上進攻，但是晚上德軍空降兵進行了一次先發制人的襲擊，並用火焰噴射器使盟軍傷亡一百五十人，因而造成了進攻的延誤。第２９師在上午才開始出發，但很快遭到１０１高地的砲火阻擊，部隊的前進逐漸慢了下來，最終停滯不前。

美軍指揮官此時認為進攻１２２號高地已勢在必行，別無他法。在隨後的四天裡，戰鬥在聖羅鎮前

後的小山上激烈地進行著，美軍火力最終壓制了德軍的砲火。七月十六日，第２９師１１６團的第２、第３營終於攻進了該鎮，但是德軍密集的子彈將他們與該師大部隊給切開了。第３營營長豪威爾（Thomas D. Howie）少校試圖繼續進攻，但剛一露面便中彈而死。第１１６團的其他部隊於七月十七日晚攻入該鎮，並與分散的各營匯合，到次日上午已打到了鎮中心。下午，該團用一面美國國旗蓋著豪威爾少校的屍體，並將屍體抬到聖羅鎮中心，放在一座被砲彈炸毀了的教堂前：象徵著美軍為奪取這座小鎮而遭受的傷亡和損失。那天晚上，在聖羅鎮的部隊士氣非常低落。盟軍在諾曼第的整個戰役中很少有比在該鎮所遭受的損失更大的了。戰役進入第七週，盟軍就有了十二萬二千人的傷亡。這次戰役破壞了一度平靜的諾曼第，並造成了成千上萬法國平民的傷亡，而突破行動似乎仍然遙遙無期。

美軍部隊在波卡基進行戰鬥。他們遭到了德軍士兵的頑強阻擊。盟軍費了九牛二虎之力才將德軍從其防禦工事中趕出去。這裡美軍士兵正用步槍和手榴彈來摧毀敵人在樹籬中的據點。

# 第四章

# 突破

歷經數星期痛苦的消耗戰之後，盟軍尋求突破的意圖幾乎在一夕間演變成了一場人員與物資的消耗競賽，但也正是這種類型的作戰行動橫掃了盟軍面前的所有德軍抵抗。

一九四四年七月十六日，蘇聯軍隊穿過了戰前白俄羅斯和波蘭邊境一部分的寇松線（Curzon Line）。第二天，在莫斯科有五萬七千名德國戰俘被押解著進行繞城的示眾遊行。蘇軍自六月二十三日發動攻勢以來，已經前進了四百八十公里，並且完全摧毀了德國中央集團軍。而與此相反，在諾曼第，盟軍自六月六日登陸以來在一些地方僅僅前進了八公里。英美報紙的頭條相映報導著：「紅軍渡過布格河」、「紅軍席捲盧佛（Lvov）」、「鄧普賽的部隊遭受全面阻擊」和「英軍面臨大規模戰車反攻」的消息。諾曼第戰役受到了阻礙，蒙哥馬利對此卻一籌莫展，當然他後來所竭力掩飾的正是這一窘態。當時他唯一剩下的手段就是不斷向德軍進攻，這種策略與一戰中海格在西線戰場所採取的戰略僅略有差別。武器確實是換了，但是「溫莎」、「查恩伍德」和「朱比特」等作戰行動卻都在重演著相同的消耗戰。

布萊德雷對於美軍的陣線也不太樂觀，他後來回憶道：「到了七月十日，我們彷彿要陷入與一戰同樣危險的困境了。」以現在盟軍前進的速度，就算到了一九五○年也到達不了萊茵河畔，事實上，這場戰爭好像永無止期。但是就在這場戰役處於最低潮的時刻，布萊德雷研究出了一個有效的新策略──儘管後來蒙哥馬利竭力宣稱是他想出了這一辦法。布萊德雷認為，在像一個國家面積大小的廣闊戰場上推進，將對德軍充分發揮其實力十分有利。因此，他決定反其道行，集中兵力像利劍一樣插入敵方。從表面上看，這與英國在埃普索姆作戰的部署如出一轍，但事實上卻大相逕庭。布萊德雷計劃將第1軍的主力集中於柯騰丁半島中心的聖羅至佩里耶公路以北。這條路是一條筆直的古羅馬道路，可以輕易地從空中辨認出來。在這條路的南面，他劃出了一塊面積達十五平方公里的長方形地帶，就是這塊地方將遭到美國第8航空軍地毯式的轟炸。一俟轟炸結束，兩個裝甲師和一個摩托化師將挺進西南二十六公里外的柯坦斯。從那裡，他們將向阿弗朗什進軍。一旦攻克阿弗朗什，布萊德雷的部隊就能擺脫困境，並揮師西部進入布列塔尼，攻佔該地大型的大西洋岸港口。

這次作戰的代號叫「眼鏡蛇」（Cobra）。七月十日，在蒙哥馬利位於21集團軍作戰司令部所在地的蓬屋裡，布萊德雷向蒙哥馬利和

終於行動了：美國大兵在波卡基的一條小道上前進。一九四四年七月，盟軍在諾曼第的形勢十分嚴峻，這讓人聯想到了一戰中的法蘭德斯。

蒙哥馬利和布萊德雷在研究眼鏡蛇作戰的細節。這一計劃試圖奪取聖羅西面的戰場。從那時起盟軍將發動突破攻勢。這次行動的結果比盟軍所預見的更為成功。

眼鏡蛇作戰這次的勝利，主要歸功於在德軍陣地上所投擲的四千噸炸彈。轟炸消滅了德軍在這一陣地上僅有的一個裝甲師。

鄧普賽概括說明了他的計劃。鄧普賽在會後寫下了他對會議全程的回憶。這些記述將蒙哥馬利說成是制訂這項新戰略的首要角色。根據鄧普賽的描述，這一重大時刻的來臨是這樣的：蒙哥馬利用他特有的方式將兩根指頭一起放在地圖上並對布萊德雷說：「假如我是你的話，我想我會將我的兵力稍微集中一

點。」事實上，布萊德雷早已準備這樣做了；但是為了增加他進攻的勝算，他需要英國第 2 軍團的支持。蒙哥馬利和鄧普賽毫不遲疑地答應，通過用英國和加拿大部隊對岡城東部發動進攻來支援眼鏡蛇作戰。這些進攻行動分別被命名為「佳林」（Goodwood）和「大西洋」（Atlantic）。它們將和眼鏡蛇作戰一樣以猛烈的空襲作為戰鬥的先導。七月十日的會議上，佳林作戰和大西洋作戰的日期被定在七月十七日，而眼鏡蛇作戰則定在七月十八日。但是在幾個小時之內，鄧普賽開始改變他對於這次行動的實質和外延的看法，他要把英軍和加拿大部隊的行動當成盟軍的主要突破行動來看待。

蒙哥馬利沒採取任何措施來打消他下屬的這一念頭。七月十二日下午四點三十分，蒙哥馬利與鄧普

賽在他的司令部會面，並且同意用一整個英國裝甲軍進攻東南方的計劃。這天深夜，蒙哥馬利向艾森豪許諾道：「我的整個東翼將於星期六（七月十九日）燃起熊熊烈火，這次行動在星期一（七月二十一日）就會產生影響深遠的結果。」艾森豪的回應很熱烈，並對他保證布萊德雷將「讓他的部隊像魔鬼一樣一天二十四小時不間斷地戰鬥，為你的裝甲軍提供所需的機會，以取得全勝」。第二天，鄧普賽對英國第8裝甲軍發佈了命令，要求其在七月十八日穿過岡城以北的奧恩河，向南攻擊，並在布雷特維爾、維蒙特（Vimont）、艾爾格斯（Argences）、法萊茲（Falaise）分別進駐

一個裝甲師。最後提到的城鎮法萊茲位於戰線以南四十八公里處。這就只意味著一件事情，那就是英國第2軍團希望使佳林作戰不只成為一次配合眼鏡蛇作戰的行動，而且能成為一次主要的突破戰役。實際上，艾森豪和盟軍最高統帥部的其他工作人員對此也深信不疑。數天之後，英方對行動的這一詮釋隨著布萊德雷發現他的一些師團彈藥發生短缺而得到加強，因為眼鏡蛇作戰將不得不延遲到補給得以再次補充後才能實施，當時，惡劣的天氣又迫使眼鏡蛇作戰進一步推遲。隨著原本作為配合行動的佳林作戰逐漸成為主要焦點，這兩次行動最終被確定為兩次個別的作戰。

薛曼戰車通過法國狹窄的街道開向前線。這種戰車是薛曼螢火蟲式，是一種裝備了十七磅砲的英國改裝型。這種重砲有助於對抗重裝裝備下的德國裝甲部隊。

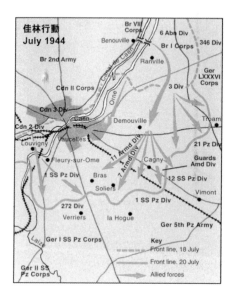

佳林行動
July 1944

Benouville
Br VIII Corps
6 Abn Div
Br I Corps
346 Div
Br 2nd Army
Ranville
Ger LXXXVI Corps
Cdn II Corps
3 Div
Cdn 3 Div
Ome Canal de Caen
Cdn 2 Div
Caen
Demouville
Troam
Vaucelles
Louvigny
21 Pz Div
11 Armd Div
Fleury-sur-Ome
Cagny
Guards Amd Div
1 SS Pz Div
Bras
7 Armd Div
12 SS Pz Div
Soliers
Vimont
272 Div
1 SS Pz Div
Verrieres
la Hogue
Ger 5th Pz Army
Laize
Ger I SS Pz Corps
Ger II SS Pz Corps

Key
Front line, 18 July
Front line, 20 July
Allied forces

一輛薛曼戰車在盟軍進軍的過程中被擊中,因彈藥受熱而爆炸。早期,汽油驅動的薛曼戰車容易著火;後來使用柴油引擎的型號就不再那麼脆弱了。

鄧普賽視察前線以尋找進攻點,他將注意力集中在灘頭堡的最東部。六月六日,英國傘兵部隊在此處曾經攻佔了奧恩河南岸的一小塊,如今由第51蘇格蘭高地師鎮守。其戰線以南大約十公里處是一片平坦而又開闊的地區,地勢逐漸升到布爾蓋比(Bourguebus)山脊。戰線東側是德軍控制的科倫貝勒(Colombelles)的工業化郊區,與其他地方相比,這一地區看上去是一條理想的進行裝甲攻擊的天然通道。作為一次攻擊的發動點來說,它僅有的缺陷就是其面積和入口。這塊被包圍的土地在面積上僅有十五平方公里,只能依賴三座越過岡城運河和三座越過奧恩河的橋樑才能到達。假如交通線如同在埃普索姆作戰期間那樣被切斷,混亂將隨時發生。

七月十八日黎明,一千五百架重型轟炸機在科倫貝勒和貝文特

（Bois de Bavent）森林上空投擲了五千噸高爆炸彈。隨後，中型轟炸機在這條走廊一直到布爾蓋比山脊南部的地帶投擲了二千五百噸的高殺傷炸彈（fragmentation bombs）。隨著這些轟炸機的離去，一千五百門大砲和重型海軍火砲開始進行彈幕射擊。這之後，當英國第３師前行進入貝文特森林時，加拿大第３師攻入了科倫貝勒的廢墟中。北安普敦義勇騎兵部隊作前鋒，第１１裝甲師的先鋒第２９裝甲旅穿過了已被第５１高地師的工兵清理過雷區的十七條通道。

　　這次轟炸是戰爭開始以來最爲猛烈的一次，大大激勵了盟軍的士氣。第２９裝甲旅的前鋒第３營的布朗利（Brownlie）中尉回憶到：「蔚藍的天空中佈滿了轟炸機，事

先狠狠地打擊了這一地區。我們中的許多人都站起來高聲歡呼。」在附近的一座小山上，爲BBC電台錄製節目的韋慕特報導說：「我轉身向海望去，蘭開斯特和哈利法克斯式轟炸機密密麻麻，遮住了北部的天空……它們從地平線黑壓壓地成群湧出。轟炸持續進行了四十五分鐘，沒有受到任何阻擊。轟炸機飛走後火砲繼續轟炸，砲聲潮水般地奔騰，撼天震地。」對於猛烈砲火過後的進軍情況，布朗利回憶道：「對我們來說，它是一堵由砲彈爆炸而構成的灰色硬牆，我們列隊前進了大約一英里，而我們除了演習還從來未列隊前進超過幾百公尺。難道砲火摧毀了一切生命嗎？」他們遇到了一小撮倖存下來的德國士兵，他們可憐兮兮的，有的被轟炸

對英國無線電訊號的竊聽，使德軍能夠勾勒出英國人計劃的全貌。隆美爾立即組織「斯帕爾里」防線去阻止英國人前進。

一個騎摩托車的通訊兵經過被擊毀的薛曼戰車。由汽油驅動的戰車，易於爆炸或於受打擊後燃燒。德軍輕蔑地將它們稱為「蒸煮英國人的容器」。

嚇傻了，凝望著天空，有的漫無目的地走來走去。

## 隆美爾的回應

　　鄧普賽曾打算讓禁衛裝甲師和第７裝甲師配合第１１裝甲師行動，由七百五十輛戰車發動英國歷史上規模最大的一次裝甲攻勢。假如這種情勢能夠保持下去的話，佳林作戰也許就會獲得成功。然而在這個地區卻出現了嚴重的交通堵塞。這次攻擊所調動的不僅僅是戰車，而且還有九千輛其他車輛，部分在越過岡城運河和奧恩河的路上撞壞了履帶，阻塞住道路。其他戰車被迫開出道路，結果又在雷區裡炸壞了履帶。所以展現在人們眼前的並不是一場裝甲風暴，而是零零散散地駛出來的戰車和卡車。到了凌晨，第１１裝甲師的戰車斷斷續續地以長縱隊形向布爾比山脊駛去，而它們的隨行步兵被扔在了北部幾公里以外，忙著對付小股德軍的抵抗。德軍通過無線電竊聽和直接從科倫貝勒鋼鐵廠聳立的煙囱上進行觀察，在幾天前就已經清楚地掌握了英國人的計劃藍圖。隆美爾覺察到英國正在計劃一場大型攻勢，他的對策是將剩餘部隊部署在一片從英軍前線起到縱深超過十八公里的地區內。隆美爾讓第１６空軍師和第２２步兵師的分隊駐紮在穿過英軍進攻線的岡城—特魯爾（Troarn）鐵路北面的高坡上。他們

擁有六組自走砲和反戰車砲砲群，
而每組有四到六門火砲。往南一
點，在岡城—特魯爾鐵路和岡城—
維蒙特鐵路之間，同樣也沿著一塊
高坡部署了隸屬於第21裝甲師的
兩個團、一些隸屬於第1黨衛裝甲
師的豹式戰車，以及隸屬第503
重型戰車營的一個虎式戰車連隊。
再往南一點，在布爾蓋比山脊北坡
的村莊裡，有來自令人生畏的第一
黨衛裝甲師的六個營，它們屬於第
1黨衛裝甲師的裝甲擲彈部隊。在
山脊頂部的火砲陣線上裝備的是七
十八門八十八公厘的反戰車砲，一
百九十四門火砲和二百七十門多管
火箭發射器。在離山脊以南大約六
點五公里遠的森林裡，隆美爾安排
了第一黨衛裝甲師的主力和兩個戰
鬥群，每個群擁有四十輛戰車外加
步兵，他們隸屬第12黨衛裝甲
師。德國部隊共有二百三十輛戰
車，他們經驗豐富，部署恰當並且

佔有絕佳的射擊陣地。七月十七
日，隆美爾親自視察了這些部隊，
並感到興奮不已：因為他已經一手
將德軍陣地上最薄弱的環節轉變為
最強的了。然而，隆美爾錯過了這
場戰鬥。七月十七日夜裡，在他視
察返程的路上，他的座車遭到了英
國戰鬥轟炸機的掃射。隆美爾身受
重傷，被送回德國治療。

由於德國方面的準備非常周全

英軍戰車途經一輛被擊
毀的德國虎式戰車。在
防禦戰中，虎式戰車是
令人生畏的敵手。

布倫式輕機槍槍手和英
國步兵。在波卡基。這
是一種極好的輕機槍。

後，所以即使隆美爾缺席也無關緊要。七月十八日清早，英軍第１１裝甲師的前線部隊法夫—福爾法郡義勇兵處於進攻線以南六點五公里之處，正通過遭受猛烈空襲被遺棄的凱格利村（Cagny），並接近岡城—維蒙特鐵路的路基處。索普（John Thorpe）是一輛薛曼戰車的砲手，他回憶了那個糟糕的時刻：剛剛爬上路基，「一陣非常猛烈的穿甲砲彈就從我們陣地北面的灌木林中打了過來，一陣接著一陣。一些戰車手身上著了火，滿地打滾試圖撲滅他們衣服上的火焰。不久，燃燒的戰車和莊稼以及引擎所噴出

的煙霧使得能見度變低。接著，前方所有的戰車都熊熊地燒了起來。我看見二十碼外有一個戰車手正從噴著火焰的砲塔裡爬出，但是沒有成功，當他正試圖跨出砲塔的時候，卻又摔回戰車裡，彈藥在燃燒的戰車裡爆炸，巨大的濃煙從戰車的砲塔中湧出。」實際上，法夫—福爾法郡義勇兵已經被殲滅了，而前後不過幾分鐘的時間。

事實上，在凱格利村西北的一個農莊裡，只有四門八十八公厘口徑的德國火砲藏在灌木林中。這些砲手們觀察法夫—福爾法部隊的行動已經有相當一段時間了，但是由

皇家空軍的機械師在一架颱風式轟炸機機翼下的炸彈架上，安裝二十七公斤的穿甲火箭彈。這些戰機在前線以巡航隊形行動，準備一旦需要就先行攻擊敵人的裝甲部隊。

攝於短暫的休息時刻：在前進指揮所訪問蒙哥馬利的邱吉爾時，他原本打算解除這位英軍指揮官的職務。

美國第 8 航空軍的一名轟炸機駕駛員正在研究目標地區的一幅地圖。戰略轟炸機並不適於在戰場作戰術轟炸，轟炸機的誤炸造成了數百名盟軍士兵的傷亡。

於他們是一支黨衛軍防空部隊，認為這不關他們的事，因而決定不向這些戰車射擊。但是英軍霉運當頭，統率隸屬於第 21 裝甲師的納克（von Luck）戰鬥群的漢斯・納克上校，在法夫─福爾法部隊開始爬路基之時剛好趕到這個村子裡。他很震驚地發現這些八十八公厘火砲的砲管指著天空無所事事。而更讓他感到憤怒的是，黨衛軍指揮官拒絕壓低砲口去摧毀那些戰車。納克上校拔出手槍，說道：「要麼馬上向戰車射擊，並拿個勳章，要麼我就斃了你。」而這個黨衛軍防空部隊的指揮官行動起來又如此狂熱。他不僅解決掉了正前方法夫─

福爾法部隊的薛曼式戰車，而且向北方九百公尺外的一些黑乎乎的東西開火，結果誤擊了兩輛隸屬德軍第 503 重型戰車營的虎式戰車。

## 豹式戰車的攻擊

幾乎在同時，其他駛向東南的英軍戰車遇到了第 1 黨衛師的豹式戰車。這些豹式戰車在之前的轟炸中絲毫未損。它們隱藏在布爾蓋比山脊的南面山坡上，正好處於轟炸線以南，由於英國人沒有派軍攻打這批擁有八十八公厘火砲的砲隊，而豹式戰車在射

一輛裝配了清除樹籬裝置的斯圖亞特式戰車，顯示了這項為戰車所做的發明的重要性，盟軍的戰車不會因為樹籬而「肚皮朝天」了。

程上又優於英軍戰車，造成第11裝甲師傷亡慘重。這個裝甲師的指揮官「矮子」羅伯茲（'Pip' Roberts）少將試圖尋求空中支援。但此時，載有皇家空軍軍官和兩個能聯繫到

英國皇家空軍的裝甲車卻遭到了砲擊，結果車中軍官身受重傷而且設備也嚴重受損。

不久，羅伯茲少將又受到了另一打擊。他突然看到了第7師第22旅的旅長「瘋子」辛德，他想這可能是第7師趕來支援。可是辛德只是來偵察罷了，當他看見羅伯茲時對他說：「這兒已經有許多戰車了，我可不準備再讓我的戰車栽在這兒。」羅伯茲曾經在一九四二年九月一日埃及的艾蘭·哈法（Alam Halfa）戰鬥中指揮過22旅，當時在那裡他們擋住了隆美爾和他的非洲兵團。羅伯茲震驚於辛德對待他的態度，後來他寫道：「我要詛咒我的舊師和舊旅。」

柯林斯將軍的第7軍被布萊德雷將軍選中作為突破諾曼第之眼鏡蛇作戰的先鋒。在盟軍目標被落實之前，他們進行了艱苦的戰鬥，傷亡慘重。

首次投入戰鬥的禁衛裝甲師，

打起仗來毫不猶豫，但是增援行動卻成了與第１１裝甲師的殿後部隊相互糾結在一起的糟糕局面。隨著德國配有反戰車火箭的反戰車部隊的突然出現，情況變得更加混亂不堪。當禁衛裝甲師的司令阿戴爾（Robert Adair）看見德軍反戰車火箭部隊逕直向他開來時，他不得不掉轉前進方向調整陣形。在東部，第３愛爾蘭禁衛營遭受了第５０３戰車營虎式戰車的攻擊。５０３營的虎式戰車給薛曼和克侖威爾式戰車造成了可怕令人驚恐的重創。情勢的得以挽回要歸功於一輛由考曼（Gorman）上尉指揮的薛曼戰車，它逕直衝向一輛虎式戰車，並在它轉動砲塔的時候撞了上去。這一驚人之舉使考曼得到了一個「木頭人」的綽號。

第７裝甲師已經有六年的戰鬥經驗，因而前進得極為謹慎。當戰車經過奧恩河上的大橋時，他們遇到了滿載著貝文特森林戰鬥中受傷的第３師士兵的卡車，一些傷員發出痛苦的尖叫。一些戰車駕駛在雷區被清理出的道路上行進時迷了路，履帶在觸到地雷時被炸壞了。其他一些戰車雖未迷路，但是還是駛入了雷區。幾乎是慢慢爬行的第７裝甲師現在行進到了禁衛師的後部。部隊之間失去了凝聚力，許多英國戰車都是個別的進行戰鬥。當豹式戰車的殺戮接近時，「矮子」羅伯茲成功地用彩色煙霧彈引導一隊颶風式轟炸機，攻擊從布爾蓋比山脊過來的豹式戰車。這下輪到德軍傷亡慘重了。英國和德國戰車繼續在此地胡亂打了兩天。直到七月二十日夜裡一場傾盆大雨使戰場變成了一片泥沼，作戰雙方都不可能進一步開展軍事行動為止。

這次行動並不完全是盟軍的一

機組乘務人員正把十二點七公厘口徑機關砲用的彈藥帶裝在一架P-47雷霆式戰機的翼舵內。第９戰術空軍的雷霆式戰機在戰鬥艱苦的諾曼第突破期間和之後承擔了盟軍空軍主力的重任。

場災難：加拿大部隊佔領了岡城的其他地區。而英軍在付出了傷亡五千五百人和四百三十輛戰車的代價之後（這超過他們在諾曼第登陸的戰車總量的三分之一），成功地前進了大約十公里並拿下了布爾蓋比山脊。

## 「怒氣沖沖」的艾森豪

至少佳林作戰的重要性是由蒙哥馬利宣揚出來的。但是當艾森豪和他在盟軍最高統帥部的下屬指責蒙哥馬利失敗地發動了一場期待已久的突破行動時，蒙哥馬利則辯說，他從來沒有針對佳林作戰做出以此來作為突破的說法。但是根本

一戶接著一戶的清理戰鬥是大多數士兵恐懼的任務。在這種戰鬥中士兵不時受到狙擊手和偽裝地雷的襲擊。

沒人在聽他說什麼。空軍元帥李馬洛爵士曾經是蒙哥馬利的支持者，他難以置信的說：「七英里用了七千噸炸彈！」這句話概括了當時籠罩在艾森豪司令部裡的情緒。艾森豪「怒氣沖沖」地聽著李馬洛的話，雷鳴般地說：「用超過七千噸的炸彈去換七英里！」；「盟軍可沒有本事以每英里一千噸炸彈的價格走過法國。」盟軍空軍副統帥泰德元帥，長久以來就對蒙哥馬利持批判的態度，他提醒艾森豪，邱吉爾曾經給予他解除任何不適任指揮官的權利，並且急切地請求他解除第21集團軍指揮官的職務。泰德在他七月二十一日的日記裡寫道：「艾森豪同意了，並著手準備解除蒙哥馬利職務的通告。」

恰在此時，蒙哥馬利因宣稱太忙，無法在他的司令部接待首相而冒犯了邱吉爾。布魯克於七月十九日九點半看到邱吉爾時，他正在對蒙哥馬利大發雷霆。布魯克寫道：「海格在一戰中一直讓邱吉爾做後勤部長。他可受不了蒙哥馬利這樣，他把這件事當成收關榮譽的事……。」兩年前在布魯克的安排下，蒙哥馬利被任命為第8軍團的司令，而如今布魯克又迅速採取行動來挽救蒙哥馬利的職位，他直接飛到了第21集團軍作戰司令部的臨時機場，告知蒙哥馬利情勢非常嚴峻。布魯克告訴他，艾森豪已經表達了不滿，同時指控蒙哥馬利非常固執，當美軍在右邊發動攻擊時他沒有在岡城前線投入足夠的兵力。邱吉爾對這些指責極為認真。

布魯克幾乎是命令蒙哥馬利邀請邱吉爾去他的司令部。

## 蒙哥馬利的妙舉

邱吉爾於七月二十一日早晨到達蒙哥馬利的司令部。他「看上去很嚴肅，愁眉不展。」蒙哥馬利的隨從武官韓德森（Henderson）上尉回憶說：「邱吉爾來這裡解除蒙哥兒（Monty，編按：蒙哥馬利的暱稱）的職務在戰術空軍司令部是眾所皆知的。我的意思是說我們都知道這件事。他來到這兒，穿藍衣，戴藍帽，而在他的口袋裡則放著解除蒙哥兒職務的命令。當時確實是這麼一個氣氛。」蒙哥馬利曾經歷過許多困境，是一個機智且好大喜功的人。彙報會由他的情報主管威廉斯（Bill Williams）開始，他向邱吉爾說明了敵人行動的詳情。蒙

哥馬利接下來又說了五分鐘，總結說明了他將如何打敗德軍。接著他開始上演他的拿手好戲。蒙哥馬利從威廉斯聽到「極」情報部得到的消息：一群德國將領正準備謀殺希特勒。並且他也清楚邱吉爾前一天晚上是在阿羅曼什港口的企業號

美國士兵在薛曼戰車的掩護下進入一個法國村莊。當戰車給步兵提供活動掩護和火力支持時，步兵能消滅一切反戰車的威脅，比如德軍的「鐵拳」火箭砲隊伍。

巴頓將軍和布萊德雷。巴頓將軍身上那支著名的珍珠柄的左輪手槍分外耀眼。他指揮著美軍第 3 軍團在阿弗朗什突破，並且在一九四四年八月向塞納河快速進軍。

這場景充分地反映了迎接向塞納河進軍的美軍的人們，儘管這些人所居住的城市和村莊遭到了盟軍砲擊和空中的轟炸，受損嚴重。

一隊美軍士兵警惕著片刻不停的狙擊，沿著一座法國小城的街道，小心翼翼地向前移動。

（Enterprise）巡洋艦上渡過的，根本沒有時間檢查他的軍情報告匣。於是蒙哥馬利問邱吉爾：「那場正在德國發生的革命怎麼樣了？」威廉斯回憶道：「邱吉爾完全搞糊塗了。他坐在蒙哥馬利放地圖的帳篷裡唯一的板凳上，沉默地望了我們一會兒。接下來，我清楚地記得他拿出一長串掛滿鑰匙的鏈子，打開了兩個急件箱：裡面放滿了亂成一團的紙張。」蒙哥馬利和威廉斯「亂翻著這些紙張。它們是內閣文件、『極』情報部的文件和其他情報通告，所有的東西都亂成一團。」在意識到戰爭有可能因此結束時，邱吉爾顯得目瞪口呆。「一開始，他含糊不清地自言自語一些諸如他要如何處理納粹倒台和和平建設的充滿文采的句子，並開始搜尋合適的演講詞」。而其他事在他腦海迅速黯淡下去而變得無關緊要了。邱吉爾離開蒙哥馬利時興致很高，並帶走了將軍贈送的一件禮物——一瓶上等的法國白蘭地。當天晚些時候，艾森豪會見了蒙哥馬利。這次會面氣氛相當緊張，但艾森豪離開時卻非常滿意。這要得益於「極」情報部傳來的情報，不僅德國陷入了政治危機，而且即使並

非蒙哥馬利的本意，佳林作戰也已經讓兩個德國裝甲師被牽制在英軍的陣地上。如果布萊德雷的部隊現在能夠越過柯坦斯到達開闊地，德軍將很難阻擋住他們。

可能艾森豪和蒙哥馬利還不知道：佳林作戰已經迫使自從隆美爾受傷後就接任德國西線總指揮官的克魯格陷入了近乎絕望的境地。七月二十三日，克魯格寫信給希特勒：「我帶著堅定的決心來到這裡實踐您的命令——不惜一切代價堅守。而這項政策的代價，就是逐漸並且肯定會毀滅我們自己的軍隊。」克魯格接著抱怨了盟軍空軍部隊的「毀滅性力量」。他的部隊什麼都缺，甚至是彈藥，目前正處於絕望的境地，急需支援。克魯格並且警告說：「儘管竭盡全力，我們一再強調的『防守』還是瀕臨崩潰了。一旦敵人湧進開闊地帶，我們的部隊由於機動能力差，根本不可能進行有組織的戰鬥。」德軍已離災難越來越近。

一個炎熱的夏日，在盛開的鮮花之前，一個法國女人正向美國士兵分發牛奶。小鎮的人們在德軍佔領下度過了四年多，現在總算熬到頭了。

自從美軍首次湧入這一樹籬叢生的迷宮後，美國的裝甲兵們一直在努力尋找能穿過這些區域的道路，以防止他們的戰車露出底部。因爲被困在這些樹籬上，向著空中呈四十五度角的戰車是沒有戰力而且脆弱的。因爲戰車無法轉動砲塔，同時裝甲薄弱的底部也暴露在反戰車火力之下。成百上千輛薛曼戰車就是如此被擊毀的。裝甲兵們試驗了各種不同的砍伐器械來使戰車穿過而不是越過樹籬，但是他們都失敗了，直到第１０２機動偵察中隊的一位沒有軍階的中士──科蒂斯‧庫林（Curtis G. Culin）在他的戰車前焊接了一排尖齒爲止。這是個聰明而又簡單的處理辦法。尖齒深入樹籬的底部，防止戰車露出底部。戰車先進後退，就像一個巨大的花園耙子，幾乎能將樹籬連根拔起。在七月的最後一個星期，大約有五分之三的美國戰車已經裝備了庫林式的長耙。到目前爲止，這種戰車尚未投入戰鬥。布萊德雷決定留著它們，直到眼鏡蛇作戰開始

時再讓德軍大吃一驚。

## 凝固汽油彈的使用

布萊德雷選定柯林斯的第７軍作爲眼鏡蛇作戰的先鋒。這是一支經過加強的部隊，有三個裝甲師和三個步兵師，總共擁有大約九萬人和五百輛戰車。布萊德雷和柯林斯是老朋友，大多數的計劃都是在非

八月上旬在波卡基的一位盟軍士兵。他手持繳獲的德國造MP40衝鋒槍。這在盟軍中是普遍現象，德製武器得到了極高的認同。

加拿大部隊的進攻是在重型火砲和空襲的配合下進行的。加拿大軍不知道德軍已經在一個鐵礦聯合企業深深的礦井和隧道裡找到了安全之所。他們能按需要通過隧道調動大量兵力。

正式場合中制訂的，因此很難說哪位將軍要對這個特別想法負責。六個師被集中部署在沿著佩里耶－聖羅公路一段只有六點五公里的陣地上，面向西南。布萊德雷相信通過重型轟炸機猛轟就足以取得勝利。他要的是一次大規模且毫無間歇的空中打擊。為了避免轟炸造成的彈坑過多而阻礙地面部隊的前進，同時也防止摧毀位於重要道路樞紐的村莊，他要求只能用較小型的炸彈。他自佩里耶－聖羅公路正南方劃出一塊六千四百公尺寬和二千三百公尺縱深的矩形攻擊目標。空中轟炸將先進行八十分鐘，然後由三百五十架轟炸機配合地面進攻二十分鐘。計劃大致如下：一千八百架重型轟炸機連續密集轟炸這塊區域

希特勒從一九四四年七月二十日的炸彈暗殺計劃中死裡逃生，他著手實施的大規模報復行動，致使其最為傑出的陸軍指揮官隆美爾元帥死亡。

定使用凝固汽油彈。這種炸彈是澳洲人發明的，並於八個月前在新幾內亞山林覆蓋的崎嶇山區首次用來對付日本人。它是一種膠凝汽油和白磷的混合物。不同於其他武器，凝固汽油彈能燒毀這些樹籬，從而減少有利於德軍作戰的掩蔽物。一旦空襲結束，火砲將接著進攻。布萊德雷從美國第 1 軍團調撥充足的大砲給第 7 軍：包括第 1 軍團二十一個重砲營中的九個；十九個中型火砲營中的五個；所有的輕型火砲營以及第 7 軍原有的火砲。在預期的五天攻勢內，第 1 軍團的後勤部隊劃撥給第 7 軍大約十四萬發砲彈。

根據第 1 陸軍的情報（First Army intelligence）估計，由於佳林作戰的成功，第 7 軍將面對的是一支一百輛以下戰車搭配的不足一萬七千名德軍。但是克魯格當初在把裝甲部隊從對美陣地撤下來時，用了步兵部隊取代，所以事實上德軍的兵力接近三萬人。眼鏡蛇作戰定於七月二十四日下午一點時開始。但是由於天空烏雲密佈，飛往諾曼第觀看轟炸的李馬洛元帥不得不下令延期。不幸的是，三百架已經起飛的重型轟炸機未接到這一命令。它們不僅把五百五十噸的高爆炸彈和一百三十五噸的殺傷性炸彈投進了德軍陣地，也投向了美國第 3 0 師，導致二十人死亡、一百三十一人受傷。柯林斯已被告知行動延後，但當他看到轟炸展開，就決定地面進攻必須隨同推進。不巧的是，第 3 0 師的攻擊部隊被炸得目

一個小時，重型轟炸機的攻擊結束之後，地面攻勢展開，三百五十架飛機將再次空襲這塊狹窄的區域二十分鐘。在這次打擊結束後十分鐘，三百九十六架中型轟炸機再緊接轟炸該地區南半部四十五分鐘，在這一切進行的過程中，另有五百架戰鬥機在轟炸機上方巡視，以消滅可能出現的德國飛機。總之，眼鏡蛇作戰將動用二千五百架飛機，於二小時二十五分鐘之內向十五平方公里的目標區投放五千噸炸彈。除了使用高爆炸彈之外，美軍還決

瞪口呆，士氣大落。他們的軍官花了一個小時才使士兵繼續行動。另外第9師和第4師兩個攻擊師則馬上碰到了困難，大多數營前進九十多公尺（一百碼）後就已有幾百人傷亡。

眼鏡蛇作戰首日的行動是一場大挫敗。布萊德雷沒有別的選擇，只好在七月二十五日十一時再次進行這一行動。這天天氣晴朗，一千五百架B-17和B-24轟炸機分成十二組，投擲了三千三百多噸炸彈。接著，三百八十架中型轟炸機又拋下了六百五十噸炸彈。最後，五百五十架戰鬥轟炸機，扔下了二百多噸炸彈和幾千加侖的凝固汽油彈。這一輪攻擊本來是對準目標的，但是由於濃雲一樣的灰塵和濃煙使地面的結構模糊不清，炸彈再次落到了美軍頭上。一位第4師的軍官回憶說：「炸彈正好從我們頭頂上落下來。我們用光了所有的橙色煙霧彈，但是我認為沒有任何用處，他們無法從飛揚的塵土中辨認出我們。這場誤擊太恐怖了，許多人在轟炸後亂坐在地上，完全嚇呆了。」

在後面稍遠處的恩斯特·海明威描述道：一陣如同千軍萬馬在空中奔馳的轟隆聲傳入耳中，很快這種聲音又變成了一輛快速列車接近時發出的呼嘯聲。海明威雖然飽受驚嚇，但還是僥倖活了下來。總共有六百名美國士兵被炸死或炸傷。死者中包括美軍地面部隊的指揮官，擁有美國陸軍第二高軍階的軍官，陸軍中將邁克奈爾（Lesley J.

一輛在諾曼第的德國三號突擊砲在行動。這是一種備受推崇的武器。它低矮的砲體和強大的火力使盟軍部隊膽寒。

McNair）。他是以觀察員身分到戰場上的。部隊的攻擊準備再次被嚴重打亂了。部分士兵根本不想再挪動一步，而其他士兵也前進得十分勉強。七月二十五日的夜晚對於艾森豪來說是整場作戰中最難熬的。擺在眼前的是，眼鏡蛇作戰甚至難以取得像佳林作戰那樣平庸的戰果。艾森豪為同意使用重型轟炸機來對付戰術目標向布萊德雷道歉。他說：「這次是我給他們開了綠燈。但是我向你保證這是最後一次。」

## 柯林斯的豪賭

這天夜裡，在第7軍的作戰司令部裡，柯林斯正為手裡的報告而疑惑：德軍的抵抗儘管在一些地方仍然強硬，但是總顯得不協調。這意味著有兩種情況：要麼轟炸確實突破了德軍的抵抗，在這種情況下，他能夠讓裝甲師放手一搏；另外一種情況是，德軍受到了七月二十四日轟炸的警告，已經把他們的主要防守陣線向南推移，這樣他可能會把他的裝甲師扔到陷阱裡去。

這兩種情況必居其一。柯林斯賭了一把，決定第二天早上就把他的裝甲師打出去。柯林斯的裝甲師編成了兩個縱隊，每個縱隊都有二百架戰鬥轟炸機掩護，於二十六日早上向馬里尼勒（Marigny）和聖吉爾（St Gilles）進發。

薛曼戰車裝備著在這一地形下有著顯著作用的尖齒，現在能夠在原本會把它們困住幾天並且腹背受敵的地方四處活動。下午稍晚時，柯林斯認為在這種情況下，速度比謹慎更為重要。於是美軍前進勢頭高漲。到了七月二十八日，美軍知道勝利已近在咫尺。地勢逐漸變得開闊起來，戰車駕駛現在已經可以不必讓戰車低速行駛了。這天深夜，第7軍的先頭部隊進入了柯坦斯。

## 進展迅速

在經歷了五十二天令人痛苦的消耗戰後，美軍已經撕裂了德軍防線最西端的末梢部分。現在該是他們收割英軍苦戰所取得的成果的時候了，德軍手上已經沒有部隊可以阻止他們了。七月二十九日，美軍快速行軍二十六公里到達阿弗朗什，接著於七月三十日渡過塞倫河（Selune River）進入布列塔尼。在

美軍向處於莫爾坦地區的一座孤零零的農莊走去。德軍在莫爾坦地區的攻擊使盟軍短暫受阻。但這並不能阻止美國的部隊和物資進入布列塔尼和諾曼第南部。

七月底，德國高層指揮官仍然認爲巴頓將軍所率領的美軍主力駐紮在英格蘭東部，等待襲擊加萊海峽。德軍爲對付預想中的突襲，將其主力繼續保留在塞納河東北部。八月一日，靈夢果然成眞。但是巴頓的部隊，即新組建的第3軍團沒有渡過多佛海峽，而是在德軍支離破碎的左翼蜂通通過阿弗朗什的缺口。

在隨後的五天裡，巴頓的戰車縱隊殺向了法國西北部，第3軍團的第4裝甲師快速通過布列塔尼抵達洛里昂（Lorient）。當第83步兵師封鎖聖馬洛（St Malo）時，第6裝甲師於八月六日正處於布勒斯特的外圍。與此同時，隨著德軍的左翼大開，艾森豪決定不將第3軍團的餘部投入對布列塔尼的佔領，而是讓其「完成摧毀德國陸軍的任務……並且竭盡我們所能加以利用……」爲此，八月五日，第3軍團的第15軍在海斯利普（Wade H. Haislip）少將指揮下，出現在阿弗朗什的突破口，並向東南攻擊。八月九日，第15軍的先頭部隊已經到達阿弗朗什東南一百四十五公里處的勒芒。塞納河位於勒芒以西一百九十公里處，而向北九十五公里的岡城則是英軍和加軍的陣地。當美軍取得驚人的突破時，加軍和英軍保持了對德軍的壓力。七月二十五日，加拿大第2軍發動了「春天作戰」（Operation Spring），這是一次自岡城南部向奧恩河上的馬依（May-sur-Orne）、凡里耶（Verriers）和尚皮涅（Compagne）的蒂里（Tilly）的小鎮進攻。其用意在確

保德軍無法向西調動軍隊。加拿大軍不知道德軍已經安全地藏在了這一地區的深處：一座聯合企業的鐵礦礦坑。在這裡他們可以避開來自空中和火砲的打擊，並能通過隧道把足夠的兵力運往前線任何一個受威脅的地方。這是德軍在諾曼第最堅固的陣地。僅七月二十五日一天，加軍就有一千五百名傷亡。除了在第厄普一地外，這是整場戰爭中他們所經歷過最糟的一天，成果卻微不足道。

加軍進攻受阻時，蒙哥馬利收到了布魯克的急電：艾森豪再次向邱吉爾報怨英軍的無能。布魯克警告說：「部隊必須盡早發動攻擊。」

這可是個難辦的差事。四分之三的德國裝甲部隊仍然集中對付英軍。正如蒙哥馬利寫信給鄧普賽所說，盟軍在岡城地區再次採取攻擊「不大可能取得成功」。英軍指揮官們查看了戰場地圖，他們一致認爲取勝的唯一希望是調動整個第30軍和第8軍到岡城以西三十二公里，而這樣就幾乎抵達了英軍與美軍的交界處。「極」情報部的竊聽

魏特曼的虎式戰車被波蘭裝甲師的薛曼戰車擊毀後的狀況。薛曼戰車從後面跟上它，通過近距離齊射把虎式戰車打成了碎片。

報告表明，該區域沒有德國的裝甲部隊。

鄧普賽於七月三十日指揮了這次行動，代號為「藍衣」（Bluecoat）。英第８軍的先鋒第１１裝甲師，沿著與美軍的分界向南行軍，並與德國第２１裝甲師的一個戰鬥群相遇。在擊潰了他們之後，英軍裝甲師到達距維爾城（Vire）三公里以內的區域，位在阿弗朗什以東三十八公里（二十四英里）。鄧普賽和蒙哥馬利都認為英軍的勝利即將到來，第８軍現在所要做的就是向正西方前進，駛向阿弗朗什，以便包圍聖羅以南實力猶存的德國部隊。不幸的是，第８軍的東翼並非諸事順利。第３０軍理應與第８軍並列前進，但是重兵防守的皮松山正好位於向南的道路上。第３０軍在略有進展後就受阻了，整個第８軍的東翼因而全然暴露於德軍的反擊之下。鄧普賽收到「極」情報部警告：有兩個德國裝

甲師確實正在往西調動。他認為不能冒這個險，於是停止了第８軍的前進。蒙哥馬利認為第３０軍進軍失敗使他失去了到手的勝利，而這一勝利本可以與艾拉敏的勝利相媲美的。八月三日，他解除了第３０軍指揮官的職務，還有第３０軍最著名的部隊第７裝甲師指揮官的職務。隨同被解職的還有大約一百名第７裝甲師的下級指揮官，包括旅長「瘋子」辛德。

## 希特勒的愚蠢之舉

儘管藍衣作戰失敗了，盟軍的高層指揮官們仍然準確預測到：諾曼第的德軍在發現美軍從阿弗朗什向東迅速推進之後，可能會立刻向塞納河方向退卻以構築新的防線。這正好是許多德國將領所計劃去做的。然而遠在東方二千一百公里之外，待在東普魯士「狼穴」裡的希特勒對他的部隊將大獲全勝仍深信不疑。在七月二十日的暗殺行動中

英國部隊在一輛薛曼式戰車的掩護下。這輛戰車可以從樹籬叢的缺口中看到。這種戰車的高機身和砲塔外觀使之易於暴露在敵人砲手面前。

倖免於難的希特勒現在認定，自從一九四二年就降臨到他部隊身上的無數災難，都是由那些叛國的反納粹軍官所造成的。現在蓋世太保已經將他們肅清了，戰場上將重新出現德軍在一九四○年到四一年所取得的驚人勝利。元首仔細研究了一下地圖，他認識到阿弗朗什是美國進軍的關鍵。所有支援巴頓部隊的裝備都要通過這座城市，而且美軍控制的環繞阿弗朗什的走廊只有二十六公里寬。

氣象預報確定清早有霧，於是在八月六日晚和七日凌晨之間這段時間，四個德國裝甲師從莫爾坦（Mortain）向阿弗朗什開進，向西北行進三十二公里，插入美軍陣地縱深達十三里，並切斷了美軍的一些戰鬥營之間的聯繫。單就此來看，希特勒投機的直覺確實令人出乎意料。但是天一破曉，天空無雲，在阿弗朗什的上空取而代之的是盟軍的戰鬥轟炸機。它們迫使德軍在白天逃入了地穴。於是在隨後的七十二個小時裡，德軍白天隱蔽不出，只能在夜晚進行攻擊。

艾森豪於八月七日飛抵布萊德雷的司令部，主持了一個危機處理會議。美軍指揮官們決定無論發生什麼事，都要繼續推進部隊通過阿弗朗什缺口。假如德軍成功佔領缺口，並且截斷美國第3軍團後路的話，艾森豪承諾每天空投給巴頓的部隊二千噸物資。對於布萊德雷和艾森豪來說，莫爾坦反擊戰就如同是戰爭之神送來的禮物。德軍疏忽了向東迅速開進的巴頓部隊，卻向

西調動了越來越多的人力和物力，這樣就使他們在法國北部的大部分陸軍部隊正好陷入了被包圍的困境之中。八月八日，當巴頓第3軍團的先鋒部隊海斯利普的第15軍到達勒芒時，布萊德雷命令這支隊伍往北，經過阿朗松和阿戎頓（Argentan）向位於諾曼第灘頭的英國防區行進。現在布萊德雷所要做的就是說服英軍向南一直打到阿戎頓，在那裡和美軍會師。

既不受艾森豪和布萊德雷控制，也不受蒙哥馬利支配的加拿大第2軍的西蒙茲（Simmonds）中將計劃於八月八日向南攻擊，從岡城打到法萊茲。這一天是了不起的加拿大軍隊在一次世界大戰的亞眠戰役期間，攻擊德軍之戰的二十六週年紀念日。那場偉大的戰鬥對於挫傷德意志帝國陸軍的士氣產生了極大的作用，並且預告了德國的崩潰。西蒙茲希望重演一次歷史。因為一連串失敗已使加拿大軍取勝的決心愈發沉重起來。八月八日傍晚之後，一千架重型轟炸機轟炸了通向法萊茲走廊的側翼，而對這條走廊本身卻絲毫未動。在沒有預先轟炸的情況下，兩縱隊的戰車向前移動，跟隨著他們的是一種移去砲塔的被稱為「袋鼠」的戰車，待在裡面的是步兵。經過很長的一段時間，盟軍總算有了自己的載人裝甲車。這次進攻是全面突襲，到了拂曉，最近才登陸的由馬切克（S. Maczek）少將指揮的波蘭第1裝甲師也加入了加拿大的縱

一名英國軍官穿著標準的作戰服。除了他手中的左輪手槍外，我們很難看出他是軍官。

法─加特種部隊行進在一座法國小鎮裡通往法萊茲的路上。這座鎮上的德軍應該已經被肅清了，否則圖中的人不會顯得如此輕鬆。

隊，正匆忙向法萊茲進軍。

## 加軍被殲滅

德軍於八月九日十一點三十分發動反攻。在這次戰役中，最不尋常的戰鬥是指揮官魏特曼駕駛他的虎式戰車隻身闖入一隊薛曼戰車中。結果，他發現這些薛曼式戰車並沒有掉頭逃跑，而是直直地向他駛來。他很不幸地遇到了波蘭裝甲師的部隊，魏特曼雖擊毀了不少波蘭軍戰車，但是他們仍繼續前進。一些戰車徘徊在他的側翼，另有五輛薛曼戰車從後面緊跟著他。通過近距離的齊射，魏特曼和他的戰車被轟成碎片。加軍和波蘭軍打退了德軍的反攻，並準備在下午二點再行攻擊。五百架B-17飛臨戰場上空，要將德軍炸成灰燼。但是結果卻重複了眼鏡蛇作戰的災難。許多炸彈投擲錯誤，超過三百名加拿大和波蘭士兵被炸死或炸傷，很多戰車也被炸毀了。第二天，一個由加拿大第２８裝甲團和「阿貢昆團」組成的戰鬥群在進軍途中迷了路。他們闖進了兩個德國裝甲師和波蘭第１裝甲師的交戰戰場。夾在德軍和波蘭人的砲擊之間，加軍被摧毀了。

若不是美軍在南方向阿戎頓大舉進攻所營造出的有利形勢，「全體作戰」（Operation Totalise）已經宣告失敗了。現在迫切需要一定數量的英國部隊趕往法萊茲。接下來的四天裡，重新恢復活力的全體作戰被策劃了出來，如今被更名為

「馴服作戰」（Operation Tractable）。馴服作戰是一場全面的猛攻。大量的火砲被用來製造誘導彈幕。部分是高爆炸彈，部分是煙霧彈，以此來掩飾地面的行動。在這些爆炸所構成的煙牆背後有三百輛戰車和駕駛著「袋鼠」式戰車的四個旅的步兵。而頭頂上有將近八百架蘭開斯特和哈利法克斯轟炸機飛向德軍陣地。

　　但後來每件事都出了差錯。許多轟炸機又一次沒有準確轟炸到目標，被炸死炸傷的加拿大軍隊和波蘭軍隊超過四百名。裝甲縱隊不顧這些傷亡繼續向前挺進。但是由於厚厚的煙幕，他們很快失去了協調，導致相互碰撞。此刻在完全混亂的狀況下，薛曼和袋鼠式戰車駛入了一條小河──朗松河（Laison）。這條河穿過了進攻線，但是被認為太小而根本沒有必要加以在意。它的確是一條小河（只有三點五公尺寬），但是它的河岸陡峭──結果成了一條天然的反戰車壕溝，裝甲縱隊留在北岸狼狽而緩慢來回移動。最後，裝載著成捆木料的皇家裝甲工程車設法在朗松河的幾個點上架起了橋樑，戰車才得以繼續前進。但如此一來，全速衝鋒就變成了緩慢爬行。八月十五日，加軍最終到達了法萊茲。他們居然花了一個星期才走完了這段二十二點五公里的路程。在這段時間裡，美軍已經向勒芒北部前進了九十七公里。現在位於離阿戎頓南部還不到三十二公里的地方。八月十一日巴頓就曾經對海斯利普說：「別再管蒙哥馬利

的破爛陣線了。準備出發，如果必要的話就越過法萊茲，我會下命令給你。」八月十六日，巴頓發無線電給布萊德雷，希望能夠得到批准向阿戎頓北部進軍。他半真半假地說：「我們要不要繼續下去，將英國人趕進大海，再來一次敦克爾克呢？」布萊德雷回答說，他比較喜歡「在阿戎頓有一個結實的肩膀，而不是在法萊茲有一個可能折斷的脖子」，他命令巴頓原地待命。

　　希特勒仍然相信裝甲反擊能夠給德國帶來勝利。他命令克魯格元帥保持對阿弗朗什的壓力，並同時向法萊茲和阿戎頓發動攻擊，防止加軍和美軍會師。八月十五日，克魯格對戰場上的部隊進行了一次巡視，部隊顯然處於袋形陣地中。和隆美爾一樣，他遭到了轟炸機的攻擊，但死裡逃生。這天晚上，他告知柏林：「不論有多少命令下達過來，部隊不會、不能、也不足以擊敗敵軍。屈從於一個不可能實現的願望將是致命的錯誤。」在還沒有得到希特勒的回覆前，克魯格就命

自諾曼第的突破取得成功以來，盟軍一直在全速前進。法國內地軍的士兵向正快速駛向巴黎和塞納河的盟軍戰車揮手。路邊是報廢的德軍車輛。

令部隊開始從袋形陣地撤出。狂怒之下，希特勒解除了克魯格的職務，命令他返回德國（倒霉的克魯格寧願服毒也不想回去）。八月十七日，希特勒用摩德爾（Walther Model）元帥取代了克魯格，摩德爾在俄國曾多次成功擺脫困境。他很快就意識到，除了繼續撤退並無其他妙法可為。同時他動用了手上所有的裝甲師部隊去攻打法萊茲和阿戎頓，以盡可能阻止美軍和加軍會師。

到了八月十九日，德軍的處境更加絕望。波蘭第1裝甲師已經向東南推進。而且一個有一千八百人和八十輛戰車的波蘭戰鬥群在這條走廊的中段守住了奧美爾山（Ormel）。從那裡他們控制砲火並引導空中打擊來對付從山嶺另一側撤退的德軍縱隊。布朗（Hans Erich Braun）是德第2裝甲師的一名倖存者，當時他處於受攻擊部隊的尾部。他回憶整個撤退如同是地獄之旅：「永不停止的爆炸……士兵們向我們揮手求援；垂死者的臉痛苦地扭曲著；失去理智的軍官和士兵們在壕溝和掩體裡亂擠成一團；燃燒的車輛裡傳出淒厲的尖叫。一個士兵跌倒了，正把他從腹部流出的腸子再塞回去。受傷士兵躺在血泊裡，胳膊或腿斷了。其他人則都發瘋了，大聲哭嚎，尖聲驚叫，哭爹喊娘，歇斯底里地狂笑。還有那些馬，一些仍然被套在破損的車轅上，恐怖地嘶鳴著，竭力想用後腿的殘肢逃脫這場屠殺，它們在煙霧和塵土中若隱若現形同鬼

魅。」

摩德爾派出了兩個裝甲師，從這一袋形陣地外發動了對奧美爾山的反擊。儘管波蘭軍隊在數量上遠少於德軍，但是他們的士氣極為高漲。他們把收音機調到BBC，這個電台正播送來自華沙的可靠報導，波蘭本土的部隊已經起來反抗德軍了。除了華沙的街道上，這些波蘭人沒有更樂意待的地方了：那裡到處都是德軍，而且波蘭人正在屠宰他們。此刻，雷克勒（Jacques Philippe Leclerc）少將率領剛剛登陸的法國第2裝甲師正在從阿戎頓向北進攻。法軍的腦海中也想著另一場戰鬥──八月十九日星期六，巴黎如華沙一樣爆發了起義。雷克勒的部隊在阿戎頓一直戰鬥到八月二十一日，直到狹口接合，包圍圈完成了。二十四小時之後，法軍第

２裝甲師的縱隊全速駛向他們的首都，諾曼第戰役結束了。

## 代價高昂的勝利

在十一個星期的戰鬥中，不論是對盟軍還是對德軍來說，各自的規算都有嚴重的失誤。盟軍曾預計在頭一天裡傷亡巨大，實際上，除了奧瑪哈之外，傷亡比預計的要少。而預計盟軍在加萊海峽登陸的德軍，直到七月下旬仍相信在諾曼第的盟軍雖然攻勢強大，但只是佯攻。因而他們沒有能在諾曼第登陸之初迅速集中適當的兵力，對灘頭陣地進攻。在盟軍這一方，他們曾期待在灘頭陣地戰之後能夠快速進軍，隨後進行貫穿法國北部的軍事行動，在飛機和裝甲武器數量上的巨大優勢使他們掌握戰爭的主動權。而事實上德軍的實力難以粉碎

盟軍灘頭陣地的攻勢，盟軍則好幾個星期都在沿海地區步履維艱。

盟軍一再發動在大規模砲火和空中轟炸掩護下的攻勢，但只取得了有限的成果。德軍則一再利用防守嚴密、偽裝巧妙的陣地，重新調動他們大量用馬拉的火砲和非機械化的步兵，前往陣地上那些有被突破危險的地帶，以阻擋盟軍的進攻。其結果只是同樣的消耗戰，只有佔有大量人力物力的一方才能獲勝。傷亡人數反映了戰鬥的實質：在六月六日至八月二十二日期間，盟軍損失了二十萬人，德軍死了四十萬人，法國人（包括市民和抵抗者）大約死了十萬人，七十七天裡總共死了七十萬人。盟軍為了打破德軍陣線付出了巨大的代價，但是西北歐的這場戰役現在終於能夠進入新的階段了。

法萊茲地獄，五萬名德軍和德國第７、第５裝甲軍團的所有重型裝備都被困在這裡，並處於盟軍轟炸機毫不留情的攻擊之中。不過，大部分德軍已經渡過塞納河逃脫了。

# 第五章
# 鐵砧－龍騎兵作戰

到了八月份，隨著德軍在諾曼第的全面撤退，整個法國都做好了抗暴並推翻佔領者的準備。當盟軍在南部登陸時，他們的機會來臨了。

一九四四年六、七月間，當諾曼第正打得火熱的時候，法國的其他地方也並非那麼平靜。法國內地軍歷經初夏正平穩地壯大著。五月下旬，「馬奇」（Maquis，二戰中反抗納粹的法國地下組織）已經在中央高原的蒙賽特山區的營地聚集了一萬名戰士。英國皇家空軍和美國空軍達科他飛機提供了他們步槍、反戰車火箭砲和手榴彈。但是除了少數特種部隊，他們所期待的傘兵部隊並沒有到達。六月六日，「馬奇」的大部隊在羅亞爾河河谷進行了一次遠達一百五十公里的突襲。一個一萬二千人的德國師被派去對付他們。德軍於六月十日發動進攻，隨後十天的戰鬥在殘酷程度上可以與諾曼第灘頭戰相提並論。反抗組織粉碎了德軍的首次進攻，給德軍造成了三千一百人的傷亡，但是德軍隨後調來了擁有重型武器的一支約八千人的隊伍，並有空中支援。六月二十一日，彈藥短缺的反抗組織中止了戰鬥，撤進中央高原。

在東南部的另一場抗暴行動也正在進行著。從韋科爾（Vercors）高原到格勒諾布爾東南陡峭而又樹木茂盛的山坡給這一區域設立了一道天然的屏障。一九四三年反抗組織在這片森林裡設立了許多訓練營。到一九四四年六月六日，大約四千名「馬奇」成員已經聚集到了高原上，並且為即將到來的盟軍運輸機開闢出了一個簡易機場。其中一位領導人夏溫特（Eugène Chavant）曾經去過地中海沿岸與一艘盟軍艦艇會合，並且在阿爾及爾待了一個星期。在這段期間裡他被告知：一場對法國南部的進攻迫在眉睫。再次確認了這一點後，夏溫特在六月五日回到了韋科爾，並且發出了總起義的命令。如同蒙賽特山的「馬奇」成員一樣，韋科爾的人們也展開了突襲並進行破壞活動。他們使法國東南部廣大區域的交通陷於停頓。

## 德國的干涉

德國人不可能會對一場公開的暴動視而不見。六月十三日，一千五百名德國部隊沿著一條通往九百一十公尺高的懸崖的道路前進，卻被三百名「馬奇」隊員擊退。卻從懸崖的頂部向奮力掙扎的德軍縱隊投擲手榴彈。第二天，德軍再度發動攻擊。先是一陣猛烈的火砲和迫擊砲的打擊，接著是三千名德國步兵的進攻，並穿越猛烈了「馬奇」的外圍防線。然而韋科爾陡峭的山

法國戰車兵在前進法國南部途中停下來送給一個女孩巧克力。到了八月份，法國南部的德國軍力相對較弱，整體來說盟軍進展順利。

坡幫了法國人一個大忙。德軍的進攻受阻。隨後的五個星期裡，德軍和「馬奇」隊員展開了消耗戰。「馬奇」日益迫切地需要盟軍的援助，七月十四日，他們終於等到了——八十架美國飛機用降落傘投下了一千個補給箱，裡面裝滿了小型武器和彈藥，但是卻沒有「馬奇」所需要的能夠有效地與德軍周旋的重迫擊砲和反戰車火砲。

## 德國空軍採取行動

　　第二天，在韋科爾山頂出現了更多的飛機，但是這一回都是德國空軍的轟炸機。燃燒彈如同雨點一

樣落在了這塊乾燥易燃的屏障上面。七月十九日，大火仍在這塊高原的許多地方熊熊燃燒。德軍在韋科爾地區投入了人數超過二萬的兩個師，在四十八小時內，德軍設法從八個方向打通通往高原的去路，逐步地用迫擊砲和斯圖卡式戰機粉碎「馬奇」的要塞，這是斯圖卡式飛機最後一次在西歐使用。「馬奇」部隊有條不紊地向後撤退，使德軍為前進而付出了慘重的代價。七月二十一日九點三十分，大約二十架滑翔機無聲地飛過南部的天空。有一陣子「馬奇」的人以為期待已久的盟軍突擊已經開始了。但是當這

反抗組織成員公開在地中海沿岸城市耶爾反擊佔領者。像這樣遍及法國的行動束縛住了德軍的手腳，阻礙了他們對前線的人力和物力的支援。

些滑翔機飛撲過來想要降落到尚未修建成的機場上的時候，「馬奇」成員意識到它們是德軍的DF 230滑翔機。法國人用僅有的一架機關槍掃射，成功地擊斃一架滑翔機上的駕駛員，並使滑翔機墜毀。但是剩下的滑翔機大批到來，壓制住了人數居劣勢的防衛部隊。不久就有大約五百名傘兵部隊在「馬奇」的主陣地後方活動，並且用精準的追擊砲打擊他們。在接下來的二十四小時裡，德軍在村莊中橫衝直撞，不放過一個活物。七月二十三日，一些躲藏在山洞裡的傷兵被德國黨衛軍發現。他們被德軍「揪著頭髮，拽著腿給拉了出來。大約有十幾個人被裝在手推車上，像包裹一樣被

扔進德軍的卡車，接著就被毆打致死或用刺刀刺死。屍體被拉走，扔到了沿路的溝渠裡」。躲藏在灌木叢中的另外大約五十人被黨衛軍發現後拉了出來，不一會兒也被毆打致死。總共大約有七百五十名「馬奇」戰士在韋科爾戰鬥中犧牲，餘部向東部阿爾卑斯山一帶轉移，並受到德國第１５７師的追擊。

在法國南部和中南部拼命鎮壓暴動的絕大多數德軍屬於G集團軍，它負責法國南部和羅亞爾河以東，事實上是大半個法國的防守。這支部隊的指揮官布拉斯克維茲（Johannes Blaskowitz）將軍是一個鄙視納粹黨的老派普魯士軍官，在一九三九年與希特勒曾就德國在波

反抗軍聚集在一個法國小城裡，自豪地展示他們的武器。在戰爭的大多數時間裡，主要是英國提供給反抗組織武器。這種情況在諾曼第登陸前後達到了高潮。

解放是許多人向那些真正或嫌疑的通敵分子復仇的機會。這是一個被指控與敵人睡覺的女人,她被恥辱地押在街上示衆。

蘭佔領政策中的暴行發生過衝突。他的位於魯費昂克(Rouffiac)的小農莊的司令部距離土魯斯大約十公里。布拉斯克維茲在戰爭日記裡吐露:「我們現在的處境難以忍受、也不能被接受。現在的德國部隊根本分不清誰是敵人誰是朋友。許多流血事件完全可以避免。假如想要情勢得到緩和,那麼就要確保德軍分清敵我,知道誰是愛好和平的市民,誰是恐怖主義者。」考慮到德軍的榮譽處於岌岌可危的境地,布拉斯克維茲命令按照《日內瓦公約》中有關戰俘的條款來對待被俘的「馬奇」戰士。事實上,布拉斯克維茲控制不了那些負責鎮壓暴動的部隊,也控制不了那些對大多數暴行負有責任的部隊。

## 鎮壓暴動的部隊

　　鎮壓部隊中最恐怖的是黨衛隊保安局,簡稱「SD」。它是納粹黨的保安精銳部隊,司令部在巴黎,屬於希姆萊的帝國黨衛軍的一部分。保安局往往被錯誤地與蓋世太保混爲一談(蓋世太保只在德國國內活動)。保安局負責整個法國的情報搜集和罪犯審問。隨著夏季即將結束,布拉斯克維茲很清楚他正在打一場即將失敗的戰鬥,所以他試圖將國防軍與保安局的暴行區分開來。他強迫保安局在公墓裡掩埋他們的犧牲品的屍體。

　　鎮壓部隊中更讓人憤恨的是法國維琪政權的保安隊,這是一支三萬人的半軍半警式的部隊。這些人曾下跪發誓對貝當元帥忠心不貳。對於保安隊來說,與法國內地軍的戰鬥等同於一場你死我活的鬥爭。因爲他們清楚法國一旦被解放,他們所能期待的最好的下場就是被立即執行死刑。事實上在一九四四年夏,法國大部分地區進行的是一場內戰。「馬奇」和保安隊在這場日

益野蠻的鬥爭中互相格殺勿論。

據保安局記錄，到八月三十一日整個法國南部發生了七千起單獨的「馬奇」攻擊。六千起是針對法國的通敵者，一千起是針對德軍。有一天，布拉斯克維茲向倫德斯特報告說，反抗組織的行動已經到達頂點，德軍想要有效控制這片區域已完全無望。除非到處都是德軍，否則和平和秩序無法得到保證。

## 日益被削弱的德軍

隨著法國內地軍的日益強大（據估計到八月一日，已有十五萬名法國人宣佈他們追隨法國內地軍），而自己的部隊卻被調到北面去參加諾曼第的戰鬥，布拉斯克維茲的處境因而更爲艱難。第2黨衛裝甲師在六月八日首先離開。在隨後的八個星期裡，隨之而去的有第9裝甲師、第271、272、276、277、338和708步兵師以及第341突擊砲旅。部隊甚至出現了反戰車火箭彈的短缺，因爲大部分彈藥都被送到諾曼第去了。與此同時，G集團軍只接手了兩個員額不足的步兵師作爲補充，現在只剩下第11裝甲師唯一一個裝甲師，但它在俄羅斯遭受重創，目前還在重建過程中。其他的隊伍則都塞滿了超齡的法國士兵和來自東歐的毫無生氣的官兵。G集團軍甚至還有一個印度志願兵組成的部隊，是由在東北非俘虜的英軍印度籍士兵組織起來的。德軍努力的試圖用欺騙性的軍事調動來掩飾他們的力量薄弱。他們把部隊在各地調

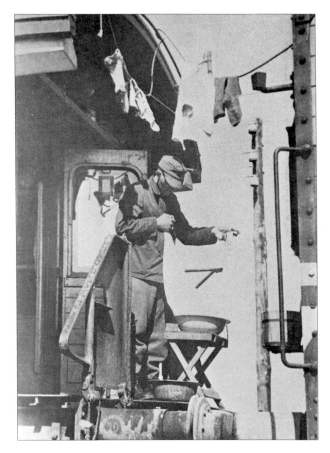

一名德軍士兵在一輛從法國南部撤離的火車上洗衣服。盟軍前進的速度迫使德軍盡快撤退以免陷在盟軍陣線的後面。

來調去，看上去彷彿正有大量的援軍投入進來。這種調動非常密集，以至於司令部不得不給眞眞假假的部隊作上彩色的標記以免混淆不清。

G集團軍的兩個主力——第1和第19軍團的首要任務是防守西南部和法國的地中海沿岸。但是布拉斯克維茲已不再相信能夠守住這塊地方了。他一直支持從海岸後撤，在法國東部的中心地區建立一個新的據點。在這一帶德軍的補給線會相對短一點，並且有內部運輸的優勢。而用他那兵力不足的部隊防守從羅亞爾河到比斯開灣的比亞

里茨海岸線，以及從西班牙直到義大利的地中海防線，卻只有三十艘輕型海軍艦艇和大約二百架飛機的支援。布拉斯克維茲知道任何盟軍的進攻都將迅速打破這層薄薄的防衛圈。國防軍最高統帥部卻無視布拉斯克維茲的忠告。他別無選擇，只能將他的部隊部署在這條海岸上，並且大力加強防禦工事的建設。到了六月份，接近一千個永久性防禦工事已經沿著地中海岸構築了起來，大約六萬二千五百顆地雷被安置妥當，約一千門中型和重型火砲進入了陣地。

## 預估的登陸地點

　　與英倫海峽的海岸情況不同，地中海海岸的地形比較容易精確地預測登陸地點，而在英倫海峽，盟軍的登陸幾乎可能發生在任何地方。地中海北岸被隆河（Rhône）三角洲一分為二，低陷的沼澤地不適於登陸。這就意味著這次登陸要麼在隆河以西，位於佩皮尼揚（Perpignan）和塞特（Sète）之間的沙灘；要麼就在隆河以東蔚藍海岸的一個峭壁林立的小海灣。西部海灘是一個兩棲登陸的理想地點，但是道路卻由朗多克（Languedoc）延伸向西北部，通往加龍（Garonne）和大西洋海岸。假如盟軍要在這裡登陸的話，他們將正好偏離進軍方向。在蔚藍海岸登陸較前者更為困難，但是卻可以向法國北部進軍，穿過法國的東部。盟軍如果從這裡進軍就能夠切斷德國在諾曼第的作

一個有通敵嫌疑的人被揪著頭髮，從他躲藏的地方給揪了出來。像這種場面在一九四四年下半年的法國經常可見。

戰部隊。因此，布拉斯克維茲將防禦工事集中在了隆河三角洲的西部。土倫和馬賽這兩個大港口很明顯將成為盟軍的目標，於是這兩處都安排了大約二百門中型和重型大砲。

另有四十五個砲台被部署在了隆河和阿蓋伊（Agay）之間的海岸線上，其中許多都披上了德軍在諾曼第已經展現過的巧妙偽裝。而在馬賽和尼斯之間，德國的工兵建築了

B-17空援的是補給物資和武器，而不是法國中央高原地區的反抗組織所期待的士兵和重武器。在戰鬥進入白熱化時期，反抗組織大約牽制了二萬名德軍。

大約六百個水泥小地堡，使那些戰鬥力不強的部隊也能發揮出令人畏懼的防守能力。

這一地區的隊伍是由第１９軍團的維瑟中將（Frederick Wiese）統領，他在亞威農（Avignon）有司令部。維瑟直到希特勒掌權之時還只是漢堡的一個警察，同時也是個死忠的納粹分子。他因爲在俄國戰場上的血戰，獲到了快速的破格晉升。名義上，維瑟指揮著十個師，但是其中一個正忙於應付韋科爾的起義。有幾個則是摻雜了東歐人的部隊──有波蘭人、亞美尼亞人、喬治亞人、烏克蘭人和亞塞拜然人，這些士兵在諾曼第戰役中的表現已經說明了他們的不可信賴。然而，還有四個質量頗高的師，在諾曼底戰役被重創後，現在正在進行整補。目前德軍在法國南部只有一個裝甲師，那就是G集團軍中最令人敬畏的第１１裝甲師。它在俄國待了將近有三年，一九四四年四月被調至波爾多進行整補。它曾經傷亡慘重，但是殘存的軍官和那些沒有軍銜的士官，卻是這支德國武裝部隊中最有戰鬥經驗和作戰技巧的裝甲兵。這個師的指揮官，四十四歲的陸軍中將威特夏姆（Wend von Weitersheim）是一個有貴族氣質的軍官。在對俄戰爭中被授予橡葉寶劍騎士十字勳章，這是德國最高等級的勳章。

布拉斯克維茲的G集團軍大約有五十萬人，其中的二十五萬人不是在地中海沿岸，就在易於到達地中海沿岸的地方。布拉斯克維茲確信盟軍會在里維埃拉（Riveria）登

倫德斯特元帥是法國南部防線的總指揮官。一九四三年十二月他在視察訪問中討論海灘防守的問題。

陸，但德國部署在那裡的部隊太過薄弱，只能進行象徵性的抵抗。布拉斯克維茲曾多次要求國防軍最高統帥部允許第１１裝甲師向東推移，但是每次都遭到拒絕。布拉斯克維茲也曾建議整個B集團軍應該從法國的西南和南部後撤，這樣就可以與盟軍在法國內地進行戰鬥。在那裡盟軍的補給線將會被拉長，同時也失去了艦船砲火的支持。但這條建議也被忽視了。總之，布拉斯克維茲認為在法國南部進行這場戰鬥是不正確的。

## 勉強作戰的英國人

　　布拉斯克維茲並不是唯一在地中海海岸勉強作戰的人。整個英國的政治和軍事當局──首相邱吉爾、帝國參謀總長布魯克將軍、地中海戰區指揮官亨利將軍和在義大利的指揮官亞歷山大將軍都極端反對這次登陸行動。在法國南部海岸實施登陸的代號為「鐵砧」（Anvil）的計劃早在一九四三年八月的魁北克會議中就被確定下來了。這次行動曾預訂與諾曼第登陸同時展開，而且要從海峽那裡將部隊調來。英國起初同意這一行動並非因為他們認為這次行動有其必要，而是因為同意「鐵砧作戰」意味著大量的登陸艦艇將不得不留在地中海地區。儘管英美聯盟看上去是統一的，但是事實上，盟軍經常追求不同的目標，甚至在有些時候是衝突的目標。邱吉爾之所以要確保登陸艦艇留在地中海，是為了支援在義大利的戰鬥。同時他也計劃在情況允許

時把它們調動到遠東，以便印度和錫蘭的英軍能夠重新佔領英國在南亞的和東亞的殖民地。當然，羅斯福和他的政府絕不會讓這種事情發生，結果登陸艦艇的調動受到了極大的延誤。

　　一九四四年七月上旬，艾森豪建議於八月十五日展開鐵砧作戰。這時，邱吉爾又有了另外的打算，他試圖勸說聯合參謀長會議把這支進行鐵砧作戰的部隊投入到靠近在亞德里亞海之的里雅斯特（Trieste，簡稱的港）的登陸行動。從那裡他們能通過盧布爾雅那（Ljubljana）向東北進軍，直搗維也納和多瑙河。邱吉爾主張，這樣做的好處是能在巴爾幹切斷德國部

在法國南部的德國士兵正為他們的反戰車砲進行日常維修。時間是在盟軍一九四四年六月和八月進入法國之前。法國南部以其充足的伙食和陽光普照的氣候被德國部隊看作是舒適的駐地。

隊，同時也能確保西方盟軍在蘇軍到達以前控制多瑙河流域。當聯合參謀長會議拒絕了他的方案時，邱吉爾越過他們，直接向羅斯福總統陳述，並認為鐵砧作戰是「不會有任何成果」的行動。羅斯福在對邱吉爾誠懇的答覆中解釋說：「為了純粹的政治因素而向巴爾幹調動大批的部隊，如果這個情形讓別人知道了的話，那我可就完蛋了。」邱吉爾不願放棄，於是將目標鎖定在艾森豪身上，他主張登陸部隊應該從地中海海岸轉移到布勒斯特（Brest），表面上是使部隊直接進入諾曼第戰役。其實邱吉爾明白，只有縮減在大西洋沿岸的登陸規模，才能讓他有足夠的部隊留在義大利，使他的計劃成為可能。八月五日，邱吉爾和一位隨行人員抵達了艾森豪位於南維特山莊的司令部。在六個小時的爭論中，他試圖威逼

這位倒霉的最高統帥達成協議。但艾森豪不為所動。會議結束時，邱吉爾幾乎流下了沮喪的眼淚，並且以辭去首相職務相威脅。該天遲些時候，艾森豪向馬歇爾報告說：「就我判斷，他把這件事說得太重要了，好像沒有達到這一目標就代表著他整個政府的失敗。」

## 美國對鐵砧作戰的投入

美軍最高統帥部，自羅斯福以下，全都全力投入到了鐵砧作戰中。表面的原因是：在沒有佔領馬賽和土倫，以及取得另外的三萬五千噸港口的吞吐能力以支援盟軍的情況下，歐洲西北部的戰役無法進行。這一論點的難以自圓其說之處在於，從戰地到兩個港口的距離都有六百四十公里，並且道路都已損壞。在這種情況下，運輸補給中所會遇到的困難，幾乎抵銷了額外吞

德拉特爾將軍（右起第二）與托斯考特等美國將軍於北非。德拉特爾是唯一置身於此時複雜的法國政壇，而又同時能為前維琪政府和戴高樂派所接受的人物。

吐能力帶來的價值。英國很清楚美國執意這樣做的真正原因。但是由於這個問題太具有政治爭議，以至於英國不能直接質問美國的意圖，因為這麼做英美的聯盟將會被破壞。問題出在美國與在北非殖民地維琪政府部隊的密切關係上。而這支法國部隊對英國人懷有敵意，並且把戴高樂將軍視為英國人的走狗，邱吉爾不想讓法國南部落在一支反對英國和戴高樂的殖民軍隊手裡，而這正將是鐵砧作戰令人不快的副產品。

然而，美國之所以堅持這場登陸更多是出於慎重的考慮，而不是出於刁難英國的意圖。當美軍在一九四三年九月隨著德軍的撤退而登上科西嘉島時，他們發現這個島處於共產黨掌握的「馬奇」組織的控制之下，而要鎮壓他們並不是件易事。來自法國南部的情報表明，受共產黨鼓動的起義正到處發生，在一些地方例如韋科爾，共產黨已經成功地設立了地方政府，因此極右翼的法國殖民軍隊盡早在法國登陸就成為一件緊急的要務。這不是為了惹惱英國人，而是為了防止三分之二的法國落入共產黨手裡。在英國人看來，在宗主國的法國使用其北非部隊是為了某種近乎於恐怖的企圖。秘密對外機構（Secret Foreign Office）的評估認為，利用摩洛哥、阿爾及利亞和塞內加爾的士兵去鎮壓法國共產黨的游擊隊，只會使局勢更加惡化，也可能將導致長期的內戰。這使一些人聯想到了一九三六年夏季佛朗哥僱傭大量的摩洛哥部隊去鎮壓西班牙共和軍，結果導致了三年的血腥內戰。這也就不難弄清，為什麼邱吉爾在未能說服艾森豪放棄鐵砧作戰時會潸然淚下了。

## 計劃開始

一九四三年底，美國第 7 軍團為策劃鐵砧作戰，在阿爾及爾丘陵地區中的布扎爾（Bouzare）師範學校的白色摩爾風格建築物裡設立了一個秘密司令部。十二月，德拉特爾·德塔西尼（Jean-Marie de Lattre de Tassigny）將軍從倫敦飛抵此處，領導這一計劃階段的行動，並指揮北非的法國部隊。德拉特爾大約是法國唯一能在變化無常的政治環境裡進退自如的高層軍官。一九四〇年他曾對貝當和維琪效忠，但是在一九四二年十一月他違背貝當的命令，指揮他的部隊抵抗德國對維琪法國的佔領。這次公然的反抗使他被判入獄十年。在三次失敗的逃獄之後，他最終成功偷渡到倫敦。他把他的運氣押在了戴高樂的身上。因此他是一個難得的人物，名義上是在戴高樂的領導之下，但也為那些領導法國北非部隊的維琪派軍官所接受。

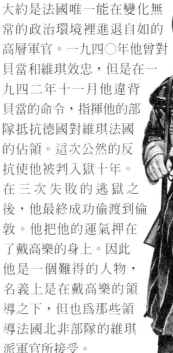

一個「自由法國」部隊的北非籍士兵。許多這種前維琪政府的部隊現在為盟軍所用，但是戴高樂並不願意在法國本土使用他們。

## 全面準備

德拉特爾在一九

四四年頭幾個月的任務與在倫敦準備「大君主作戰」的摩根的任務很相似。如同摩根一樣，德拉特爾督促他的部下分析大量來自反抗組織的情報。後來這位將軍回憶了這次異乎尋常的全面準備：「每一個想像出來的細節，都在一本專門針對每個處於芒通（Mentone）和旺戴斯港（Port Vendres）之間的灘頭的指南上提了出來：地形、水文、氣候、潮水和水流、土質、與交通相關的信息、工業資源、電力和供水、醫院──所有的一切都經過極為仔細的考察、分類、編號。尤其是考慮到了敵人的部署，最小的水泥碉堡，火力最弱的機槍點，最狹小的雷區，這些都被仔細地標定位置並經過核對。這一切都來源於偵察飛機所拍攝的大量照片。」基於這些研究準備，一項作戰計劃逐漸顯現了出來。德拉特爾的主要目標

是拿下土倫和馬賽。但因為防守的德軍力量強大，他知道不能對他們進行正面攻擊。最後他決定拿下土倫正東面的卡瓦萊爾（Cavalaire），作為登陸的西部行動。並且把登陸從海岸向東擴展七十公里，把它與阿蓋伊的灘頭分開，這塊灘頭正好在坎城（Cannes）的東部。因而他正是試圖在布拉斯克維茲估計盟軍將出現的海灘上登陸。

德拉特爾與第 7 軍團的指揮官巴區（Alexander Patch）中將合作得極為默契。他把巴區描述成「一位意志堅定、有著非凡才智、並且極為穩重的指揮官」。巴區和德拉特爾一樣是經驗豐富的老兵，他曾經組織指揮美國部隊與日軍於一九四二至四三年的冬天，在所羅門群島的瓜達康納爾進行激戰，同時他作為一個蘇格蘭人的後裔，在與一貫疑心頗重的法國人談判時也是一

在鐵砧登陸作戰前，來自第１５空軍聯隊的B-25轟炸機去往轟炸位於里維埃拉的德軍防禦陣地的途中。空襲過後，德國守軍又遭到了幾艘盟軍戰艦的砲擊。

八月十五日一大清早，美國滑翔機部隊在從義大利的漢爾唐（Voltone Aerodrome）機場起飛前做準備。不久以後，他們將在法國與等待著他們的敵人展開戰鬥。

個極為老練的外交家。一九四四年夏，巴區選定托斯考特（Lucian K. Truscott）少將指揮鐵砧作戰中的美軍部隊。托斯考特在戰爭剛開始時是一位上校，而如今已經是美國最為成功的戰將之一了。他曾經徵募並訓練了美國突擊隊，這是美國部隊中一支相當於英國突擊隊的隊伍，並且與英國突擊隊在一九四二年八月災難般的第厄普行動中並肩作戰。他還在一九四二年十一月的北非登陸中率領一支小規模的特遣部隊拿下了里奧鐵港（Port Lyautey）。一九四三年春天，他指揮艾森豪在突尼斯的先遣部隊，接著又在西西里、薩萊諾和安齊奧指揮美軍第3師。

## 外交上的過失

不幸的是，托斯考特並非外交家。他在被德拉特爾邀請吃午飯時，沒有經過這位法國將軍的同意就擅自視察法國部隊，嚴重破壞了軍事議定書的協議。托斯考特彙報說：「午飯時談話很少，場面上只能聽到吃飯的聲音。快結束時，我們得知了招待如此冷淡的原因。德拉特爾十分惱怒。」突然，這位法國將軍說出一番激烈的言論。但是托斯考特打斷了他，說：「如果這就是你不得不談論的東西，那我們只是在浪費時間。」

儘管這兩個男人後來保持了對對方勉強的敬意，但是彼此關係卻難再接近。這種緊張關係反映在登陸計劃中，就是法軍和美軍的行動彼此全分離。登陸的第一階段作戰包括了法國的突擊隊和美、加特種部隊，他們的主要任務是攻打砲台，並進行佯攻。同時一萬人的英

這可不是投擲補給物資，而是真人：部分英美第1空降特遣隊於八月十五日在勒幕附近空降。該地是重要的運輸和交通樞紐。

午，這些港口正在運送那些將參加首波登陸行動的九萬四千名士兵。在那不勒斯，高層將領們驚訝地發現：邱吉爾乘坐一艘英國快艇穿梭於艦船之間，並用他那如今已聞名於世的象徵勝利的「V」字手勢向歡呼的士兵打招呼。邱吉爾在清楚自己的原始計劃難以實現後，於八月八日前往義大利，且成功地被允許他與部隊一同登陸，這種事在諾曼第時是不被允許的。由於他認爲自己被迫接受這次登陸行動，邱吉爾提議將這次作戰的代號由「鐵砧」改爲「龍騎兵」（Dragoon）。這種說法可能只是個玩笑罷了，但是參謀們確實接受了邱吉爾的建議，因此這次行動成了眾人所知的「鐵砧—龍騎兵作戰」。

美傘兵和滑翔部隊將在海灘後方降落，佔領道路交會點，拿下要塞。主力登陸部隊是由第3師和第45師組成的托斯考特的第6軍。讓人吃驚的是，它還包括曾經在義大利戰役中兩次遭到重創的，現在由達爾奎斯特（John E. Dahlquist）少將所指揮的第36師。這位少將還沒有領導師級單位作戰的經驗。二十四小時後，德拉特爾被指定爲B集團軍的先鋒，將在聖特羅佩（St Tropez）登陸。在增援部隊到達後，從那裡開始去包圍土倫和馬賽，這兩地按日程規定分別於D日後二十天和D日後四十天攻克。同時托斯考特的第6軍將湧入隆河山谷，與從諾曼第來的巴頓第3軍團會師，截斷布拉斯克維茲的B集團軍。

八月十日，由二千艘運輸船和戰艦組成的地中海區域空前的最大艦隊，開始彙集在散佈於阿爾及爾、巴勒摩、瓦萊塔（Valetta）和那不勒斯的港口裡。八月十三日下

## 突擊隊登陸

在午夜之前，八百名法國突擊隊在布韋（Georges-Régis Bouvet）上校的帶領下登上了內格爾角（Cap Nègre）陡峭懸崖的底部。從懸崖之上，重型德國火砲可以砲擊到盟軍登陸的灘頭陣地。突擊隊員悄悄地爬上懸崖，他們制服了驚訝無比的德國佬。這是這場戰爭中最成功的特種行動之一。法國人有條不紊地從一個掩蔽壕攻到另一個掩蔽壕，殺死了大約三百個德軍並且俘虜了七百人，而僅傷亡了七十人。與此同時，四十公里外土倫的東南部，美國和加拿大的特種部隊用小筏和電動衝浪板在克羅港島（Port-Cros）和勒旺島（Île du Levant）登陸。根據空中偵察顯示這裡設有

重砲，但實際上這些大砲卻是用排水管和扭曲的鐵板所精心製作的偽裝物，所以這次的行動並沒有任何戰果。這天夜裡，盟軍所遭受的最大的挫折來自於坎城的西部。一支六十七人的法國特種部隊在一塊剛佈置好的雷區的中央上岸。而當他們試圖撤退時，又被盟軍當作德軍而以戰鬥機掃射。這支隊伍最後慘被消滅，其中二十七人被擊斃，四十人被德軍俘虜。空降攻擊同時開始。午夜過後，五架運輸機在位於馬賽和土倫之間空投了三百個真人大小、穿著美軍傘兵制服並且安裝了炸藥的模型。它們發揮了預想的效果──分散了德軍對於在勒幕（Le Muy）進行的真正空降的注意力。勒幕是一個極其重要的交通樞紐。從凌晨四點三十分開始，五百

三十五架運輸機和四百一十架滑翔機在一群戰鬥機的護送下空投了英美第１空降特遣隊的九千七百名士兵，他們擁有二百一十三門火砲和迫擊砲以及二百二十輛吉普車。有一部分空降部隊幸運的降落在德拉吉尼揚（Draguignan），這是德國第１９軍團第５７軍的司令部所在地，這個司令部實質上負責指揮被盟軍攻擊的海灘守衛部隊。在孤立無援而且遭受嚴重打擊的情況下，該司令部忙著為自己的生存而戰鬥，而無法去指揮海灘部隊的行動。

## 攻陷勒幕

要佔領勒幕並非易事。在一個星期前，德國第１９軍團的指揮官維瑟將軍已經召集軍和師級指揮官

水陸兩用車在靠近卡瓦萊爾的「紅阿爾法」海灘登陸，它不同於一個半月前的諾曼第登陸。德軍在這一地區的兵力並不充足，士氣也不高昂。例如，馬賽在八月二十八日被攻克，比預計早了一個月。

在德拉吉尼揚的一個大廳裡進行沙盤推演。這次顯現了勒幕的極端重要性。於是，維瑟下令用一個戰鬥群去加強要塞。這個戰鬥群來自第244師的布呂代爾團（Bründel）。

第1空降特遣隊的指揮官腓德烈（Rebort T. Frederick）少將只有三十七歲，是美軍中最年輕的高階將領。他把佔領勒幕的任務交給了英國空降旅。這個旅有著令人敬畏的聲譽，但是其指揮官皮諾切特（Pritchett）旅長處在地中海地區最高司令的嚴格指揮下。亨利‧威爾森（Henry Maitland Wilson）將軍為了將來在巴爾幹地區的部署而想保存實力，不願意把這支旅浪費在敵人由於諾曼第失陷後即將放棄的地方。在戰後對腓德烈的採訪中，

他對在勒幕所發生的事仍十分惱怒：「他們（英國人）甚至在第一天起就沒全力以赴，當我詢問皮諾切特任務的執行情況時，他說：『嗯，反正我們是跳傘了。』我問他：『那你為什麼不深入，拿下那座小城呢？』『不，』他說，『那裡有德軍。』於是我就想，你去死吧！接著我就把他們調回了義大利。」腓德烈命令美國第550滑翔機營進攻勒幕。他們在腓德烈所能聚集起的所有火砲的砲火掩護下緩慢前進。第二天下午，一個德國特使手持白旗走了出來，告訴腓德烈：如果他能讓停止砲擊，他們就會投降。腓德烈告訴這個德國人，他正要增加砲擊力度，所以最好告訴其長官盡快投降。在沒有任何進

美國士兵在鐵砧登陸作戰中涉水上岸。鐵砧作戰主要是法國和美國的行動。這一點反映了英國不情願在義大利和法國北部都需要英軍的時候把業已短缺的資源花費在另一條戰線上。

一步談判奢望下，德軍交出了勒幕。

## 登陸作戰的主鋒

　　幾乎像鐘錶一樣準時，登陸的主要行動展開了。八月十五日五點五十分，首批大約一千三百架美、英、法的來自薩丁尼亞（Sardinia）和科西嘉的轟炸機到達了，並在隨後的一百分鐘裡，不斷轟炸里維埃拉，把德軍驅趕進他們的掩蔽壕中。七點三十分，隨著最後一架轟炸機向南離去，盟軍戰艦上的大砲接管了這一切，二十分鐘內，它們向德軍砲台和要塞傾倒了一萬六千顆炸彈。八點，第一批美軍登陸，幾乎沒有受到抵抗。英國廣播公司

的記者溫福德‧湯瑪斯（Wynford Vaughan Thomas）與攻擊部隊一起登陸，他報導說德軍「無心戀戰。許多人從硝煙瀰漫的道路走了下來，進入戰俘營。他們絕大多數人都在微笑著，慶幸自己能離開那裡」。唯一的麻煩來自於弗雷瑞斯（Fréjus）的一個小港，第36師的部隊於下午二點在那裡登陸，這個地方控制了通往勒幕和內地的公路。第36師用一種無人駕駛的遙控船打頭陣，這種船一遇水下障礙物就會引爆船上滿載著的炸藥。第36師在離岸幾千公尺的地方，目睹了這些無人駕駛船怪異的表現，它們有的甚至調轉方向向登陸艦艇殺去。儘管這一事件始終沒有解釋

美國士兵守在路邊。托斯考特的進軍速度，迫使德國指揮官布拉斯克維茲為了防止他的部隊被困而大舉撤退。

盟軍轟炸機竭力阻止德軍撤退或者外援的進入。這是空中偵察機拍攝到的照片，彈坑清晰可見。在塔拉松（Tarascon）的兩座隆河橋都已被毀。

清楚，但是這有可能是首次成功使用電子干擾的戰例，因為德國信號一直竭力干擾對無人駕駛船的遙控。登陸艦不得不調轉方向，讓美國部隊在沿著海岸稍遠的其他地方登陸。他們從那裡進攻，並於第二天攻下了弗雷瑞斯。

與六月六日在諾曼第的德軍不同，駐守在地中海沿岸的德軍對盟軍的登陸並不吃驚。在這次登陸的兩天前，國防軍最高統帥部終於同意布拉斯克維茲把第11裝甲師從波爾多調到拉里維埃爾。但是由於盟軍戰鬥轟炸機的緣故，調動只能在夜晚進行。到了八月十五日早晨，它還在靠近亞威農的已經沒有橋樑的隆河西岸，等待著工兵建造過河的浮橋。而橋造好後，第11

裝甲師的部分裝甲車又花了三天通過隆河。接著又由於燃料短缺而無法移動。最後，燃料從河下游的里昂運了過來。與此同時，八月十七日正午，布拉斯克維茲收到了國防軍最高統帥部放棄法國南部的命令。但是在靠近波爾多的紀龍德要塞以及拉羅舍爾（La Rochelle）、馬賽和土倫的港口都要加強防守，而且要堅守「到最後一刻」。

## 德軍撤退

現在，布拉斯克維茲開始花時間來組織一次對德軍來說最為複雜的撤退了。隨著巴頓部隊向東沿著羅亞爾河的北岸進軍，布拉斯克維茲不得不盡可能使托斯考特的部隊放緩北上隆河的步伐，以防止美軍

的會師。爲了達到這一目的，當撤退大軍橫渡位於瓦朗西（Valence）和里昂之間的河流時，布拉斯克維茲在阻擊行動中把第11裝甲師投入了隆河的東岸。使撤退變得更爲複雜的是，撤退的縱隊不得不避開中央高原，因爲那一地區被牢牢地控制在「馬奇」組織的手中。這樣隊伍被迫向東部和南部進行大範圍的轉移。布拉斯克維茲確保這次撤退能謹慎地按照一天二十五公里的速度進行。然而這就意味著後方部隊至少一個星期難以離開大西洋沿岸，且極有可能被切斷退路。八月二十日，德軍開始全面撤退，他們用上了幾乎所有搜羅到的摩托化交通工具，包括學校的公共汽車、農用拖拉機和摩托車。也有成千上萬的德國士兵騎在用繩子與部隊的車輛繫在一起的自行車上，另有成千上萬的士兵待在馬拉的貨車裡，還

有成千上萬的士兵推著裝有他們裝備和補給的獨輪車和嬰兒車步行。

算布拉斯克維茲走運，托斯考特的部隊沒有立即向內地挺進，而是爲建立一個後勤基地而停了下來。八月十七日，德拉特爾用一萬六千人的部隊在聖特羅佩登陸。這支部隊即將成爲B集團軍的先鋒。德拉特爾還開始實施他攻佔土倫的「總計劃」。當陸軍准將布魯塞特（Charles Diego Brosset）指揮第1步兵師沿著海岸公路前進的時候，少將德蒙薩伯特（Aimé de Goislard）指揮著他的阿爾及利亞第3步兵師通過了土倫北部的山脈要塞，然後南進，從北部和西部包圍了這座城市。

八月二十日，在海軍猛烈砲火的掩護下，德拉特爾開始發動進攻。他的部隊在郊區有條不紊地摧毀了三十座堡壘，迫使防守的德軍

法國內地軍在幫助盟軍進軍過程中發揮了重要作用。這幅照片裡他們正在清理德軍的廢棄物，同時法國的薛曼戰車在向前行駛。徵召反抗組織成員進入常規部隊的政策表明：這些人中最爲激進的分子也能被軍隊的紀律所「馴服」和控制。

進入一個十分狹隘的防禦帶裡。法軍的傷亡不小，有二千七百人。而德軍則失去了八千人。八月二十八日，德國指揮官違背了希特勒要求死守的命令，率領要塞裡倖存的一萬七千人投降了。此時，一個法國戰車縱隊在阿爾及利亞第3師第7步兵團的支援下於八月二十一日到達了馬賽的郊區。「馬奇」在此地已經發動過一次起義。特遣部隊的長官肖蒲斯（Léon Jean Chappuis）上校要求直接進入該城，但是德拉特爾不同意。德拉特爾不想用北非部隊進行攻城戰鬥，他解釋說：「他們有可能被一座城市的混亂所毒害，而導致叛亂。」第二天早上五點，正好處在這座城市西郊馬德萊娜十字路口的肖蒲斯部隊的戰車和士兵被歡呼的人們所包圍，通往馬賽的道路顯得十分通暢。於是肖蒲斯違背命令，率隊入城。接下來的戰鬥是一場亂糟糟的巷戰，這次戰鬥雖不是德拉特爾想打的，但結果還是贏了。德軍於八月二十八日交出馬賽，比德拉特爾預計的早了整整一個月。

## 托斯考特的陷阱

現在，托斯考特派出了一個由布爾特（Fred W. Butler）旅長指揮的裝甲特遣部隊。達爾奎斯特的第3師緊緊跟隨著這支部隊。他們向正北方前進，接著又於八月二十一日向西駛往在隆河畔的蒙太利馬爾（Montelimar），經過該城北部的公路穿過了克盧斯（Cruas Gorge）峽谷。這個峽谷位於隆河和一條山脊之間的狹窄地帶，有數公里長，三百公尺高。托斯考特正是打算在此地設下陷阱要消滅德軍。但是對本領高強的威特夏姆將軍和身經百戰的第11裝甲師來說，會中伏擊陷阱的可能性其實很小。

八月二十三日，德國第11裝甲師爬上了山脊進行反擊。它裝備的八十八公厘火砲擊毀了一個又一個的美國裝甲車輛。八月二十六日，托斯考特對於蒙太利馬爾阻擊圈沒有合攏極爲憤怒，他飛到了達爾奎斯特的司令部並且威脅要解除他的職務。到目前爲止，德軍主力已匯聚在一起並通過了蒙太利馬爾。但是美國戰鬥轟炸機和長程火砲的準確攻擊，使聚攏到一塊的德國縱隊遭到了慘重的損失。幾天後，當德拉特爾通過這一區域時，他看到「數十公里內沒有別的東西，只有糾纏在一起的扭曲的鋼架和燒焦了的屍體——第19軍團的所有裝備都葬身在如聖經《啓示錄》中那般的墳墓裡了。要想從這裡通過，只有用推土機才行。」

在向北進軍時，美國士兵押送著三名德國戰俘走在他們縱隊的前面。許多德國士兵看上去樂於被俘。因為除了最瘋狂的人之外，對於德軍來說戰爭已經失敗了。

布拉斯克維茲的 B 集團軍最終於九月三日在第戎北部建立起了新的防線。同天，托斯考特的部隊進入了里昂。也是在這一天，英國的第 2 軍團開進布魯塞爾。霍奇（Hodge）的第 1 軍團在蒙斯，而巴頓越過了繆斯河，托斯考特終於與巴頓在九月十一日會師。在第戎以西六十五公里處，他們包圍了布拉斯克維茲後衛部隊最後的二萬人，這支隊伍決定投降了事。很難用軍事上的成果來評斷鐵砧—龍騎兵作戰。雖然九十萬名美國士兵和四百萬噸的物資通過地中海沿岸港口隨後到達法國，但是它們只能通過蒙哥馬利、霍奇和巴頓部隊中分派出來的後勤人力和交通工具進行調動。事實上，美國堅持使用這些港口可能只是增加了盟軍後勤的難度。鐵砧—龍騎兵作戰眞正的緊要之處是政治上的。因爲它使得法國軍隊能夠把「馬奇」中最激進的成員徵召入陸軍，置於軍紀的管轄之下，以便於控制他們。隨著新部隊的組成，北非和西非的部隊被迅速遣送回國。這樣就使英國人所曾擔憂的、將爲共產黨創造機會的民族摩擦減至最小。最後，對這次登陸所做的分析結果是：這次登陸對於打敗德軍來說並非必不可少。但是就確保法國國內的穩定而言，它確實取得了令人稱羨的成功。

法國內地軍的裝甲車於八月二十八日通過新近解放的位於馬賽以北的亞威農。反抗組織的成員隨著戰車遊行。

# 第六章

# 巴黎

隨著盟軍快速向法國北部進軍，艾森豪面臨的一個棘手問題是：究竟是要快速
向德國邊境推進以盡快結束戰爭，還是為了其重大的象徵意義而解放巴黎呢？

在登陸日後的幾個星期裡，當布列塔尼、中央高原和韋科爾的大部分地區發生了反抗組織的起義並迅速演變成一場內戰的時候，絕大多數巴黎人的情緒仍出奇地平靜。維琪政府的官員們相信絕大多數人是持中立態度的，實際上，人們對於英美聯盟中「盎格魯」種族的那部分並無熱愛之情。雖然就德國人和美國人而言，他們可能更喜歡美國人一點，但是他們卻喜歡德國人遠勝於英國人。這些官員把巴黎人對於四月二十一日英國皇家空軍一次猛烈的夜襲反應當做證明。這次突襲本來是要轟炸雷諾工廠的，但是卻打到了蒙馬特（Monmartre），導致數百人死傷，並且使得聖心教堂嚴重損壞。四月二十六日星期天，貝當元帥為了視察損壞情況而對巴黎做了僅有的一次官方身分的訪問。恰在這次訪問中，貝當感受到了作為一個受歡迎的政治家所擁有的驕傲。當他的車隊因為他要做大彌撒而駛向巴黎聖母院時，所經街道有幾千名歡呼的人夾道歡迎。出現在聖母院的人是如此之多，以至於大教堂一會兒就被擠滿了。這次由極右翼並且瘋狂反猶的巴黎紅衣主教主持的彌撒，不得不通過擴音系統來傳達給在外面的人群。當貝當離開巴黎聖母院時，人群中發出震耳欲聾的呼喊——「元帥萬歲」！

## 巴黎人的反覆無常

德國駐巴黎大使阿貝茨（Otto Abetz）對於巴黎人對貝當的愛戴並不是太樂觀。他在一份六月十日起草的報告中寫道：「根據每天所確認的證據來看，巴黎城表面是平靜的，但是卻隱藏著一種隨時可能會爆發的騷動。」阿貝茨對這座都城的現代政治歷史瞭如指掌。他很清楚這些人能夠在四月份歇斯底里地向貝當歡呼，也能夠在年底聲嘶力竭地向戴高樂致敬。對於相對的平靜（實際上是冷漠的情緒），一種更為合理的解釋是：在巴黎的生活與被德國佔領的歐洲其他地方，甚至與大不列顛和蘇聯相比，要明顯舒適得多，因為跟倫敦和柏林比起來，巴黎甚至沒有遭受過什麼轟炸。它現在是一群日漸增多的成功商人、娛樂界人士和作家的樂園。這群人中也包括英國的幽默作家伍德豪斯（PG Wodehouse），他們尋求在相同環境下，一個比較安全的地方。一九四四年八月，只有二十二點三十分到二十四點有電，但由於法國實行夏令時間，當電力提供

戴高樂將軍帶領參加勝利大遊行的市民走過巴黎的街道。「偉大的夏爾」於一九四四年六月十四日踏上了法國的土地。自從他在法－德停火之前飛到英國以來，整整四年過去了。

之時，恰是太陽落山的時候。同樣，除了軍隊和警察的車輛，機動化的交通實際上幾乎消失了。取而代之的是無數的自行車以及成千上萬輛馬拉的出租車和貨車。另外還有巴黎地鐵，這是世界上覆蓋面最廣的一條地鐵，它仍繼續營運著。每十二到十五分鐘一輛，比柏林和倫敦還要好的多。

## 食物短缺

八月上旬，巴黎人大聲抱怨食物短缺及配額減少。但這只是最近才發生的事情，而且繁榮的黑市已

八月份，德國士兵在抵抗迅速接近巴黎的盟軍之前，登上艾菲爾鐵塔最後看一眼這座城市的全貌。

足夠緩解這一形勢。例如，葡萄酒的配額被減少至每人每星期二品脫（大約三瓶），但是對大多數巴黎人來說，要得到更多的供給似乎沒有什麼困難。餐館每星期確實是只允許開放四天，但是在巴黎，沒有一個晚上會讓你找不到地方去吃一頓晚餐。停電時在燭光下用餐算不上是一件苦差事。全巴黎約仍有超過二百家電影院在經營著。這些電影院的電力靠由成隊的人踩踏板發電的發電機供應。在紅磨坊、加里特磨坊、夏何拉熱德和其他十幾個地方仍然有現場的歌舞表演，給成千上萬撤退下來的或者正在這座城市的醫院療養的德軍觀看。

德軍到處都是，但他們表現得像旅遊者一樣，並且通常都不攜帶武器。法定的日常行政事務和交通指揮等等都交給法國警察來辦，他們穿著藍制服、戴著平圓頂水平沿的法國軍帽，走在街上使人感到氣氛正常。內部安全事務掌握在黨衛隊保安局手裡，人們普遍把他們錯當成蓋世太保。他們身穿便衣「制服」——黑色的皮革大衣和斯特林式男帽，在代莫萊爾本茲（Dailmer Benz）的索塞爾街中的老保安局裡進進出出。這裡是保安局的首長，黨衛軍將軍奧伯格（Karl Oberg）的開庭之地。奧伯格是個矮胖、目光短淺的希姆萊（Henrich Himmler）式人物，他於一九三一年在他的漢堡水果生意破產時加入了納粹。一九四四年一月，保安局的實力由於維琪政府的保安隊加入而得到了加強。保安隊在法國北部的代表克立

法國第 2 裝甲師的步兵和裝甲車經過通往巴黎的入口——楓丹白露。第 2 裝甲師於七月二十七日在諾曼第登陸，作為巴頓將軍第 3 軍團的一部分進軍巴黎。

賓（Max Knipping）將軍原來是一個飛行員。他把他的司令部設在佩爾蒂埃街四十四號，這裡原是共產黨集中的大本營。而他的五百名隊員則駐紮在已經停止活動很長久的奧特伊猶太教堂裡。

每個星期四，奧伯格都會舉行會議，在保安局、保安隊和警察之間交換情報，以便於協調他們之間的行動。通過一個由告密者組成的網路和各種審問的結果，他們整理了大約有五十萬巴黎人的檔案，還建立了相當精確的關於在巴黎的反抗組織的檔案。他們清楚，除了少數的戴高樂派以外，巴黎的反抗組織主要是由共產黨控制的，並且公開宣佈（至少在報紙上說）有二萬五千人。但是同時，他們也清楚共產黨在巴黎的反抗組織的武裝很薄弱，只有可能不到一千件輕型武器。除了偶然的暗殺活動，他們所能做的其實不多。

奧伯格授權保安隊逮捕嫌疑犯，在特別法庭上折磨他們，然後處死。他們同時還被允許發動先發制人的打擊活動，殺死那些他們確信將嚴重違法的人。在巴黎廣播電台，通敵分子、時事評論員讓·埃羅爾德—帕貴斯（Jean Herold-Paquis）在製作有關這些維琪歹徒在這座城市的街道上發動襲擊的錄音節目時，瘋狂地宣稱：「對於好戰的反抗者，我們以宣戰作為答覆。我們在對抗有著無恥野心的可恥的人。」

## 暴力升級

在諾曼第登陸的幾個星期裡，保安隊和反抗組織之間針鋒相對的暴力行為急速上升。六月十六日，

法國步兵在裝甲車的掩護下，沿著一條位於楓丹白露北通往巴黎的道路上前進，路過一個德國士兵的屍體。雷克勒的第2裝甲師，因德軍在八十八公厘反戰車砲的支援下建起的路障而減緩了向首都進軍速度。

保安隊把曾任戰前人民陣線政府教育部長的猶太人讓‧扎伊（Jean Zay）從監獄裡提了出來，他自一九四〇年起就被囚禁了。保安隊在路邊將其射殺。十二天後，反抗組織予以還擊，在昂里奧（Philippe Henriot）位於索芙裡奧街的情報部公寓裡，殺死了這位前下院議員、維琪政府的宣傳家、虔誠的天主教徒和惡毒的反猶太主義者。然而在僅僅四天裡，至少有四十萬人向昂里奧的遺體告別，反抗組織對此非常警惕，而奧伯格和克立賓卻爲此感到輕鬆。七月八日，保安隊進行報復，暗殺了前雷諾（Reynaud）

政府的一位部長曼德爾（Georges Mandel），當時他正被從桑泰監獄裡轉移到別處去。七月十四日是巴士底獄被攻佔日，在桑泰的政治犯控制了部分監獄，並在那裡設置路障，火燒牢房。但是第二天，保安隊猛攻這座監獄並又重新將之佔領，他們在監獄的牆下立即處決了二十八名犯人。

與這種恐怖的生活完全相反的是，大多數巴黎人依然按部就班地生活著。先鋒派知識分子們聚在弗洛雷（Flore）咖啡館裡相互爭論，試圖解釋大多數人身上的那種冷漠和無動於衷的超脫感。六月十日，

沙特的第二齣、也是最為著名的一齣話劇《禁閉》（*Huis Clos*）在杜伏克─科隆貝爾劇院（Vieux-Colombier）上演。沙特劇中的主角，一個陷入怯懦和背叛交織的網中無法逃脫的人，在某個層次上得出「他人即地獄」的結論。德國的檢查官承認，這不僅僅是人的狀態，也說明了法國人在進入德國佔領第五個年頭的心態。但是這齣劇就批判法國人而言顯得遠比批判德國人更為強烈。兩個星期後，卡繆的首部戲劇《隔閡》（*Le Malentendu*）讓檢查官更為擔心。他們絕對樂於承認劇中這一假設：人──特別是巴黎人──本質上是醜惡的，而且自由也只是幻覺。但是他們更關注的則是卡繆的第二個主題：即使自由是虛幻的，也應該努力去追求。因為人除非知道如何去更新他存在的基礎，否則就不能指望有未來。

法國反抗組織的共產黨參謀長維龍（Roger Villon）以及在巴黎的共產黨武裝部隊的指揮官亨利・唐居伊（Henri Tanguy，別名羅〔Rol〕上校），都十分清楚卡繆劇本的含義，他們於六月底寫出了「沒有暴動就沒有解放」的標語。共產黨領導人明白妥協帶來的恥辱，也知道只有通過血的洗禮才能消滅恥辱。「巴黎值得二十萬人為她去獻身」是羅上校令人不寒而慄的評語；一場血腥的暴動將使人們更為激進，也會讓戰後主要由共產黨參加的政府更能為人所接受。

維龍和羅認為，對於巴黎來說，最壞的命運可能就是苟安一隅，等待著美國和法國戴高樂的部隊到來，把德軍趕出去。但是要想發動一場大規模的暴動計劃，最大的絆腳石就是巴黎的反抗組織只有六百支手槍和輕機關槍。這種情況下，任何暴動的企圖肯定會招致一場對那些參與者的屠殺。

戴高樂在巴黎的軍事代表雅克・夏邦─代爾馬（Jacques Chaban-Delmas）和亞歷山大・帕羅迪（Alexandre Parodi）將軍盡他們最大的努力來平息共產黨人的激情。他們很懷疑共產黨利用暴動作威脅，以此來迫使英國特別行動部門直接向這座城市提供武器。在先前的幾個月裡，特別行動部門已經在法國空降了七萬六千二百九十支輕機關槍和二萬七千九百六十一支手槍，但是只有一百一十四支輕機關槍和十八支手槍運進了巴黎，這也部分說明了特別行動部門不想為共產黨人主導的行動提供武器。

## 柯爾提茲

德國新的指揮官，陸軍中將柯爾提茲（von Choltitz）於八月九日抵達巴黎時所面臨的就是上述情況。巴黎人很清楚七月二十日暗殺希特勒的計劃失敗了。使他們吃驚的是，德國在巴黎的統治集團中熟悉的面孔──包括巴黎衛戍部隊的指揮官施圖爾納格爾（Heinrich von Stulpnagel）將軍在內──開始消失了。新任的指揮官有著令人生畏的名聲。一九四〇年五月，身為陸軍中校的柯爾提茲調來

儘管是第 2 摩洛哥師的一分子，但這位大兵的制服是典型的在戰爭的最後階段由美國供給「自由法國」部隊的樣式，他的靴子是法國造的，而他的步槍是性能可靠的英製武器。

飛機將鹿特丹的碼頭地區夷爲平地，導致七百人死亡。兩年後，他攻克了在克里米亞的塞瓦斯托波耳（Sevastopol），逐步地毀滅了這座城市。一九四三年夏，在從俄羅斯的穩步撤退中，他指揮殿後部隊焚毀他們撤守的土地，切斷鐵路線，摧毀工廠，並炸斷橋樑。

接受任命之前，正在諾曼第指揮一個軍的柯爾提茲，被召回了希特勒的大本營，接受詳細的個人指令。柯爾提茲發現元首「處於一種狂熱的興奮狀態。唾液幾乎從他口中飛出，他全身顫抖，依靠的桌子也隨他一起晃動。他大汗淋漓彷彿剛洗完澡一樣，而且愈發激動」。但希特勒的命令卻並不含糊：國防軍一走，巴黎「必須完全被消滅掉──沒有任何東西仍會屹立在巴黎的土地上，沒有教堂，沒有藝術紀念碑」。基礎設施也要被清除掉，

煤氣總管要扯斷，高壓電力橋塔要炸掉，供水系統要被拆除和污染掉，這樣「這座毀滅了的城市將是傳染病的寵兒」。

柯爾提茲確信希特勒已經瘋了，他回到巴黎後，把他的司令部設在共和廣場附近的繆萊斯飯店，接著就深入考慮這令人害怕的困境。他很樂於包圍這座城市的郊區，也期待進行全城作戰，但是他還不想因爲摧毀這座世界上最傑出城市之一的巴黎而「留名青史」。然而，他知道如不服從希特勒的命令，就意味著他將被判死刑，而且他在德國的妻兒也極有可能被逮捕和處決。

## 巴黎附近的砲擊

八月十三日星期天，在巴黎西部聖克洛德田徑賽會上的人們，聽到從大約在西南三十英里處沙特爾

法國第 2 裝甲師的雷克勒將軍在一次戰鬥後與休息在偽裝的薛曼戰車旁的戰車手閒談。雷克勒在戰後不久的一場空難中遇難。

（Chartres）方向傳來遙遠的砲聲。那天，巴頓第三軍團的部分部隊確實進入了沙特爾，但是他們的上級長官並沒有繼續向巴黎進軍的意圖，而是命令他的部隊轉向西南方，繞過了這座都城。在最近才在柯騰丁半島西海岸的格朗維爾建立的盟軍最高統帥部裡，艾森豪甚至對直搗巴黎的計劃感到反感。從嚴肅的軍事角度來說，派盟軍部隊進軍巴黎收穫不大，而損失則可能會更多一些。如果德軍死守巴黎，那麼部隊就會陷入至少在最初階段處於劣勢的巷戰之中。即使巴黎沒有經過多少血戰被解放了，那麼養活如此眾多人口的責任就落在了盟軍後勤部隊的身上，而他們甚至連支持自身都有問題。另外，巴黎的解

放將使盟軍與其目標相分離。他們的目標是繞過巴黎，向北方和南方開進，盡快趕到德國的邊境。實際上，艾森豪計劃中的最早解放巴黎的日期是九月十五日。

## 警察被解除武裝

　　然而，對於巴黎的人們和佔領者來說，從沙特爾傳來的砲聲預示著盟軍即將到來。這對於不同人群的影響是戲劇性的，而受影響最為深刻的則是巴黎警察。整個佔領期間，這些憲兵們忠實地與德國當局合作。一九四四年七月，他們就逮捕了超過四千五百個政府的敵人，其中包括五百名猶太人，這些猶太人被關在德拉西（Drancy）的集中營裡，在八月十五日被押上離開巴

「巴黎解放委員會」設於一九四四年八月，其成員由左至右為奧巴迪亞、里加爾、萊歐‧阿蒙、羅上校（唐‧居伊）、卡雷爾、德馬爾、托略特、勒法肖夫人和馬拉內。

儘管巴黎的解放不是通過激烈的戰鬥完成的，但是狙擊手一直是個威脅，必須找到他們。這裡的法國內地軍戰士用樹做掩護。這幅照片拍攝時，這條街的人們看上去相當漫不經心。

黎的火車運往奧許維茲（Auschwitz）集中營。幾乎與其他每個巴黎的組織一樣，警察的隊伍裡也已被共產黨和戴高樂的組織滲透。其中勢力最大的是共產黨人發起的「警察國民陣線」（Front National de la Police），他們在巴黎北部郊區的聖坦尼（Saint-Denis）和阿尼埃爾（Asnieres）的組織尤為強大。保安局和保安隊越來越擔心如果盟軍到來時這些地區警察的忠誠度了。八月十三日早晨在沙特爾附近的戰鬥迫使奧伯格採取行動。奧伯格事先沒有徵求柯爾提茲的意見就解除了在聖坦尼和阿尼埃爾警察局的武裝，並且拘禁了其人員。儘管柯爾提茲下午撤回了這一命令並釋放了

警察，但是損害已經造成。在「警察國民陣線」的集會上，主席塞爾日‧勒法朗克（Serge Lefranc）宣佈：「我們不能忍受這種恥辱，我們一定要用巴黎警察的全體罷工來抗議這一命令。」勒法朗克立刻得到了受共產黨影響的「警察和祖國」（Police de Patrie）以及戴高樂派的「警察的榮譽」（Honneur de la Police）的支持。八月十五日星期二，幾乎所有的一萬五千名警察都參與罷工。他們拿著武器，穿著便衣，用柵欄圍上了他們的警察站，但是暫時避免與德軍發生直接衝突。

這時，柯爾提茲已經為他的行政人員撤出這座城市在做準備了。

檔案已經打包，軍管政府的文件被付之一炬，最後一批東去火車的名冊已經擬訂出來。八月十五日，他得到了盟軍在里維埃拉登陸的消息。十七日，他又得知G集團軍從南部和西南部撤退到奧爾良至第戎一線的消息。不管怎麼樣，巴黎很快將成為前線已經很明顯了。就在那天，柯爾提茲下令所有不必要的人員撤退。整整一天，從巴黎大學到東站和北站的每列全程列車都裝滿了人。成百上千輛卡車、滿載的汽車和塞滿了綁著繃帶的傷員的救護車擁擠在去往車站的道路上，其間散佈著長長的德國國防軍的摩托車縱隊。也是在這一天，在靠近勒布爾熱（Bourget）機場的德拉西工人聚居區的會議堂拘留中心，衝鋒隊隊長阿洛伊斯·布龍納（Alois Brunner）命令把剩下的五十一名猶太人運到奧許維茲去，達梭（Marcel Bloch-Dassault）就在其中。他在集中營裡活了下來，並且在戰後重建了法國的航空業。

八月十七日夜，全巴黎的電影院、俱樂部和餐館都暫時停業，並且放下了百葉窗。如今他們在為所期待的戰鬥做準備。在撤離了行政人員之後，柯爾提茲已經把可能會成為反抗組織攻擊目標的人員減少到了最小程度。加上保安隊，他指揮下的部隊約有一萬六千五百人。這些隊伍有一些輕型的野戰砲和反戰車砲，還有大約三十輛戰車，但大多都是過時的法國雷諾戰車。柯爾提茲無意毀滅這座城市。他把衛戍部隊安排在大約十二個像馬約門（Porte Mallot）、奧爾良門（Porte D'Orléans）和義大利廣場這樣的道路系統的交會點上，並且安排小分隊在掩蔽壕裡看守塞納河上的大約三十座主要橋樑。最後，他把其餘

一群垂頭喪氣、憂心忡忡的德國軍官。照片攝於巴黎解放期間，他們被法國部隊俘獲後，地點在國王飯店、國防軍在巴黎的前司令部。

的部隊集中在一個核心區域裡，這塊區域從能俯視凱旋門及香榭麗舍大街的國王飯店延伸到能俯視蒂伊勒里（Tuileries）公園的其司令部所在地的繆萊斯（Meurice）飯店。分佈在這塊區域以外的只是具有象徵性的次要地帶，像市政廳、愛麗舍宮和巴士底廣場，這些地方他讓給了反抗組織。

## 權力真空

八月十八日，德軍集中在上述區域試圖防守，而警察則穿著便服聚集在他們的管區內，對於巴黎人來說，在這個城市的很多地方出現了一種奇特的權力真空。這一點日益明顯。在德軍和警察完全空缺的情況下，一群共產黨人佔領了巴黎東區的工人聚居的蒙特婁（Montreuil）的市政廳，而其他的共產黨人則在這座城市的牆上貼上了署名為「活著和已犧牲的共產黨人」的標語，號召發動起義。戴高樂在這座城市的代表帕羅迪，十分警覺地向倫敦拍無線電報，催道：「柯尼格將軍（Koenig，法國內地軍的指揮官）在警察罷工所造成的背景下，要加快對巴黎的佔領。」這天夜裡，帕羅迪說服戴高樂派的「警察的榮譽」的首領伊夫·巴耶（Yves Bayet）：這個組織也必須採取行動，以免共產黨人佔領這座城市的絕大部分。八月十九日早晨七點，幾百名警察唱著被禁已久的《馬賽曲》，遊行到巴黎聖母院對面的錫德島（Ile de la Cité）。當他們舉起也同樣遭到禁止的法國三色旗時，巴耶宣佈：「我以共和國和戴高樂

興高采烈的人們歡迎首支盟軍部隊進駐巴黎。德國長官柯爾提茲無視希特勒把巴黎夷為平地的命令。而一項用大砲和V1飛彈摧毀這座城市的計劃也被違抗了。

的名義，擔任警察局長的職務。」

在這天上午，爲這些戴高樂派的沉重一擊所煩惱的共產黨反抗組織成員用一支大約二千人的隊伍攻佔了市政廳。羅上校佔據了警察局長的辦公室。與此同時，其他成員則開始搶奪任何能落到他們手裡的武器。他們在兩輛在勒瓦盧瓦被毀的德國卡車上發現了四挺機槍，十二支手提機關槍，二百五十支手槍和幾十盒彈藥。在克利希（Clichy），位於維克多・雨果大街和若雷斯大街的交會口，兩輛德國卡車相撞，他們又擄獲了九十九挺機槍，十五支手提機關槍和八支新造的毛瑟步槍。而在豪切克斯廠（Hotchkiss）的工人們則上交了二十支新造的機關槍以及從防衛寬鬆的德軍倉庫裡偷出來的武器。這座倉庫裡存有一卡車之多的成捆炸彈。通過這些方法，反抗組織的武力逐步得到了增強。

由於主要街道仍然暢通，德軍巡邏隊可以自由來回穿行。所以柯爾提茲感到沒有干涉的必要。唯一麻煩的是警察局；從這裡，如果警察願意的話，他們可以對穿過錫德島的護送者隨時射擊。中午的早些時候，柯爾提茲部分的老式雷諾戰車包圍了警察局並開火。由於沒有反戰車武器，那裡的大約五百名守軍所能做的除了感激雷諾戰車的槍砲不夠精準之外，剩下的就只能是當靶子了。德軍其實用步兵就可以攻下這座建築，但是柯爾提茲沒有意識到這一點。帕羅迪打電話下令讓警察們撤退，但是這對那些身陷

戴高樂將軍在勝利中返回巴黎。一九四〇年在法國戰役的後期，戴高樂曾指揮法國第4裝甲師在絕望中英勇作戰。在巴黎解放後不久，他回到了這座城市，鞏固了他在法國政壇的地位。

這座大樓裡的人來說是做不到的。

這天夜裡，伴隨著來自錫德島的斷斷續續的射擊聲，柯爾提茲開始與擔任多年瑞典駐巴黎總領事的拉烏爾・諾德林（Raoul Nordling）談判。後者是代表戴高樂派和一部分共產黨反抗組織的。諾德林提議停火以便於將死傷者從警察局裡轉移出來，並且希望席捲全城的對建築物和武器的爭奪不會發展成爲一場血腥暴動。

柯爾提茲不太情願釋放這些落入陷阱的警察。但是在談判過程中，他接到了一個來自希特勒的電話，電話中希特勒命令他準備摧毀塞納河上所有的六十座橋樑，元首也提醒柯爾提茲說：「巴黎可以成爲一片廢墟，但是決不能允許它落入敵手。」

## 妥協

柯爾提茲知道假如一場全面的暴動確實發展起來，他控制局勢的

戴高樂在驅車前往巴黎聖母院做彌撒之前，行進在通往共和廣場的路上。此時他神情鎮定，給旁觀者留下了深刻的印象。儘管維琪的支持者和德國部隊仍在這座城市中，但人們認為現在是共產黨試圖使戴高樂難堪了。

能力將迅速消失。可以想像將如同在華沙一樣，黨衛軍可能會被命令控制巴黎，那麼巴黎將肯定會被摧毀，成為一堆瓦礫。柯爾提茲於是同意接受反抗組織對公共建築物的佔領，條件是他們承諾不攻擊德軍據守的重要地點，並允許德國部隊能夠在幾條主要幹道上行動。這位德國指揮官也同意把抓獲的抵抗者當成戰俘來對待，而不是把他們當成恐怖分子加以處決。這項協議不是為了一次停火，而是為了一次處於控制下的起義。這樣雙方都能減少傷亡，而且面子上也過得去。

不幸的是，這項協議的起草沒有得到維龍和羅上校的同意。他們惱怒地否定了這項協議。當帕羅迪

抗議說另一種選擇就意味著巴黎的毀滅時，維龍大聲回答：「巴黎被毀了又怎麼樣？我們會隨它一起毀滅。巴黎如同華沙一樣被毀總比她繼續像一九四〇年那樣生存下去好。」八月二十日星期天，已經武裝完成的共產黨反抗組織成員襲擊了德軍的巡邏隊。在這次行動中，他們用燃燒瓶襲擊了四卡車的德國士兵，之後又用機槍掃射這些身上著火的人。這一事件由反抗組織的攝影師拍了下來，後來提供給了盟軍新聞紀錄片公司。八月二十一日星期一，三家剛成立的共產黨反抗組織的報紙 ——《巴黎自由報》、《保衛法蘭西》和《解放》—— 都刊登了巨幅的大字標題「獻給街

壘」。街壘已經遍佈全城。男人、女人和孩子們撬出舖路石，砍斷樹木，拆下柵欄，掀翻公共汽車和小汽車，並把這些碎物都堆在了街道上和小巷裡。不過他們這些活動的地點，並不是那些德軍說過要用戰鬥來保證其通暢的寬闊街道。即使這樣，衝突的次數仍在增加。到了星期一晚上，全城槍聲大作，匯成一片。各處的槍聲都或密或疏地持續著。

在隨後的三天裡，反抗組織群起攻擊德軍孤立的巡邏隊，並狙擊要塞的德軍。同時，他們受到通常是重型火砲的攻擊。柯爾提茲在這一事件過去六年後出版的回憶錄裡描述了這場戰鬥：「不時地，易燃的液體就從房頂灑到了正在護送我的巡邏隊的掩護戰車上，這種情形真是令人生厭。但是它並沒有使我們失去一輛戰車，我們的要塞未曾受到過攻擊。」一九四五年一月，法國內務部收到了十二萬三千封來信，都是要求被承認是一名真正的反抗組織成員的人們寫來的，這可能確實是曾在四百個街壘中戰鬥的人數。但是學者認為，大約只有三千名反抗組織成員在約三千名警察的幫助下，真正投入了與德軍的槍戰。整個戰鬥很快成為了虛構故事的主題，例如成百上千的巴黎人發誓說，德軍在戰鬥中用上了一百五十輛虎式戰車，但實際上柯爾提茲只有一種新型戰車——一輛豹式戰車，而且在從盧森堡花園的撤退中被擊毀並被拋棄了。這輛廢棄的戰車在遭到燃燒瓶一次又一次的攻擊

時，被人狠狠地拍攝了下來。

## 戰鬥傷亡

在這些小衝突爆發的日子裡，大多數巴黎人處於一種愉悅興奮的狀態。年輕男女們重演了諸如一八七一年、一八四八年、一八三〇年甚至一七八九年所發生的英勇鬥爭。但是人並不是鐵打的，在一個星期的戰鬥中，反抗組織，包括共產黨人、戴高樂派和警察，有九百零一人被擊斃，一千四百五十五人受傷，而他們則宣稱擊斃了二千七百八十八個德國佬，還打傷了四千九一十一人。實際上，這些人大多數是在諾曼第戰役中受的傷，被撤退到了巴黎的醫院。德軍在這場戰鬥中傷亡的確切數目可能少於一千五百人。當反抗組織於一九四五年彙總統計數字時，反抗組織也宣稱有五百八十二名法國市民在戰鬥中被打死。但是其中大多數是通敵分子，被反抗組織就地處決了。一些像保安隊那樣的人，幸運地通過快速處決而解脫了。而許多人僅僅是因為十分脆弱的證據就被判處死刑，許多情況下是在清算積怨。那些由於與德國人睡覺而遭人唾棄的姑娘們至少會遭受剃光頭的公開羞辱。一個反抗組織成員回憶，一位痛苦的母親喊道：「我的小若茜亞內，太恐怖了，她的頭髮被剪掉了，先生！可憐的小若茜亞內，就算她和德國人上了床，那也是因為她只有十七歲呀，先生！你懂我的意思嗎？但是為什麼要為此而剪去她的頭髮呢？這可是奇恥大辱呀，

先生！她同樣也會想和美國人上床。」

在巴黎暴動中所發展出來的略帶滑稽歌劇色彩的方式裡，潛藏著一種可能使情勢更惡化的因素。八月二十一日，兩支代表團匆忙離開巴黎，沿著小路西行，希望與美國建立聯繫。其中一支由拉烏爾的弟弟拉爾夫·諾德林帶領。他在德軍的保護下前行，並且隨身攜帶著柯爾提茲給艾森豪的私人請求信。在這封信中，他催促最高盟軍統帥盡快對該城進行佔領。諾德林會解釋：在當前的情況下，柯爾提茲已經故意違背了希特勒摧毀這座城市的命令，但是假如時間拖得太長，元首會讓那些可以執行命令的人來代替他。另一支代表團則由羅上校的參謀長羅傑·加盧瓦（Roger Gallois）少校領頭，攜帶著請求美軍提供武器和彈藥給反抗組織並且派遣部隊的信件。不巧的是，加盧瓦首先聯繫上了美軍，八月二十一日早晨，在巴頓將軍的前進指揮所裡，他被帶到了這位極端反共的將軍面前。得知了這個法國人的身分後，巴頓好感頓減。「他們發動的狗屁暴動，就讓他們自己去完成吧！」這就是他對其翻譯所說的反駁這位法國人的話。

巴頓把加盧瓦和他的代表團送往第12集團軍指揮官布萊德雷將軍的司令部。他們在八月二十二日早上到達，布萊德雷的情報軍官、陸軍准將希伯特（Edwin L. Sibert）接待了他們。他比巴頓更清楚，如果法國共產黨利用美國介入來解放巴黎的話，那就會導致政治上的損失。這天晚些時候，希伯特拜會了艾森豪，他發覺這位最高指揮官已經處於戴高樂和英國人的壓力之下。戴高樂於八月二十一日已從阿爾及利亞飛到了瑟堡，並且在克尼格將軍的陪同下，驅車到格朗維爾去說服艾森豪向巴黎進軍。這次會面場面激烈，戴高樂使艾森豪對共產黨控制這座城市的危險性產生了深刻的印象，但是這位最高指揮官拒絕基於純粹政治上的考量做這樣的進軍。戴高樂威脅把雷克勒的法國第2裝甲師從艾森豪指揮的部隊中撤出，並且按他的意志向巴黎進軍。艾森豪對於這種威脅給予了尖刻的評語，因為雷克勒的部隊必須依賴美國的後勤補給。「假如我不想讓它動，它就別想移動一英里。」

## 巴黎以北的部隊

法國第2裝甲師於七月二十九日在諾曼第登陸，從那天起它就隨巴頓的第3軍團一起前進，協助攻克了勒芒和阿朗松。它擁有一萬六千名士兵和二千輛戰車，是法國北部唯一真正具戰鬥力的法國部隊。指揮官陸軍中將雷克勒實際上是菲力浦·德·奧特克洛克（Philippe de Hauteclocque）子爵。他於一九四〇年把寶押在了戴高樂的身上。同戴高樂一樣，雷克勒也是一位熱情的愛國主義者，他對共產黨人和維琪分子持同樣憎恨的態度。他可不想在革命委員會的指示下進入巴黎，因此他已逐步採取步驟用計騙

過美軍。他的部隊一直在貯存供給，並且故意不報車輛損失的確切數目，這樣汽油配額就可以不被削減。另外，他的士兵在對美軍倉庫的一次夜間「訪問」中「借來」了其他的補給品。在雷克勒的指揮下，一支作戰力強的偵察巡邏隊已經被派出，它一旦碰到德軍，大部隊就準備向其提供支援。但是當這支巡邏隊經過沙特爾時，被布萊德雷阻擋住而折返。同時，迫使艾森豪改變其政策的壓力越來越大。八月二十二日，戴高樂通過朱安（Alphonse Juin）將軍向艾森豪轉達了一封信。朱安時任法國國民衛隊（French national defence）的參謀長，他在北非曾給艾森豪惹了不少的麻煩。戴高樂在信中威脅說，他要把雷克勒的裝甲師從美軍指揮下撤出來，向巴黎進軍。如果艾森豪要阻撓它進軍的話，那麼這位最高統帥就要負巴黎被毀的全部責任。這封信的份量很重。三個星期前，當蘇軍到達華沙對面維斯杜拉河東岸的時候，反共的波蘭國民軍發動起義並佔領了這座城市，而蘇軍卻沒有進城幫助他們。黨衛軍在攻城大砲的協助下捲土重來，一個街區接著一個街區地摧毀了這座城市。到八月二十二日，大部分華沙變成了廢墟。很顯然，蘇聯對華沙的態度和艾森豪對巴黎的態度可以進行對照。他在戴高樂這封信的紙邊上寫道：「現在看來，好像我們要被推到巴黎去了。」但是他仍然沒有下達命令。只是到了第二天早晨，英國廣播電台根據來自在巴黎活動的英國特別情報部門的情報報導，

戴高樂將軍和雷克勒將軍在警察局。雷克勒已決定盡快進入巴黎。

在巴黎解放的最後一個階段，法國部隊和法國內地軍在一輛裝甲車的掩護下，向下院進軍。約五百名德國士兵在下院設置了街壘，因而必須使用武力迫使他們投降。

法國首都的大部分已經被反抗組織解放了，而這些反抗組織正處於德軍猛攻之下。英國廣播電台的行政官員宣稱：實際上是這則新聞讓艾森豪羞愧得不得不採取行動。

## 到達巴黎

八月二十三日，雷克勒的第2裝甲師在美軍第4師的緊緊跟隨下，快速向巴黎行進。諾德林的代表團也到達布萊德雷的指揮部，並且帶來了巴黎的存亡皆取決於柯爾提茲的這一消息，這樣這次任務就顯得更為緊急了。這天下午晚些時候，這個師正行駛在距凡爾賽西南僅有二十英里的朗布依埃（Rambouillet）。戴高樂，這位自由法國的領導人，在他定為先遣指揮

部的朗布依埃豪華宮會見了雷克勒，他們仔細研究了一個告急情報，情報上說有一個大約六十輛戰車的德國戰鬥群正好位於巴黎的東北方。戴高樂和雷克勒在沒有告知美國的情況下，決定派第2裝甲師東進十七英里，然後向正北攻擊，並從西南方以三個相互支援的縱隊逼近巴黎。

這是個糟糕的一天。德軍裝配有八十八公厘反戰車火砲的路障使盟軍前進緩慢，而同樣嚴重的是，在第2裝甲師通過每一個城鎮和村莊時，歡呼的人群都會聚集到他們周圍。十七點三十分，雷克勒仍在距巴黎十英里的地方，而他也意識到至少得再十二個小時，否則他到不了巴黎。因此他命令一支小分隊

去奪取德國守軍附近的道路，並趕到錫德島把援助即將到來的消息帶到那裡。這支小分隊由對地形瞭如指掌的雷蒙德・德羅納（Raymond Dronne）上尉指揮，共有三輛薛曼戰車和六輛輕裝甲車。

德羅納僅僅花了兩個小時就趕到了巴黎市中心，並進入了警察局。在這裡的一個新建的電台裡，帕羅迪興奮地廣播道：「在我身旁的是一位法國上尉，他剛剛才進入巴黎。他面色赤紅，塵土滿面而且沒有刮鬍子，但還是讓人想擁抱他。」恰在此時，柯爾提茲在繆萊斯飯店聽到了巴黎聖母院的鐘聲。他立刻打電話給集團軍司令部，並把話筒對著窗戶，讓施佩德將軍聽聽這聲音，告訴他這意味著法、美軍隊的到達：「我親愛的施佩德，現在我所能做的就是向你道別了，請照顧並保護我在巴登的妻兒。」

八月二十五日八點過後不久，雷克勒的先遣部隊到達了義大利門，一位美國記者描繪了其情景：「在我現在向你廣播的地方，我能聽到砲彈的爆炸聲和機關槍的掃射聲。德軍的機關槍、盟軍的機關槍和法國內地軍的機關槍都用上了。」一位英國記者報導說：「槍聲在巴黎的街頭持續不斷，盟軍部隊大量湧入並與法國內地軍和巴黎人民並肩作戰。法國和盟軍的旗幟出現在每個窗口，並且每個人都在高唱《馬賽曲》。」這天晚些時候，當槍砲聲逐漸停息後，英國廣播電台的赫伍德・馬紹爾（Howard Marshall）描繪：「在沿著法國人的進軍路線上，士兵和人們互相擁抱，女人和孩子們揮舞著法國和盟軍的旗幟，高呼『法蘭西萬歲！戴高樂萬歲！』」澳洲記者韋慕特後來準確地記錄了關於這場戰役的歷史，他在向英國的聽眾描述第2裝甲師的進軍時說：「從義大利門到錫德島，雷克勒的部隊受到了極度的歡迎，男人、女人和孩子們全都湧向戰車，愉快地喊叫，這種愉快被壓抑了四年又兩個月。」對於雷克勒部隊的法軍以及跟隨他們的美軍來說，這天是他們一生中最美好的一天。

## 正式投降

八月二十五日十五點，在警察局，雷克勒坐下來吃他那頓遲來的午餐時，二十名穿著制服的憲兵隊員和柯爾提茲從繆萊斯飯店來到了這裡，他剛剛向他們投降。一項有關在巴黎的德國部隊投降的協議剛剛產生，但是在簽字時出了麻煩。這場麻煩不是發生在雷克勒和柯爾提茲之間，而是發生在雷克勒和羅上校之間。羅上校堅持認為作為法國反抗組織的頭領，他應該簽署這一文件。雷克勒起初拒絕，但是在來自整個抵抗委員會的壓力下，他不得不屈服，甚至允許羅的名字出現在他的上方。戴高樂一小時後抵達了巴黎，得知一個共產黨人的名字出現在投降文件的上面，他立刻大發雷霆，要求把羅的名字刪掉，並且向雷克勒吐露說他所遭受的壓力「來自一種不可以被接受的趨勢」。

在歡慶的景象中，戴高樂正走在一條政治的鋼索上。維琪派仍然沒有放棄希望，在戴高樂到達市政廳前的幾分鐘，雷克勒的軍警發現了有兩個保安隊成員正準備暗殺戴高樂。當他們被拖出去槍斃時，其中一個曾經暗殺曼德爾將軍的人公然挑釁說：「我們會把你們同時解決掉的。兩個星期內，保安隊就會回來，那時可就有你們受的了。」

戴高樂本來計劃在第二天，即八月二十六日星期六，步行走過這座城市，去巴黎聖母院做彌撒，但是醜惡的維琪勢力再次抬頭，使他的計劃無法實現。戴高樂不允許蘇瓦德主教（Suhard）或其助手博森特（Beaussart）主持彌撒。在他的回憶錄中，戴高樂列舉了巴黎天主教機構的罪行，從迎接貝當到與納粹最醜惡罪行的合作，包括運送法國猶太人去死亡集中營。他以一種相當微弱的諷刺語調附帶說：「天主教會是如此地脫離塵世，以至於它可能完全逃脫人們的注意力。」在一節冷淡而充滿蔑視的文字中，戴高樂評論說：「大主教（蘇瓦德）的虔誠和仁愛太過於耀眼了，以至於在他的腦子裡沒有太多地方留給世俗的人們了。」過度的虔誠使蘇瓦德和博森特不再有資格主持巴黎聖母院。戴高樂把這項工作留給了在雷克勒部隊中受到了高度讚譽的隨軍神甫休謝特（Huchet）。

## 戴高樂的凱旋時刻

戴高樂向維琪的教士們表明了他們在新法國中不會有任何地位。

他還面臨著共產黨的問題。八月二十六日下午，香榭麗舍大街擠滿了估計超過二百萬人。十五點，戴高樂抵達凱旋門，將一支鮮花製成的洛林十字架獻到公墓上。接著在四輛戰車，以及手挽手從一條街道到另一條街道的雷克勒士兵和警察的護衛下，戴高樂從香榭麗舍大街走到了協和廣場，在這兒他登上了一輛開往巴黎聖母院的汽車。突然一陣槍聲響起，人們躲在戰車後或趴在地上。隨著戴高樂的離去，槍聲消失了，街頭的激動情緒也消失了。十六點十五分，戴高樂到達了巴黎聖母院。在這裡，哥倫比亞廣播公司的里德（Robert Reid）的現場直播的錄音仍能使人感受到當時令人窒息的激動情緒：「此時，戴高樂將軍來了。將軍現在面對廣場和巴黎的龐大人群（機槍開火聲），他正出現在人們的面前（機槍響）。他正接受人們的歡呼（人群的呼叫，槍聲），即使他在行進中（一陣槍聲突然尖厲的爆發），即使將軍行進在去大教堂的路上……（錄音中斷）——好吧，這是我所見過的最戲劇性的場面。正當戴高樂將軍將要走進巴黎聖母院的大教堂時，槍聲四起。」

即使槍擊突發在大教堂內，戴高樂仍然平靜而沉穩地走上了教堂的中殿。在教堂北部的交叉甬道上，有一張專門為他擺放的椅子。槍擊的發生並不能阻止會眾們唱頌歌，但是感恩讚美詩最好還是略去吧。里德接著報導了戴高樂的離去：「我看見他走下走廊，其身影

高大正直，下巴凸出，兩個肩膀向後甩著。戰鬥繼續——砲聲四起，火光在周圍閃耀。但是在他沿走廊向大門走去時，他看上去完全沉浸在一種狀態中——沒有什麼可以傷害到他，而他也從不猶豫片刻。」

官方的觀點認為這是保安隊和德軍的殘餘部隊所為，但是戴高樂確信這是共產黨人所為。他們不想殺死戴高樂，但是希望通過迫使戴高樂在公共場合躲避槍擊來羞辱他。但是，他們的計劃不但落空，並且拱手送給了戴高樂一場政治上的勝利。戴高樂迅速行動，利用共產黨人自身的困難，向艾森豪要求以武力來支持他。美國的高層指揮仍然對調和政治和軍事目標感到有所困難，但是他們同意，既然美軍第28師在巴黎周圍調動，它也可以直接進入這座城市。因此八月二十九日，一連串的美軍戰車駛往香榭麗舍大街。姑娘們扔花朵，衝進行列裡親吻士兵，並把成瓶的香檳放進他們的口袋裡。有些人在好多年後回憶道：「戰爭應該在此結束。」但是在這天夜裡，他們向巴黎以東繼續進軍，擺在他們面前的將是另外八個月的艱苦戰役。

戴高樂將軍把解放十字勳章別進軍旗裡。這支部隊是特種部隊的空降團戰鬥隊，大體上可與英國皇家空軍特種部隊（SAS）相提並論。

# 第七章

# 安恆

繼八月和九月初的迅速推進之後，盟軍又尋求以突襲的方式迅速
突入德國腹地，這就是「市場花園作戰」。

對於盟軍來說，一九四四年八月是異乎尋常的一個月。從大約六月中旬就已經存在的諾曼第戰線，到八月份英、加、美的部隊越過塞納河，戴高樂進駐巴黎，接著法、美部隊向隆河進發。巴頓的第3軍團的一部已經於八月十八日抵達了位於巴黎東南芒特—加斯科特（Mantes-Gassicourt）的塞納河，並在兩天後從這條河東岸的橋頭堡發動了一次進攻。往南邊和東邊一點，巴頓的第4裝甲師的先頭部隊，於八月二十五日到達了塞納河北岸仍有重兵防衛的特魯瓦城（Troyes）的郊區。部隊的指揮官克拉克（Bruce C. Clarke）上校，把他的裝甲部隊調到離該城約有二千七百五十公尺遠的特魯瓦以北。這裡的溝壑成了他們的掩體。克拉克安排一個中型戰車連在兩個機械化步兵連的支持下，伴著火砲齊發的陣勢向前衝鋒。八月二十八日，克拉克從特魯瓦到維特里—勒—弗朗索瓦（Vitry-le-François）一路勢如破竹，全速前進了八十公里，越過馬恩河，接著掉頭向北沿著東岸行進。八月二十九日，他們攻佔夏龍（Châlons）。八月三十一日早上，第4裝甲師從夏龍轉向東南方，在大雨滂沱中駛向繆斯河。

## 渡過繆斯河

一支位於大部隊之前的輕裝連使敵人在科梅西（Commercy）的前哨大吃一驚。這個連隊在敵人未及採取任何行動前便先發制人。最後，他們完整地攻下了這座繆斯河上的大橋。接著又向東奪取聖米耶爾（St Mihiel）附近的高地。聖米耶爾是巴頓在一戰中戰鬥過並曾遭受重創的地方。同時，巴頓第20軍的隊伍從夏龍駛向東一百一十二公里開外的凡爾登。阿爾貢涅森林的地形複雜，部隊進展緩慢。德軍企圖炸毀位於凡爾登的繆斯河上的大橋，但是這一計劃被法國的反抗組織破壞了。八月三十一日中午，美國先頭部隊的戰車越過了這條河。九月一日，20軍全員渡過繆斯河。巴頓的先頭部隊現在正好處在塞納河和萊茵河之間，但是這一地帶變得越來越難行進——在他們之前是洛林山嶺，自南向北如同一個堡壘前的斜坡，頂部則是麥茨（Metz）的強大守軍，越過這一切之後則是齊格菲防線的防禦工事。

同時，英國、加拿大部隊以及美國第1軍團已經從東北進入了位

英軍在一九四四年九月三日進入布魯塞爾，他們受到了熱烈的歡迎。五天後在布魯塞爾，蒙哥馬利將軍和艾森豪策劃了在萊茵河渡口的空降行動。

於巴黎和魯昂之間的塞納河下游河段——廣闊的河口灣和潮水般的急流，使大部分魯昂以上的河流無法架橋。美國第７９師的一個團在八月十九日到達芒特—加斯科特，發現德軍已經消失不見。於是該晚在傾盆大雨中他們通過一座未損壞的河壩以一列縱隊渡過了塞納河。更往下游一點，英國第２軍團的先鋒第４３師（威塞克斯）在八月二十四日夜到達了維農（Vernon）附近的布雷特伊（Breteuil）森林。第二天晚上，英國第３０軍的砲隊向東岸的敵軍開始了十五分鐘的砲擊。同時，英國的部隊乘坐突擊艇渡河，但是他們遭受了猛烈的砲火攻擊，有七隻船被擊沉。英國人在黑暗中再次嘗試，到黎明前總算讓一個半營成功渡河。當工兵們正捆綁浮橋讓裝甲汽車、反戰車砲和一些戰車駛過去時，這一個半營的部隊擊退了敵人的反撲。到八月二十八日，第１１裝甲師渡過此河，禁衛裝甲師也於二十九日渡了過去。加軍第４師在二十七日夜間渡過在埃耳伯夫（Elbeuf）的更為下游的河段，他們在對付頑強的敵軍時有六百人的傷亡，但是在五百架輕型和中型轟炸機的支援下，終於在八月二十九日佔領了東北部。

## 部隊席捲向前

越過了塞納河之後，第２１集團軍進展迅速，其加拿大第１軍團

巴頓將軍將他自我宣揚的才能發揮到了極致。一九四四年八月二十二日，他成為首位渡過塞納河的美國指揮官。第二天，美軍繼續他們向德境的快速進軍。

成扇形散開，佔領了哈弗爾和第厄普，並且負責掃蕩布魯日以北的臨海地帶。英國的部隊以第１１裝甲師為先鋒，飛快穿過了位於塞納河和索穆河之間的寬闊地帶，八月二十九日晚上到達塞納河東北約三十二公里的吉索爾（Gisors）。第二天是英國裝甲部隊歷史上值得紀念的一天，英國第１１裝甲師在德軍不堪一擊的抵抗下急速行進，下午五點時到達博來（Beauvais），緊接著在傾盆大雨中連夜行軍，於八月三十一日早晨六點到達了亞眠的中心。途中，他們與難以認出他們身分的德國撤退隊伍並排趕路。八點後不久，英軍攻擊了德軍第７軍團的戰術司令部，同時也俘獲了極為

驚訝和惱怒的埃伯巴赫（Heinrich Hans Eberbach）將軍。這位將軍認為英軍仍然在靠近塞納河的某地。一座德國戰地麵包餅乾廠恰好為第１１裝甲師提供了早餐。九月一日中午，禁衛裝甲師越過了阿拉斯以北的維穆伊山脊（Vimy Ridge）。九月二日，英國的戰車部隊進入比利時。一個信號官發現比利時的電話網大部分是完整的，他於是打電話給布魯塞爾的電話局，並得知德軍正在撤出布魯塞爾。九月三日，這是夏末天氣極好的一天，也是自一九三九年起英國宣戰五週年。以皇家騎兵隊的裝甲汽車為先鋒，英國禁衛師快速進入了南比利時，並在晚上到達了布魯塞爾。曾經在巴

德國車輛在通往布魯塞爾的道路上燃燒。此時，盟軍的推進經常因為燃料和供應的短缺而受阻。這是因為前線部隊的推進速度太快而導致其運輸線過度伸展所致。

一個禁衛軍士兵手握一桿布倫式輕機關槍，控制著阿拉斯的一條街道。一九四〇年五月，英國人在阿拉斯進行了一場著名的反擊戰。那次戰鬥幾乎擾亂了隆美爾的裝甲部隊向法國海岸的推進。現在英國人的戰車以一種比隆美爾更為迅猛的速度驅使德軍後撤。

黎待過的韋慕特報導了布魯塞爾的歡迎盛況：「……真是太瘋狂了，一個小時前德軍還在街道上，看不到任何旗幟。但是當我們到達時，每座建築物上都掛滿了旗幟和標語。這些裝飾街道的橫幅標語上面寫著：『歡迎我們的解放者』、『歡迎我們的盟軍』、『從布魯塞爾向柏林進軍』、『從布魯塞爾走向勝利』。成千上萬的女人和孩子們穿著比利時特有的彩色衣飾──諸如紅色的裙子、黃色的上衣和黑色的披肩或大頭巾出現在歡迎的人群中。」

在一九四四年八月的最後兩個星期裡，英軍和美軍的進軍甚至超過了一九四〇年五月到六月間德軍驚人的閃擊戰速度，一些隊伍已經

向前推進了大約八百公里，並俘獲了成千上萬的德軍。盟軍受到了巴黎和布魯塞爾兩地興奮的市民的歡迎。德軍的損失極為慘重。在法國的戰鬥中死傷與被俘者有四十五萬人，再加上六、七月間在白俄羅斯損失的九十萬人，共計有一百三十五萬人之多。隨著納粹黨所發動的對國防軍軍官團的整肅，第三帝國無庸置疑正處於軍事和政治的雙重危機之中。

## 「勝利病」

時間回到一九四〇年夏，德國國防軍伴隨著它對法軍和英國遠征軍所取得的驚人勝利，染上了此時在柏林人盡皆知的「勝利病」。這是一種魯莽的、半陶醉的感覺，認

為戰爭會順利結束，國防軍是無所不能的。如今盟軍也感染了這種疾病。八月二十三日盟軍最高統帥部的情報宣稱：「經過兩個半月的痛苦戰鬥，盟軍的進軍速度達到了頂點，現在他們的胃口甚至比德軍在大屠殺中的還要大。這些戰鬥已經使戰爭的結束能夠為人所預見了，甚至幾乎可以觸摸到。」美軍的參謀總長馬歇爾將軍通知高層的盟軍將領說：「對於德國的敵對行動可能隨時結束。但是也有可能會延長到一九四四年九月一日到十一月之間。」艾森豪通知高級參謀們：他可能不得不處理比他預計的要快得多的對德國的佔領。九月二日，他

的參謀史密斯少將在一個記者招待會上宣稱：「歐洲戰爭在軍事上已經勝利了。」甚至連一貫頭腦冷靜的英國帝國參謀總長布魯克也受了「勝利病」的感染，寫信給「大象」威爾遜將軍，這位過於肥胖的地中海盟軍最高指揮官說：「德軍全線崩潰的態勢已經很明顯了。」

## 為光榮而戰

在這種輕率的氣氛中，英美聯軍開始漸行漸遠，那些曾密切合作（即使有時是勉強的）對抗共同敵人的將軍們，開始為奪取勝利的桂冠而相互競爭。在美國，當年是大選之年，對於羅斯福政權來說，確

當盟軍進入布魯塞爾時，歡呼的人群圍在了英國戰車旁。英國的車輛上都配有一顆「美國式」的白星作為識別記號，但是所有有關解放部隊國籍的疑惑很快就消散了。

保即將到來的勝利成為一場屬於美軍的勝利，在政治上顯得日益重要。八月十四日，艾森豪把美國第３和第１軍團合併為第１２集團軍。他把這支隊伍交由布萊德雷將軍指揮，美國的新聞界評論，這次新的安排是對蒙哥馬利的降級，這一觀點得到了美國的軍方報紙《星條旗》的聲援。八月十六日，這家報紙刊登了以「布萊德雷統領集團軍，地位與蒙哥馬利相當」為標題的新聞。隨著英美兩國新聞界互相攻訐對方的將領，馬歇爾於八月十七日寫信給艾森豪說：「……史汀生（美國國防部長）和我以及顯然所有的美國人都強烈抱著這一觀點：現在是你直接執掌美軍大權的

時候了。因為美國記者對英國評論界的反應非常強烈，這將會成為未來國會選舉中的一個重要因素。令人興奮的勝利已經使你和布萊德雷深受信任。這也可以略為安撫群眾們的狂熱。」

艾森豪過去一直被英美新聞界看成是蒙哥馬利的傀儡首領，這一點深深刺痛了他。他在八月十九日對於評論答覆說：蒙哥馬利配合了登陸戰鬥，他一直「在我所同意的作戰計劃下行動。這些重要行動既沒有在我不知道的情況下就著手進行，也沒有與我規劃的意圖相違背」。艾森豪催促馬歇爾舉行一個新聞發表會，對美國大眾澄清：「在這一戰區的地面、海上和空中沒有任何未經過我同意就進行的重大行動。在盟軍的指揮層中，沒有人對我的最高權威以及我對整個戰役的責任表示懷疑。」

但是，蒙哥馬利似乎並不這樣想。八月十七日，蒙哥馬利與布萊德雷會面。在經過長時間的討論後，蒙哥馬利確信美國認同了他對未來行動的主張，那就是在渡過塞納河後，第２１和１２集團軍應一同在蒙哥馬利的全權指揮下，以向阿登北部到魯爾的突擊為進軍目標。第二天早上八點三十分，蒙哥馬利向布魯克將軍發出了一封電報，他這樣做完全無視於最高指揮官的權威。電報上面說：「已經提前考慮未來的計劃，但是還沒有與艾森豪討論過這一話題。我的觀點如下：在渡過塞納河後，第１２和２１集團軍應該繼續併在一起，作

解放布魯塞爾後，英國第２軍團盡快推進並攻佔安特衛普。速度之快出乎德國衛成部隊的意料。此圖是德國戰俘被帶往戰俘營的途中。

為一個有四十個師的部隊，這樣它將無所畏懼。部隊將向北前進，第２１集團軍在西翼，負責清理海峽的海岸、加萊海峽和西法蘭德斯並保衛安特衛普。美軍則應在右翼向阿登進軍，負責布魯塞爾、亞琛和科隆……布萊德雷完全同意上述觀點。假如你大致同意我的觀點的話，我會十分高興。我得到你的答覆後將與艾森豪討論此事。」即將動身前往義大利的布魯克送去了一封簡短的回信，說：「我完全贊同你在八月十八日電報中所持的觀點。」

蒙哥馬利計劃將兩支盟軍集團軍併為一支，並且置於他的有效指揮之下。這一計劃，意味著他將在即將到來的覆滅納粹德國作戰中扮演決定性的角色。而此時，布萊德雷已與巴頓會面，毫不令人意外的

是，這兩個美國人正在設計一項完全不同的戰略。在這項戰略中，美國三個軍將向東面靠近卡爾斯魯（Karlsruhe）、曼漢（Mannheim）和威斯巴登（Wiesbaden）的萊茵河進軍。布萊德雷和巴頓都讀過德國戰爭哲學家克勞塞維茨（Carl von Clausewitz）的傑作，也都理解勝利不僅要靠對敵人肉體的毀滅來實現，更要摧毀敵人的意志。兩人都相信「入侵德國的邊界」將對德國人民和納粹產生「巨大的心理影響」。這一影響將可能造成如一九一八年十一月那樣的德國的全面崩潰。布萊德雷在與蒙哥馬利會面之前，已經與艾森豪非正式地談到過這一問題，並認為他已經得到了最高指揮官的支持。

八月十九日，艾森豪給蒙哥馬利和布萊德雷同時送去了一份備忘

一九四四年九月七日，英軍裝甲車借助一座事先準備好的軍用備力橋，通過靠近比林根的艾伯特運河。比利時難民同時也利用該橋從前線地區逃離。

蒙哥馬利元帥和英國第30軍指揮官何洛克斯中將在一起。第30軍是市場花園作戰的陸軍先鋒部隊，他們試圖在德軍重新佔領這座橋之前投放傘兵部隊和其他空降部隊。

錄。其中宣稱，不久之後，他將接手對地面作戰的一線指揮權。他勾勒出了一幅藍圖，讓２１集團軍向東北進軍，直上安特衛普和魯爾，而１２集團軍則直接向東從巴黎到麥茨。這實際上就是「廣正面」戰略。讓兩支集團軍向兩極進軍，違背了集中兵力這一基本的軍事原則。但由於人們普遍認為德軍已被擊敗，這樣做並無不妥。更重要的是，一個廣闊的戰線將確保世人認為是美國指揮官們（也包括英國的）對打敗德國起了至關重要的作用。

## 政治上的天真

　　不幸的是，蒙哥馬利既缺乏政治上的素養，也缺乏在這方面的想像，因而難以對他的美國盟友們在政治上的執著產生共鳴。英國最近一次大選是在一九三五年，所以任何人都知道下一次會是在何時。蒙哥馬利認為他不僅取得了英國當局的支持，也獲得了布萊德雷的支持。八月二十日，他派他的參謀長裴剛德（Freddie de Guingand）少將向艾森豪表示他強烈的反對意見。蒙哥馬利主張部隊必須一起行動。另外，「對地面作戰的單獨控制和指揮對於勝利是至關重要的。這是一個人的全職工作。法國西北所取得的偉大勝利是通過個人指揮所取得的。只有這樣，才能贏得未來的勝利。而在取得了一場大勝之後就變更指揮體系將延長戰事。」

當裘剛德回來報告說艾森豪拒絕讓步時，蒙哥馬利於八月二十三日凌晨飛去見布萊德雷，想去看看自己是否還受這個美國人的支持。讓他大吃一驚的是，他發現他過去太一廂情願了。布萊德雷既不贊同艾森豪的「廣正面」，也不同意蒙哥馬利向東北的集中攻擊。相反的，在與巴頓談話之後，他支持盟軍主力向阿登南部進軍。他已經承諾爲了向齊格菲防線推進，將加給巴頓兩個師，並告訴蒙哥馬利美國第1和第3軍團應該通過法國中部向薩爾河（River Saar）行動，一旦這一目的達成，就直奔法蘭克福附近的萊茵河地區。

現在，21集團軍所要進行的是僅是小規模的掃蕩活動。蒙哥馬利在八月二十三日邀請艾森豪去他的司令部吃午飯。艾森豪在史密斯的陪同下，從格朗維爾（Granville）驅車趕來，結果卻發現蒙哥馬利並不聽話。冷淡中帶著憤怒的蒙哥馬利，拒絕讓史密斯進入他的帳篷，而他自己的參謀長裘剛德卻在整個討論中全程陪同。蒙哥馬利站在地圖前，兩腳分開，手背在後面，向艾森豪發表有關戰略和行動執行層次以及指揮統一的重要性的演講，好像他自己是桑赫斯特（Sandhurst）陸軍軍官學校或者是西點軍校的教官一樣。結果他卻發現艾森豪不會，事實上也不能讓步。這位最高指揮官解釋說，美國輿論強烈要求

指揮盟軍第1軍團的陸軍中將布列里頓正為空軍運送聯隊軍官頒發美國優異飛行十字勳章。背景中是排成一列的瓦科式滑翔機。

地面作戰應在一位美國將軍的指揮下進行，而他已經決定於九月一日在馬歇爾的命令下接手指揮了。艾森豪拒絕對指揮權讓步，但是在究竟是廣正面還是在集中攻擊的問題上，艾森豪則顯得較有彈性。在大約長達一個小時的討論後，他同意把盟軍的戰略後備隊和新建立的盟軍空降部隊的指揮權交給蒙哥馬利。還授權他協調第２１集團軍右翼和布萊德雷的美國第１軍團左翼的行動，並且還給予２１集團軍在補給上的優先權。

## 左右為難的艾森豪

由於對蒙哥馬利做出讓步，艾森豪立刻遭到了怒氣沖沖的布萊德雷和暴跳如雷的巴頓的指責。在戰略協調會議上，巴頓認為對於裝甲部隊來說，向南進軍遠比向北進入沼澤地地更為合適，他還向布萊德雷建議一起以辭職相威脅，因為「在我們即將勝利的光環籠罩下，艾森豪不敢解除我們的職務。」布萊德雷不會那麼極端，但是也激烈地遊說了好幾天，得到了在政策方面的再一次調整。艾森豪發佈命令，蒙哥馬利只有權在他自己的部隊與美國第１軍團之間任何必要的協調行動中對布萊德雷施加影響，而不是控制美國第１軍團的行動。三天後，在艾森豪接手地面作戰指

美軍第８２空降師的傘兵在一架Ｃ-47運輸機上等待起飛，時間是一九四四年九月十七日，地點是科茲莫爾（Cottersmre）。該地是美空軍第３１６運兵部隊的基地。

揮權後，蒙哥馬利被提升為元帥，這意味著從官階上講，蒙哥馬利比艾森豪還高一個級別。巴頓在給他妻子的信中，作了相當簡短的評論：「提升他當元帥一事讓我和布萊德雷感到噁心。」

艾森豪現在面臨的麻煩很大，在他試圖調和蒙哥馬利的第２１集團軍與布萊德雷、巴頓的第１２集團軍的過程中，他想通過採取「廣正面」的戰略來保持中立。但是雙方面壓力使得他不時地轉變立場。艾森豪清楚，要想平衡各方的利益，唯一的辦法就是選擇「廣正面」。但是八月底的時候，盟軍的後勤顯然處於危急狀態，並且正在日益惡化。對於英美登陸有一種刻板印象是：巨量的補給已通過桑樹港或是寬闊的諾曼第海灘順利登陸了。的確，大型的倉庫已經建立，到七月底，它們已經能覆蓋盟軍所佔領的一半領土。但是，儘管付出了巨大的努力，到九月初，一百七十五艘於八月份到達諾曼第的船隻只有一半已經卸貨，另有八十隻拋錨在海岸上被當成浮動倉庫。主要問題並不在於缺少補給，而在於沒有能力在１２集團軍和２１集團軍進軍過程中將補給物資送去。由於貫穿法國北部的鐵路系統被徹底破壞，唯一運送大量補給的辦法就是用公路。盟軍的總後勤官李將軍設計了處於聖羅和沙特爾之間的單向環狀公路，二十四小時不停地用所能掌握的卡車在這條公路上運輸。這個被俗稱為「紅球快運」（Red Ball Express）的快速貨運行動，於

「瓦科式滑翔機在靠近索恩的地區著陸。美國第１０１空降師在這一地區的任務是佔領位於威廉米納運河、多美爾河和阿河上的重要橋樑。傘兵部隊將接著向恩和芬前進。

二十五日開始運作。八月二十九日，五千九百五十八輛卡車運送了一萬二千二百四十二噸的補給品。當然這次運輸是一個例外。不久以後，故障（九月底時超過八千輛美國卡車因此報銷）使運量減少到了每天七千噸。英國人同時也建立了不是那麼有名的「紅獅快運」（Red Lion Express）。但是這支隊伍也是故障纏身，尤其是一千四百輛英製的三噸貨車，由於活塞設計上的缺陷不得不停止服役。最要緊的是盟軍需要燃料。但是到了九月初，二千二百萬個被運到法國的五加侖油桶已經用光了，這使得「紅球」和「紅獅」運送汽油、柴油和潤滑油的速度大大降低。另外，「紅球快運」每天自身就消耗掉三十萬加侖（一百四十萬升）的燃料，幾乎和一支地面部隊一樣。

## 腐敗猖獗

盟軍的宣傳機器此時正為後勤人員樹碑立傳。但是，事實卻大相逕庭。李將軍是個無能而又腐敗的

一九四四年九月盟軍在
向荷蘭進軍時所俘獲的
德國部隊。這幅照片攝
於九月十九日，此時在
安恆無望地戰鬥著的英
國空降部隊，還在等待
著第３０軍的援救。

傢伙，但是由於有在華盛頓官居高
位的朋友的保護而沒有被解職。例
如八月二十六日，他把供給巴頓和
霍奇的前進中的戰車的物資，挪用
給他那嚴重超員的司令部的八千名
軍官和二萬一千名士兵，作爲搬遷
到新解放的巴黎之用。在巴黎，他
的隊伍佔用了一百九十六家旅館。
同時，他也侵佔建設倉庫用的成千
上萬噸的房屋建材，並命令第１３
步兵營保衛這些建材不落入黑市商
人之手。事實上，自李以下整個後
勤系統都陷入了一個巨大的腐敗網
路之中。李定下規矩，按時派一架
轟炸機從北非爲他的早餐空運橘
子。巴黎如同一個無底洞一般，數

額巨大的美國補給品和後勤人力消
失在其中。據估計，他所控制的物
資大約有百分之十被竊取掉，投入
到這個城市的商業活動中。對於大
多數巴黎人來說，這倒是一個好消
息。他們擁有了大批自從一九三九
年以來所沒有享受過的香煙、汽油
和食品。尤其是巴黎的女人們，突
然能夠買到大量的絲綢和尼龍。而
許多美國空降部隊貯藏的降落傘，
就是這樣被使用掉了。

　　前線部隊開始對後勤單位感到
不滿。而其中最憤怒的是巴頓的第
３軍團。他們在自己的運輸線上發
動了一場戰爭。巴頓的後勤官穆勒
（Walter J. Muller）上校用偵察機確

定李的卸貨場所，接著在晚上襲擊了這一地帶。巴頓不僅寬恕了這種行徑，而且還有可能煽動過這次行動。一個流傳甚廣的故事說：巴頓將軍站在十字路口上，命令按計劃應給第 1 軍團運輸的「紅球」卡車把補給品留給第 3 軍團。第 3 軍團的後勤部隊還在第 1 軍團卸載補給品時，冒充第 1 軍團的人。而且穆勒的人還在後方大肆用俘獲的「德軍的頭盔、步槍、刺刀和匕首交換汽油」。穆勒也常常「忘記」彙報俘獲的德軍的貯存，並宣稱它們是屬於第 3 軍團的。雖然人工合成的德國國防軍燃料，對機器的引擎會造成損壞，但兩次偶然繳獲的十萬加侖汽油，使得第 3 軍團得以行進到馬恩河，並且還到達了更遠一些的繆斯河。

## 後勤的混亂

戰後，美國後勤部隊的荒謬行徑，激發了在小說和電視中對一批滑稽人物的塑造，例如米洛・明德本德（Milo Mindebender）和厄尼・比爾科（Ernie Bilko）。但是在戰時，這樣的後果卻是一團混亂。基於微妙的政治原因，艾森豪支持一個廣闊正面的戰線。但是到了九月初日益明顯的是，除非後勤的混亂狀態得到改善，否則連一次單獨的突擊也難以支撐。九月二日，艾森豪動身去凡爾賽會見布萊德雷、霍奇和巴頓，並且痛斥巴頓一頓，因為他把戰線拉得過長，導致補給出現困難。巴頓在他的日記裡寫道：「艾克十分傲慢武斷，當著我們的面引用克勞塞維茨的話，而我們所統帥的大軍是克勞塞維茨聞所未聞的。」會議開了幾個小時，巴頓終於說服艾森豪：他已經在東至麥茨那麼遠的地方巡邏了，如果他能保留第 3 軍團正常的燃料份額，「我們就能夠打到德國的邊境，撕

一九四四年九月十七日，第 1 空降師的士兵於登上霍薩式滑翔機前最後一次檢查他們的裝備。背後的飛機是斯特林式滑翔機的牽引機，屬於英國皇家空軍運輸部第三十八大隊。

裂那混蛋的齊格菲防線」。到會議結束時，艾森豪才同意巴頓向曼漢和法蘭克福進攻，並且他贊同布萊德雷將第 1 集軍團安排在巴頓的左翼——即阿登南部的要求。在一份日期為九月五日的辦公備忘錄中，艾森豪總結沙特爾會議時說：「現在德軍完全失敗了，唯一要確定的是速度……我認為讓巴頓再次開動，對於我們全面執行這場戰役最後階段的原始構想，是十分重要的。」

## 蒙哥馬利的計劃

　　恰在此時，蒙哥馬利計劃向威塞爾（Wesel）和安恆推進，利用空降部隊為他的裝甲部隊佔領萊茵河橋。蒙哥馬利十分期望德軍在他面前投降，他的首席謀查爾斯‧理查德森（Charles Richardson）准將已經在考慮向奧斯納布呂克（Osnabruck）進行一次快速推進。這個地方將成為第 21 集團軍戰術司令部的一個便捷的基地。蒙哥馬利向帝國參謀總長吐露，他想在兩到三個星期內到達柏林。艾森豪又一次改變他在沙特爾的想法激怒了這位英國元帥。九月七日，他匆忙發了一封備忘錄，催促把所有可利用的後勤支援撥給他，這樣他能夠對柏林實施一次突襲。蒙哥馬利補充說：「在這樣的電報中要把事情解釋清楚是非常困難的。你能來見我一面嗎？」在九月二日從沙特爾會議飛回其駐地時，艾森豪由於飛機迫降而使腿部嚴重扭傷。九月十

達科他運輸機在安恆放出英國第 1 空降師的士兵，圖中有一架在地面上的滑翔機。這可能是第二次空降行動，因為沒有足夠的飛機可以空降或運送整個師。

傅洛斯特中校的第2空
降營，展開了向安恆橋
的漫長戰鬥行軍。他們
的推進深入這座城鎮，
所以歡迎的人群使他們
的速度放緩。他們還不
知道擺在前面的煎熬。

日，他乘坐自己的私人運輸機──
一架B-25轟炸機，飛往布魯塞爾。
由於疼痛難忍無法走出飛機，艾森
豪要求蒙哥馬利到飛機上來。在座
艙狹小的空間裡，對話很快變得充
滿火藥味。蒙哥馬利暗示，是巴頓
而不是艾森豪真正推動了這場戰
爭。艾森豪最後承受住了蒙哥馬利
的攻擊，他向前斜著身子把手放在
蒙哥馬利的膝蓋上說：「留心哦，
蒙哥兒，你不能這樣對我說話，我
可是你的上司。」

　　談話又進行了一個小時，兩人
情緒逐漸平息。漸漸地，艾森豪被
蒙哥馬利展示的這個十分大膽且又
似乎有燦爛前景的計劃給迷住了。
一向謹慎的蒙哥馬利利用與布萊德
雷和巴頓一樣的推理方法，主張一
次利劍般的單鋒突襲，這將促成德
國像一九一八年那樣崩潰。這一目
標的實現，需要盟軍空軍佔領從比

利時前線到安恆的萊茵河下游這一
長達一百公里的走廊。第21集團
軍以30軍為先鋒，順河而下急速
行軍。即使德國不崩潰，盟軍也將
包抄齊格菲防線並且確立一座越過
萊茵河的橋頭堡。而這天早上實施
該計劃的另一個理由也找到了，這
是一封來自帝國參謀總長的最高機
密電報：四十八小時前，預期中的
V2火箭對倫敦的攻擊終於開始
了。德軍在海牙的郊區用移動發射
器發射了這些火箭。除非用轟炸將
這座城市夷為平地，否則唯一阻止
此類攻擊的希望就寄託在21集團
軍能夠截斷荷蘭與德國之間的聯
繫。即使不能通過這一行動來贏得
戰爭，上述的目標也是能夠實現
的。艾森豪回憶說，他為這一計劃
的大膽感到困惑──即使苦行僧般
戒酒的蒙哥馬利成為吵吵鬧鬧的醉
漢，也不會比這一計劃的提出更讓

人吃驚。這次作戰的代號叫「市場花園」（Market Garden），「市場」是表示空降部隊，而「花園」則意味著地面部隊。兩位指揮官同意這次行動於九月十七日星期天開始。

當位於阿斯科的盟軍第 1 空降軍團的司令部，得知「市場花園作戰」已被通過的消息時，他們對此仍持懷疑態度。因為自從登陸以來，空降部隊已經有十七次處於全面警戒的狀態中，但最後行動都被取消。最近的一次在九月二日，計劃要在靠近里耳（Lille）和庫特雷（Courtrai）的地方空降三個師。結果正當傘兵們坐在飛機裡準備跳傘時，行動臨時取消，因為布萊德雷已經調動第 1 軍團解放了這一地區。當時在空降部隊中認為這次任務也一樣會被取消，結果大部分隊員氣氛鬆懈，這一點與登陸日前空降部隊如刀刃般鋒利的特點形成了鮮明的對比。

## 英國指揮官受冷落

第 1 空降軍團並非一個和睦的團體。曾經於一九四○年徵召和訓練第一支英國空降部隊，並於一九四四年一月指揮英國第 1 空降軍的布朗寧（Frederick Browning）中將曾希望被授予盟軍第 1 空降軍團的指揮權。布朗寧也擁有在英國部隊中成為高階指揮所需的其他資歷。他在伊頓公學和桑赫斯特受過教育，並且被委任指揮過英國禁衛步兵團。在一九一六年的西線戰場上，他作為一個連級指揮官脫穎而出。那時他只有二十歲，得到了

「男孩」的綽號並一直延用下去。「男孩」布朗寧在英國的軍界和政界精英中名列前茅，但是由於英國與美國相比在戰爭中處於附屬的地位，上述資歷也就無足輕重。第 1 空降軍團的指揮權被授予了布列里頓（Lewis Brereton）將軍。他是一個嗜酒的美國空軍軍官。在菲律賓、北澳大利亞和緬甸，他至少三次從撞得粉碎的飛機中死裡逃生。許多飛機駕駛員把他的出現當成是不祥之兆，布列里頓能得到這一職務，部分是因為他是一個美國人，部分是因為他瞭解運輸機。布朗寧不得不滿足於扮演布列里頓助手的角色。但是這種定位對兩個人都不合適。在安恆之前的三個星期內，第 1 空降軍團司令部的職員，從三百二十三名官兵擴充到一千三百八十五人，這意味著其中大多數人都沒有經驗。布列里頓和布朗寧彼此很少說話，並且只用他們自己的參謀。到了九月四日，他們才發現雙方對訂在四十八小時後採取的行動，有著完全不同的計劃。布朗寧以辭職相威脅來阻止布列里頓的計劃，這使得兩人的關係降到了谷底。

市場花園作戰的指揮鏈和計劃程序包括通訊系統都有問題。布朗寧的通信分隊於九月二日才剛剛創建，還沒來得及演練和判斷設備能否在執行作戰的狀態下工作。它與第 1 空降軍團的指揮中心之間還沒有建立直接的聯絡，與其他任何空軍部隊之間的聯絡也同樣未建立。另外，儘管市場花園作戰聚集了一

千三百架C-47「達科他」飛機、英國皇家空軍的二百五十架艾爾比默萊、哈里法克斯和斯特林式飛機以及二千架滑翔機，是有史以來聚集運輸飛機數量最多的，但是它們一次最多只能空降三分之一的部隊。

## 空降部隊

儘管被不斷的調動弄得精疲力竭，但是在布列里頓和布朗寧指揮下的士兵們是所有盟軍部隊中最能勝任也是訓練最精良的空降部隊。在陸軍中將李奇威領導下的美國第１８空降軍由第８２和第１０１空降師組成，有二萬四千人的傘兵和滑翔機部隊，其中有１萬人由於在諾曼第的傷亡已經被替補。在烏夸特（R. E. 'Roy' Urquhart）少將指揮

下的英國第１空降師，以及在索伯斯基（Stanislav Sosabowski）少將指揮下的波蘭第１傘兵旅都是百戰之師。但是他們從來沒有協同戰鬥過。作為預備隊待命的第５２師是一支英國步兵師，一旦空降部隊和滑翔機部隊攻佔了飛機場，就用C-47運輸機將他們運過去。總之，大約有三萬五千人將參加市場花園作戰的空降任務。

九月十五日，一切完備，空降計劃包括奪取在三個城鎮的主要河流和運河上的橋樑。恩和芬（Eindhoven）大約離進攻線二十一公里遠，離奈美根（Nijmegen）有八十五公里，離安恆一百零三公里。泰勒少將的第１０１空降師在恩和芬以北降落，去奪取阿河

儘管德軍是倉促召集起來的，但是卻十分有效率。阻擊陣地對防止盟軍第１和第３傘兵營與在安恆橋的第２營會合發揮了很大的作用。

（River Aa）、在維格爾（Veghel）的威勒姆運河（Willems Canal）、在聖奧登魯德（St Oedenrode）的多美爾河（River Dommel）以及在索恩（Son）的威廉米納（Wilhelmina Canal）運河上的橋樑，並在夜幕降臨時攻佔恩和芬。同時，格文准將的第８２空降師將要攻佔奈美根以東森林茂密的丘陵地區—格羅斯比克（Groesbeek）高地，接著攻佔在格雷夫（Grave）的馬士河（River Maas）和馬士到瓦耳間運河上的橋樑，最後奪取在奈美根中部的瓦耳河上的路橋。更往北一點，烏夸特中將的第１空降師將降落在安恆西部的中心地帶，接著佔領在該城中心的下萊茵河上的路橋。當布朗寧看到計劃的這一部分時，他向蒙哥馬利表示：「我認為我們將前往一座『太過遙遠的橋』。」但是已經來不及調整計劃了。

## 迅速的前進

與複雜的空中計劃相反，何洛克斯（Brian Horrocks）中將的第３０軍的行動則簡單的多。在禁衛裝甲師作先鋒的情況下，這支部隊將盡力沿著一條唯一的、兩側樹木林立的雙軌鐵路快速前進。這條路穿過了這一幾乎完全平坦而又有水溼的區域。但是在這次直接了當的行動中，非戰鬥性的消耗卻是巨大的。英國第８軍和３個美國師已經紮下了根基，還有盟軍的輕型、中型防空砲部隊以及許多工兵部隊。其中一線運輸的半數、所有的二線運輸以及整個２１集團軍的三線運輸都被用來支持這次進軍。

這次行動的成功取決於德軍已經敗退這一點上，而從九月份開始所能收集到的證據來看，這一點也是確定無疑的。但是德軍現在已有兩個星期來恢復元氣，並且進行了出色的休整。切爾（Kurt Chill）中將的第８５師的餘部於九月四日到達了比利時北部的圖爾恩豪特（Turnhout），並且受命到萊茵蘭（Rhineland）休整加強。當切爾得知布魯塞爾被攻陷後，他不顧命令在阿爾伯特運河北岸挖壕防守。他為那些脫隊的士兵建立一個接待中心，在七十二小時以內，已經把成打走散的隊伍編進了有凝聚力的切爾戰鬥群。而就在此時，分散的傘兵部隊總共加起來約有兩萬人，已編成德國第１傘兵軍團的核心部隊，由司徒登（Kurt Student）將軍指揮。九月五日時曾經佔據加萊海峽、而現在大部分完整的德國第１５軍團正從海岸撤退，九月中旬時已經有九個師進入荷蘭，共六萬五千人、七百五十輛卡車和二百二十五門大砲。九月十七日，德軍傘兵營已經在恩和芬和奈美根之間的區域建立了緊密防守的地帶，八十八公厘的兩用火砲覆蓋了恩和芬—奈美根路全線。向西是切爾戰鬥群，在他們的後面則是仍具有戰鬥力的第１５軍團。安恆周圍地區已經聚集了一批武裝部隊。在這座城鎮的西面森林裡，一個荷蘭黨衛營正在訓練，而在東面，第９、１０、１１黨衛裝甲師的殘部正在整休。九月十日，盟軍的空中偵察、荷蘭反

抗組織的報告以及「極」的情報開始合理準確地勾勒出一幅德軍實力的圖畫。至少從數目上來講，盟軍應該已經心中有數。但是盟軍的高層指揮相信德軍已經失去戰力，市場花園作戰將是盟軍自越過塞納河以來所取得的驚人進展的重演。

戰役開始於九月十六日星期六午夜前的一個小時。英國皇家空軍的二百架蘭開斯特和二十三架蚊式轟炸機，在荷蘭北部四個德軍戰鬥陣地投放了八百九十噸炸彈。轟炸持續到了第二天，有近一千架B-17和P-51野馬式戰鬥機在進攻路線和安恆之間攻擊了超過一百個德國防空陣地。同時，在英格蘭南部和東部的二十二個空軍基地上，夏末星期天的美麗和平靜被大規模的飛行

英國的裝甲車和步兵在比利時和荷蘭邊界渡過杜克森林運河上的備力橋。盟軍的首要目標是完整佔領運河上的橋樑，因為運河通常很深，難以渡過。

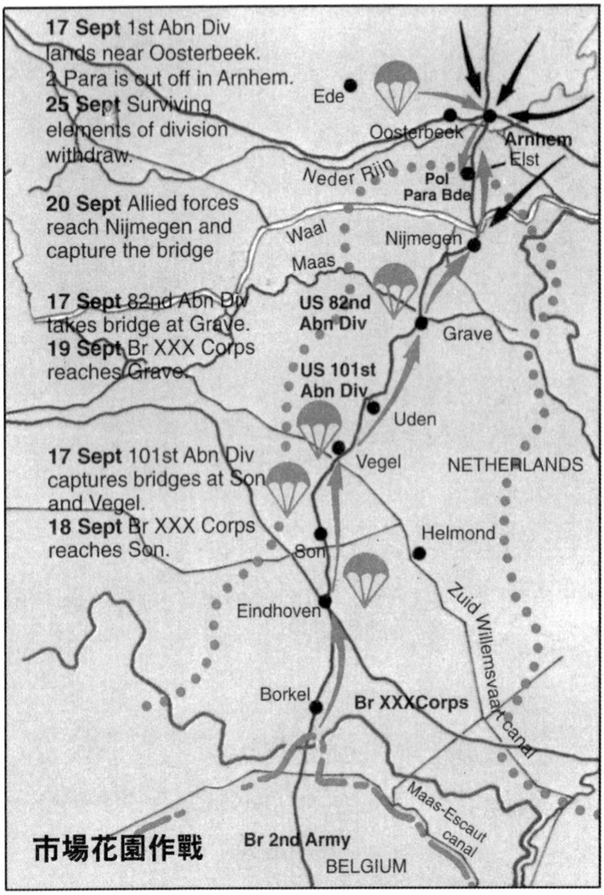
17 Sept 1st Abn Div lands near Oosterbeek.
2 Para is cut off in Arnhem.
25 Sept Surviving elements of division withdraw.
20 Sept Allied forces reach Nijmegen and capture the bridge
17 Sept 82nd Abn Div takes bridge at Grave.
19 Sept Br XXX Corps reaches Grave.
17 Sept 101st Abn Div captures bridges at Son and Vegel.
18 Sept Br XXX Corps reaches Son.
Ede
Oosterbeek
Arnhem
Elst
Neder Rijn
Pol Para Bde
Waal
Maas
Nijmegen
US 82nd Abn Div
Grave
US 101st Abn Div
Uden
Vegel
NETHERLANDS
Helmond
Son
Eindhoven
Zuid Willemsvaart canal
Borkel
Br XXXCorps
Maas-Escaut canal
Br 2nd Army
BELGIUM
市場花園作戰

九月十七日，第1空降師在奧斯特比克附近空降。第2空降師在安恆被敵人切斷。
九月二十五日，該師殘部撤退。
九月二十日，盟軍到達奈美根並奪取橋樑。
九月十七日，第82空降師奪取格雷夫的橋樑。
九月十九日，英國第30軍抵達格雷夫。
九月十七日，第101空降師攻佔索恩和維格爾的橋樑。
九月十八日，英國第30軍抵達索恩。

梯隊打破了。大白天，這些飛機爬上了天空向東飛去。在北海的南部上空，宛如無盡河流般的飛機和滑翔機分成了兩股「急流」。第101空降師從南部進入荷蘭，而第82空降師和英國第1空降師則走北路。在其戰術指揮部和他的私人廚師及酒庫的跟隨下，布朗寧從82空降師的一架滑翔機中走了下來。第82空降師的飛機群此時覆蓋面積大約有一百六十公里長，五公里寬。布列里頓因爲要監督一次支援飛行，因此要留在阿斯科，然而他還是乘一架B-17飛去觀看了第101空降師在恩和芬上空的空降。

九月十七日十三點左右，南邊的機群在恩和芬上空遭到高射砲火的猛烈攻擊。這些砲火是那些偵察機未偵察到的防砲部隊發射的。布列里頓的飛機被擊中，但是他卻死裡逃生，而靠近他的幾架運輸機和滑翔機則在空中被打得稀爛。第101空降師總共損失了三十三架運輸機和大約四十架滑翔機。機群歷盡艱辛穿過高射砲火到達了空降區，在這裡泰勒少將與第101空降師大約七千名士兵一同跳下。同時格文准將帶領第82空降師的六千五百人在奈美根南面空降。大約十三點三十分，布朗寧的第1空降軍司令部設置在奈美根西邊靠近格羅斯比克（Groesbeek）鎮。布朗寧試圖在此處控制戰局。

與此同時，在烏夸特的砲兵和陸軍的伴隨下，第1空降師的第1空降旅已經降落在安恆西部。約半小時後，第1傘兵旅的傘兵部隊著陸。到了十四點時，大約兩萬人的部隊、五百一十一輛戰車、三百三十門大砲和五百九十噸重的裝備已經沿著長達一百公里的走廊著陸了。

## 希特勒的警覺

盟軍的運氣很差，此時德國摩德爾元帥正在塔弗爾伯格飯店裡的司令部吃午飯。這裡位於奧斯特比克（Oosterbeek）街上，距第1空降師空降區域以東三公里。摩德爾看到這些機群，幾分鐘後，他就用無線電告知希特勒空降一事，並且

立即驅車趕往威利‧比特里希（Willi Bittrich）中將的司令部。這位將軍是第2黨衛裝甲軍指揮官，他指揮第9和第10黨衛裝甲師。於是下午兩點半後不久，第9黨衛裝甲師就出發前去安恆，第10黨衛裝甲師則趕往奈美根。南方一百公里處的沃恩特（Vaught），該鎮距離第101空降師的一個降落區以西只有十一公里。司徒登將軍站在司令部的桌子前，突然聽到了運輸機的轟鳴。他立刻衝到陽台上，在那裡他看見「一眼望去源源湧入的敵人運輸機隊」。這位德國空降部隊的創始人對一起在陽台上的軍官由衷地感歎道：「唉，要是有這樣的一支隊伍歸我指揮，我會有多大

的戰果啊！」

司徒登看到的部隊就是第101空降師的第506團，它接到的命令是佔領在索恩的威廉米納運河上的主要路橋和兩座較小的橋樑。但是德軍在最後時刻炸毀了它，第101空降師沒能按計劃利用它進入恩和芬。更往北一點，第82空降師的第504團在格雷夫（Grave）的馬士河上有九個橋墩的大橋兩頭降落，並很快佔領了它。九月十八日一早，接應滑翔機的增援部隊已準備就緒。第101空降師向南進軍，佔領通往恩和芬道路上的四座橋樑。他們期待能夠見到英國第30軍，結果卻受到興高采烈的荷蘭市民的迎接。

安恆大橋。在這場戰役期間，美國駐歐空軍第654重型偵察中隊的蚊式轟炸機以在諾福克的沃頓為基地，對這座橋每小時進行一次飛行，試圖收集關於那裡的英國空降部隊進展的情報。在一條通往這座橋的道路上，能看到被擊毀的黨衛軍裝甲縱隊。

此時，第３０軍的先鋒，禁衛裝甲師仍在南方八公里處。這個師的先頭部隊愛爾蘭禁衛營在對唯一的一條道路進行密集的砲火射擊後，於下午兩點時出動。而颶風式戰鬥轟炸機則盤旋在上空，等待前面的觀測官確定目標。在進入荷蘭前線的前五公里路程進展順利。但是接著德國的八十八公厘砲開火，連續擊中了九輛戰車。十七點三十分，愛爾蘭禁衛營到達華肯斯瓦德（Valkenswaard）南部的橋樑，並發現它完好無損。他們於是過橋入城，但受到德軍的頑強抵抗。這個地方「伴隨著幾場真正的大火，變成了一片廢墟」。有的德軍仍然開火抵抗，而其餘德軍則四散潰逃，試圖找到回德國的路。

在九月十九日的一則廣播中，隨同第３０軍的英國廣播電台的湯姆斯（Wynford Vaughan Thomas）要英國大眾做好失望的心理準備：「很顯然的，敵人的地面部隊十分強大。上校看著地圖，若有所思地敲著他的下巴，接著轉向我說：『好吧，看來野餐確實結束了。』所謂野餐，也就是在法國幾乎瘋狂地、難以置信地追擊失敗的敵人，這種情形顯然結束了。我們仍然在前進，此時我們正準備向戰略要地進攻。但是假如現在在我們要把敵人趕出去，那得花費很大工夫才行。」

## 道路受阻

德軍的抵抗，加劇了由兩萬輛英國支援車輛在唯一一條可用的道路上行進所造成的交通堵塞。第３０軍的推進如今已經減慢到一種近乎爬行的狀態。直到九月十九日下午，英國的戰車才到達第８２空降師位於奈美根橋以南的陣地。奈美根橋由於德國指揮官摩德爾和比特里希在指揮上的爭執而沒有炸毀。九月二十日十四點三十分，似乎永遠也不會到來的突擊艇，終於從被３０軍塞住的道路上運了過來。第５０４傘兵團在塔克（Reuben Tucker）中校的帶領下，瘋狂地划過了這條河流，而盟軍的戰鬥轟炸機則攻擊遠處的河岸。這種令人驚訝的勇敢舉動得到了回報——德軍的火力減弱許多，並且配合度很差。塔克的士兵很快接近通往奈美根橋的北入口，同時英國禁衛步兵第１團的三十輛薛曼戰車圍攏上了南入口，接著開始過橋。正當英國的戰車幾乎過橋之時，德國的工兵試圖引爆附著在橋中段的炸彈，但是沒能使之爆炸。３０軍的先鋒部隊現在距離安恆南部只有十六公里，然而下午晚些時候它因為遭到頑強的抵抗而受阻。

此時（九月二十日），英國第１空降師已經在安恆附近戰鬥了近三天，其處境日益艱難。事情的進展與行動開始時完全不同。第１空降師的偵察中隊應該立刻通過突擊來擊退德軍並佔領安恆橋，但是不幸的是滑翔機運載的裝甲車並沒能到達。下午三點時，第１傘兵旅的三個營出發，從三條不同道路進入安恆。第１和第３營遭到德國步兵和裝甲車輛的阻擊，而在約翰·傅

洛斯特（John Frost）中校指揮下的第2營則潛入德軍部隊中，並於黃昏時分到達安恆路橋的北端，封鎖了德國增援部隊通往奈美根的捷徑。現在對於傅洛斯特來說，堅持下去直到援軍到達是件簡單的事，但是不幸的是，師指揮部卻陷入一團混亂之中。

## 烏夸特下落不明

烏夸特與他的司令部失去了聯繫，在隨後的三十六小時中他不得不躲避德軍巡邏隊並且多次虎口脫險。九月十七日晚，第1空降師遇到危機。在烏夸特缺陣之時，他的下屬之間爆發了十分激烈的爭吵，結果，第1空降師為保衛安恆外圍的高地發動許多次的攻擊，而他們最應該做的卻是支援傅洛斯特。另外，在英格蘭的機場的大霧延緩了支援飛機的起飛，以至於當這些飛機於九月十八日一六○○時到達時，被已經十分警覺的德軍擊落了許多架。

安恆戰役中，兩名英國傘兵在一座奧斯特比克的學校展開行動。就是在奧斯特比克，英國第1空降師的剩餘部隊進行了他們最後的抵抗。德軍把此地稱為「女巫的大鍋」。

傅洛斯特中校。他率領第２傘兵營於一九四四年九月進行了一次固守安恆橋的戰鬥。在九天的戰鬥中，第１空降師有七千二百一十二名將士被戰死、受傷或俘虜，其中死亡人數高達一千一百三十人。

由於被完全孤立，並因通訊上的困難而無法請求空中支援，傅洛斯特和第２營的士兵遭遇到比特里希指揮下的向北突擊的德國裝甲部隊的攻擊。難以置信的是，第２營的士兵摧毀了一隊正在趕往他們陣地上的二十二輛黨衛軍的裝甲車輛。比特里希下定決心要重新奪回這座橋。他調來了兩門一百公厘的大砲，開始了幾乎完全消滅安恆以外傘兵部隊的行動，而且更多的重型武器正從整個第三帝國湧向這一地區，包括第２０８突擊旅的三號突擊砲。到九月十九日晚，傅洛斯特的士兵中僅有二百五十人沒有受傷，他們的防區由十八幢房子減少到十幢房子，但是每次德軍的進攻都遭到擊退。傅洛斯特在被召去討論投降事宜時，他告訴德軍他不會接受德軍勸降。這一有意的誤解成了以後傳奇的題材。轟炸持續到了九月二十日，德軍擊毀了仍為英軍所控制的建築物，並且使用火焰噴射器消滅在廢墟中的英國傘兵部隊。大約在正午時，傅洛斯特也因砲擊而身受重傷。他的副手高夫（Gough）少校接管了對剩下部隊的指揮權。十八點過後，虎式戰車自北向南闖出了一條道路，並渡過安恆橋。但是德軍發現，對於裝甲不厚的車輛來說，傘兵部隊的火力還是過於猛烈。戰鬥整夜不休，但到了九月二十一日上午，英軍火力開始變得稀疏，前哨陣地一個接一個地被佔領。由於部隊彈藥用盡，已經筋疲力竭的傘兵昏昏沉沉。他們已經不停地戰鬥了八十八個小時，最後剩下的十二人沒有水也沒有食物。十二點，一個黨衛軍戰鬥群最終渡過了安恆橋。

正當傅洛斯特和他的戰士們正在進行英雄般的固守時，飛往支援第１空降師的行動也一直未曾中斷。但是由於惡劣的天氣，糟糕的通信和出在指揮體系上的問題，一切的打算都落空了。在不斷加重的攻擊下，第１空降師已經被壓縮進了一個極為狹隘的環繞奧斯特比克到安恆以西的防禦帶中。它所得到的唯一支援是約二百名的波蘭傘兵。他們是隨著波蘭傘兵旅於九月二十一日在下萊茵河的南岸德拉爾（Driel）降落的，並且游過了萊茵河。

## 蒙哥兒的勇氣

九月二十三日，第２１集團軍的大批部隊最終到達這條河的南側。但是在九月二十四日夜，多塞

特團的第４營渡河的企圖失敗後，蒙哥馬利決定撤走第１空降師的剩餘部隊。正如湯姆斯在九月十九日所播出的那樣，「野餐」很明顯已經結束了。「市場花園」原想計劃利用德軍意志上的崩潰，而結果德軍卻充滿戰鬥力。蒙哥馬利決定不再增援這次失敗的行動來增加英國的傷亡。飛到安恆的一萬零五人中，只有二千一百六十三人在九月二十五日夜間回到了河的南側。傷亡慘重自不待論，但是假如蒙哥馬利缺少停止這場戰役的道德勇氣的話，傷亡將會更大。

盟軍的宣傳試圖把這次行動描述成獲得百分之九十的成功，因為英國第２軍團現在佔據了荷蘭南部的凸出部分。但是輿論在視空降部隊為英雄的同時，漸漸把這次行動看作是喪失在一九四四年贏得戰爭機會的作戰。事實上，市場花園作戰只有在德軍確定要潰敗的時候，才有可能成功地結束戰爭，但是德軍當時的情況並非如此。從當時的情況來看，第21集團軍沒有能渡過下萊茵河是靠上帝的眷顧。因為一旦渡過，他們就會發現他們將依靠一個不合格的後勤系統來運作，而面對的卻是日益令人生畏的敵人。簡言之，這次「成功」的行動是靠大量英國部隊的損失而取得的。

沒有刮鬍子，灰塵滿面而且疲勞，但是仍然微笑著的空降兵所組成的混合隊伍經過九天在安恆—奧斯特比克的戰鬥後步入戰俘營。即使這次空降行動成功了，隨後的前進德國也將可能是一場災難。

# 第八章
# 漫漫艱程

市場花園作戰的失敗，使盟軍意識到德軍還沒有被打敗，在取得
勝利之前，盟軍面對的將是一場漫長而艱苦的戰爭。

「市場花園」的失敗對盟軍高層統帥部是一次強烈的震撼，他們再也不敢低估德軍。而實際上，在隨後的幾個月裡，問題卻恰恰相反。盟軍過份高估了德國的實力，並在此基礎之上制訂作戰計劃。他們原以爲，一九四四年八月的情勢如同一九一八年八月一樣，德國的失敗已在眼前。但現在，他們開始相信，目前的形勢其實與一九一六年八月差不多。歐洲戰爭至少要再持續兩年。艾森豪甚至認爲，德國在處境不利的情況下，游擊隊的抵抗也將持續到五〇年代。

## 德國的復原

德國確實正在進行了一場成效卓著的復原，部分是心理上的復原。一九四二年秋以來，德國軍隊一直深陷困境。希特勒、納粹和大多數普通的德國老百姓從一九四四年七月二十日的爆炸密謀中找到了原因。原來，一九四四年七月二十日之後，帝國的戰爭努力正受到來自內部的敵人，即不甘願順從庸俗平民獨裁者統治的普魯士地主貴族階級的顛覆。既然內部敵人正從戰爭機器中被肅清，那麼，人們完全可以相信，德國國防軍很快將重新組建。

德國的復原也是軍事生產大量增長的結果，以及十八個月前斯皮爾內閣重組的產物。到一九四四年秋季爲止，德國工廠於該年已生產出近四萬架軍用飛機，相當於蘇聯軍用飛機的總數。西方盟軍戰機的產量是德國的三倍。但德國生產的最新機型，特別是於一九四四年夏天參戰的Me 262戰鬥機和Ar 234轟炸機，都要優於英美的同型戰機，這嚴重威脅到英美的空中優勢。從一九四四年年初起，德國工廠已經製造了四萬八千輛戰車和自走砲，是一九四一年產量的三倍。豹式和虎王式戰車性能都優於西方盟軍配備的戰車。除此之外，克魯伯、斯科達和其他公司向德國國防軍提供了近七萬門大砲，是一九四一年的六倍。

雖然德國在六月、七月和八月間損失的人數達到令人吃驚的一百三十五萬人，但是希特勒於九月二十五日建立了人民衝鋒隊（Volkssturm），此後的半年之內，有一八八四年至一九二八年出生的六百萬人穿上軍服，進行基本的軍事訓練。建立人民衝鋒隊的目的是將通訊部隊和失去了飛機、戰艦的空軍和海軍人員組成新的師。通過這些管道，國土防衛行政管理機構

被俘獲的德國裝甲運兵車掛著紅十字旗，用來運輸負傷的德軍俘虜。大旗和標誌是爲防止被盟軍而非德軍的轟炸機誤炸。戰爭到了這一階段，前線上空已很難見到德國空軍。

一九四四年十月十八日，德軍 B 集團軍指揮官元帥摩德爾元帥在視察西線一個國民步兵師的戰地指揮所。他的綽號是「元首的救火隊」，因為他總是被派往有麻煩的地方去指揮。

建立了三十多個兵團，並取名為國民步兵師，其兵力是英國和加拿大軍隊總和的兩倍。

德軍退回到本國的防線時，他們發現防禦盟軍戰車部隊開始變得輕而易舉。而在六月初，他們不得

不防禦整個英吉利海峽、法國大西洋沿岸和地中海海岸線。到九月底為止，盟軍僅僅佔據著從北海蜿蜒到瑞士前線七百二十五公里長的一線，其間跨越多個適合防禦戰的理想國家。荷蘭北方是洪水氾濫的低

田和寬闊的港灣；內部是凹凸不平森林稠密的山區，從帝國森林一直延伸到瑞士邊境。一千年以來，此地一直是羅曼語和德語民族間語言和文化的分界線。從地形上看，只有兩條較便利的通道可以穿越這一地區：一條位於阿登森林地帶以北，從比利時的列日到九世紀查理曼帝國的首都亞琛，它正好穿越德國邊境；另一條位於阿登森林地帶以南，從洛林的麥茨到薩爾布呂肯（Saarbrucken）。這些地方是法德之間天然的入侵走廊，幾個世紀以來，兩條通道在歐洲軍事史上都佔有明顯重要的地位。因此，這兩處也是歐洲大陸防禦最堅固的地方。第三帝國的德軍與其先輩一樣，運

用防禦工事體系，從荷蘭邊境線到卡爾斯魯的齊格菲防線（又稱「西牆」），加強其邊境地區的防禦能力。在一九四〇年六月到一九四四年八月，這條防線還鮮為人知，但現在這裡卻是一片熱鬧的場面，上百萬的工人在希特勒的助手鮑曼（Martin Bormann）的指揮下，修建防戰車障礙物和地堡。

## 倫德斯特元帥被召回

　　九月九日，希特勒召回格德·倫德斯特，讓其統領帝國的西部國防軍。倫德斯特運用仍然完整的人事制度，迅速組織了三大集團軍：H集團軍，由司徒登率領，負責北海到羅芒德（Rörmond）地區；B

一支英軍布倫式輕機槍小分隊在馬士河以西行動。從後勤的角度來看，他們的交通線向魯爾延伸只有二百四十公里，因此與盟軍相比，德軍在消耗戰中將佔有很大優勢。

集團軍，由摩德爾元帥率領，負責法國摩賽爾河（Moselle）一線以南；G集團軍由巴爾克（Hermann Black）將軍率領，負責摩賽爾河到卡爾斯魯之間的地區。姆萊則親自率領一支納粹黨衛軍，負責到瑞士一線的其餘區域。到九月中旬為止，一條連續的、人員配備日益完善的戰線正在形成。但是人們仍然懷疑，德國的新軍隊是否已經恢復了抵抗西方盟軍的決心。八月底，德國軍隊的士氣空前低落，連最精銳的軍隊，也沾染上使人喪失鬥志的冷嘲熱諷和失敗主義思想。然而到九月底，德軍士氣開始高漲，這不僅僅意味著士兵有盡責任的意願，同時也代表著，而且即使沒有

加拿大部隊的克列拉將軍，他指揮西北歐的加拿大第1軍團，該軍也包括來自歐洲的部隊。他們負責肅清須耳德河河口的任務。

士官和軍官的監督，他們也會盡其所能。即使是在新組成的國民步兵師中也是士氣高昂。英國進攻安恆失敗，新聞影片中播放著成隊英國精銳傘兵部隊的士兵被押往戰俘營的情景，是造成德國士氣高漲的部分原因，而造成德國士氣神奇恢復的主因則是來自從美國華盛頓傳出的消息。

## 戰後計劃

　　九月十二日，羅斯福、邱吉爾偕同他們的參謀長在魁北克會面，參加代號為「八角」（Octagon）的會議。羅斯福的代表團中有一位叫亨利·摩根索（Henry Morgenthau）的美國財政部長，他帶來了戰後處置德國的計劃。摩根索計劃在佔領德國之後，將其分割成北與南兩個國家。戰勝國將不會向德國要求經濟賠款，因為索賠意味著得使德國的部分工業保持運轉以償還賠款。而是要把德國所有的工業機器拆卸並運往盟國，大部分運到蘇聯。這事實上意味著要瓦解德國的工業，使德國退回到一百年前農民的生活水平。摩根索冷漠地說，要使德國人成為「歐洲的樵夫和農夫」。計劃中還建議採取仔細、有控制地驅逐出境和移民到北美、南美、南非和澳大利亞的方法，將德國人口減少到現在數量的四分之一，即二千萬，從而使德國不能繼續威脅歐洲的安全。

　　由於摩根索計劃被洩露，九月中下旬，美國新聞界普遍在討論這一計劃。這對戈培爾來說是一個宣

傳的禮物，他讓這個計劃在整個德
國廣泛傳播，並宣稱，自從兩千多
年前羅馬帝國打敗迦太基以來，失
敗的後果從來都不該如此恐怖。既
然德國人民對和談無法抱任何希
望，他們的戰爭的決心和意志就因
而增強。他們互相告訴要「享受戰
爭」，因為他們知道和平將會更為
可怕。

　　市場花園作戰的失敗意味著現
在戰爭變成了一場艱苦的消耗戰。
對盟軍來說不幸的是，德國正處在

贏得這場艱苦比賽的最佳位置，因
為他們的交通線離魯爾只有八十到
二百四十公里，而且魯爾雖遭猛烈
**轟炸**，其生產能力卻是一九四一年
的五到六倍。相較之下，盟軍的後
勤體系仍然混亂不堪。如果每日吞
吐量達四萬噸的安特衛普港不能投
入使用，英國和美國幾乎沒有希望
贏得這場消耗戰。英國於九月四日
完整無缺的佔領安特衛普，但是由
贊根（Zangen）率領的德國第１５
軍團（該軍隸屬司徒登H集團軍的

加拿大部隊正在穿過荷
蘭。由於英軍第１空降
師在安恆作戰失敗，德
軍士氣空前高漲，擺在
盟軍前面的是更為艱苦
的戰爭。

水陸兩棲突擊隊正向瓦克蘭島海灘前進。在攻佔一個橋頭堡後，他們沿海岸向南北推進，摧毀了德軍包括重機槍在內的所有據點。這些據點曾使盟軍船隻在須耳德河航行時受到威脅。

一部）仍然控制著須耳德河（Scheldt）長達六十五公里的河口兩岸。蒙哥馬利的第２１集團軍負責肅清須耳德河德軍的任務，但由於對「市場花園」的失敗仍心有餘悸，蒙哥馬利將此項任務交給克列拉（Harry Crearar）將軍的第１加拿大軍團。十月八日，負責海軍西北歐演習的海軍上將雷姆賽在向艾森豪提交的一項報告中稱，由於遭遇到敵人頑強的抵抗，再加上彈藥缺乏，加拿大軍在十一月一日之前不可能完成肅清須耳德河的任務。艾森豪大為驚慌，他立即命令蒙哥馬利：「如果安特衛普在十一月中旬不能開始提供物資，我們的整個行動將停滯不前。我必須強調，我認為在我們從瑞士到英吉利海峽的整個戰線的行動中，安特衛普是最

重要的。我相信，您應該特別重視肅清河口的行動。」

在隨後的一個星期裡，蒙哥馬利和艾森豪的關係日益惡化，幾已達破裂的程度。在打給艾森豪的參謀長史密斯的電話中，蒙哥馬利拒絕了雷姆賽的告誡，這讓一貫尖酸刻薄的史密斯勃然大怒。史密斯「氣得臉色發紫」，他告訴蒙哥馬利，如果安特衛普不能立即開港，後者的補給將被切斷。蒙哥馬利進行回擊，並把安恆的失敗歸咎於聯合遠征軍最高統帥部糟糕的作戰計劃，並且暗示，執意要肅清須耳德河實際上是企圖將他置於死地。接著，艾森豪向蒙哥馬利攤牌。他寫道：「如果蒙哥馬利確實認為聯合遠征軍最高統帥部的計劃糟糕，那麼，鑑於將來的作戰效率，我們必

須立即處理這個問題……如果作為該戰區同盟國之一的高級指揮官，您認為我的見解和指令可能威脅到作戰行動成功的話，我們有責任將此事提交高層，以讓其選擇所要探取的任何行動」。蒙哥馬利被迫讓步。十月十六日，他下令把肅清須耳德河德軍的行動作為第21集團軍的首要任務。

## 固若金湯

此時，波蘭裝甲師和加拿大軍已肅清了從須耳德河南岸到安特衛普以西大約三十二公里的區域，還剩下四十公里未被掃清。十月三日，約德爾將軍提醒倫德斯特，須耳德河這一通道對盟軍至關重要，必須不惜任何代價保住河口。德國在這裡的防禦工事固若金湯。在該河口的南岸，第15軍團的指揮官把第64步兵師部署在布里斯肯鎮（Breskens）。第64步兵師是由俄國前線回來、具有豐富作戰經驗的士兵組成。布里斯肯鎮周圍有一個長十九公里，縱深達八公里的島，由德拉利斯（de la Lys）運河和利奧波德（Leopold）運河沿岸的洪水沖積而成，從北海的須德海（Zeebrugge）直到須耳德河上游六點五公里處的布拉克曼灣（Braakman）。德軍第64師擁有部分德國海軍和空軍的部隊在內，還集合了大約一萬一千名軍官和士兵，配備有五百多挺機關槍和迫擊砲，約二百座反戰車炮和防空火砲（包括二十三座八十八公厘大砲），

進攻須耳德河口上的瓦克蘭島。英國水陸兩棲突擊隊和加拿大部隊再次遭遇頑強抵抗。該島大部分在河水以下，堤防已被盟軍轟炸機打開缺口。直到十一月四日最後一個據點才被突破。

和大約七十座七十五公厘和七十五公厘以上的大砲。在布里斯肯和梅爾河上的諾克（Knocke-sur-Mer）之間的海岸上，還有五座固定的遠距離海軍大砲砲台。盟軍稱此處為布里斯肯口袋，德軍則稱之為須耳德河南要塞。就是在這裡，波蘭裝甲師和加拿大軍前進的腳步停了下來。

## 島嶼防禦

須耳德河北岸是由三十二公里的南貝弗蘭德（South Beveland）半島組成。該半島由一條一千一百公尺堤道棧橋通向僅有三十六公尺寬的瓦克蘭島（Walcheren）。德國第７０師在南貝弗蘭德島上構築工事。第７０師是一個「胃師」，其士兵都因患有胃潰瘍而脾氣暴躁。這裡是一個極為堅固的地方，因為該島從大陸向外延伸到利蘭德（Rilland）只有二點五公里寬。而最為堅固的地方是在瓦克蘭島。在島上由混凝土建造的碉堡裡，大約部署有一萬二千名德軍及五十門重砲。另外，弗拉辛鎮（Flushing）已經變成了一個要塞：在其周圍駐紮有幾個砲兵連，無數的房屋和倉庫被改成據點，互相之間可以提供支援。

當加拿大軍和英國軍隊開始大舉進攻之時，天氣發生了變化。市場花園作戰進行之時，降了第一場雨，隨後雨勢便越來越大。一九四四年西北歐的秋季，是有記錄以來降雨量最大的，一些地方甚至達到正常降雨量的三倍之多。這不僅導致軍隊行動困難，也降低了空中攻勢的效力。例如，十月十日至十四日，轟炸機司令部出動部隊在布里斯肯口袋共投下一千一百五十噸的炸彈，只相當於盟軍轟炸機在七月

一輛掃雷戰車正開下戰車登陸艇。第７９裝甲師的這些專用裝甲車在盟軍海上的進攻中發揮了舉足輕重的作用。這些進攻結束了德軍對西北歐的佔領。

十八日佳林作戰之前一個早晨投彈量的五分之一。加拿大軍第３師動用水牛式水陸戰車攻下了須耳德河一帶。水牛式水陸戰車是一種水陸兩用的裝甲車輛，每輛戰車可以容納二十四名士兵。十一月二日，他們在加拿大第４裝甲師的協助下，成功佔領了布里斯肯。加軍共俘虜一萬二千七百名戰俘，但自己傷亡也達二千多人。

同時，十月二十四日，加拿大軍第２師在薄霧和細雨中襲擊了南貝弗蘭德半島沿岸。薛曼戰車緩慢地行進，企圖越過堤防，這使它們很容易成為反戰車砲的靶子。步兵在沒有裝甲車的支援下徹夜進軍，在拂曉時佔領了利蘭德，此地離加拿大軍出發的地點有五公里左右。與此同時，英軍第５２師的幾個分隊利用水牛式水陸戰車穿越須耳德河，在離半島的西部地峽二十四公里處登陸，然後向東推進，打敗了抵抗的德軍。到十月三十一日，英軍和加拿大軍已迫使德軍向西穿過堤道退向瓦克蘭島。

十月二日，英軍開始對瓦克蘭島實施軟化政策，轟炸機空投下大量傳單，警告荷蘭平民，他們的家園即將受到長期密集的炸彈轟擊。實際上，英軍攻打瓦克蘭島的計劃不僅僅只是轟炸。因為瓦克蘭島百分之七十低於海平面，所以英軍參謀認為，讓該島保持中立最簡單的辦法就是爆破西卡培里

英軍克侖威爾式戰車在荷蘭的一條道路上。此處距離多德勒奇特（Dordrecht）和鹿特丹之間的要塞──荷蘭斯奇迪普上的大橋約有二公里。穿越荷蘭非常困難，到一九四四年十二月時盟軍的進展仍不大。

一九四四年十二月，荷蘭奈美根附近，盟軍士兵正從一輛裝甲車中出來。蒙哥馬利責怪艾森豪的政策使盟軍戰場陷入僵局，他決定迫使德軍轉向運動戰。

（Westkapelle）。西卡培里是荷蘭最大最古老的堤防之一，它環繞該島西海岸長約五公里。第二天，蘭開斯特式和蚊式轟炸機共投下一千二百七十噸炸彈，從而開始了爆破西卡培里的第一次努力。十月七日、十一日和十七日，轟炸繼續進行，共投下二千六百七十噸烈性炸藥。此時，整個島嶼除了海岸沙丘、弗拉辛、米德堡和該島東部的小塊地區外，都沉入了海下。

## 推進艱難

空襲接著又持續了兩天。十一月一日拂曉，在戰艦戰恨號和淺水砲艦羅伯茨號（Roberts）和黑暗界

號（Erebus）十五英吋艦砲的支援下，英國兩棲突擊隊在西卡培里和弗拉辛登陸。十一時，加拿大軍從南貝弗蘭德出發，穿過堤道並發動進攻，但很快被德軍擊退。隨後的兩天，戰爭雙方各有勝負。加拿大軍無法越過一千一百公尺長的堤道繼續向前推進。一名加軍老兵形容這條堤道「像槍管一樣直」。兩棲突擊隊卻相對容易得多。河水不斷上漲，這使英軍每次都能佔領一個小島。弗拉辛的戰役最為激烈，德軍從船塢裡的吊車頂部和停靠在海港的船上進行防禦。十一月四日，兩棲突擊隊突破了最後一個據點，並於當天晚些時候，成功地勸降德

軍達澤爾少將和在米德爾堡的二千名德軍。

同一天，皇家海軍掃雷艦隊駛往須耳德河，掃除了五十枚水雷。當晚，由其中六艘組成的小型艦隊駛入安特衛普港。該河口水雷密佈，在隨後的三個星期裡，十個掃雷艦隊從須耳德河兩端掃雷，共排除水雷二百七十六枚。十一月二十八日，第一護航隊安全抵達。該護航隊由十九艘「自由」號艦艇組成，重量大都超過七千噸。到十二月初，英軍管理下的海港的一萬七千個碼頭平均每天處理多達兩萬多噸的貨物，徹底地改變了盟軍的後勤形勢。幾乎在一夜之間，盟軍擁有的港口容量從不及所需貨物的三分之一反過來變成倒超過三分之一，完全可以足以維持即將到來的消耗戰。

九月十二日，當第２１集團軍正在肅清須耳德河時，霍奇的第１軍團已經發動對亞琛的攻勢。第１軍團的第１９軍從北面進攻，但很快陷入困境。第７軍從南面推進，在赫特根森林（Hürtgen）遭遇德軍的頑強抵抗。亞琛南面和北面的戰鬥都非常艱苦。十月十六日，第１９軍和第７軍最終擊退了敵人的頑強反擊，形成包圍圈。希特勒命令必須堅守亞琛這座查理曼大帝的首都，這位大帝是第一帝國的創建者。指揮官威爾克（Gerhard Wilck）上校和第２４６國民步兵師也準備死守此處。在六天激烈的巷戰中，德軍從城市的下水道向美軍發動攻擊，但第２６步兵師殺出一條血路，穿過這座遭到嚴重破壞的城

美軍步兵和裝甲車在開往法德邊境的亞琛的道路上。一九四四年九月十二日，霍奇將軍率領的美國第１軍團開始發動進攻，但他們不久就陷入困境之中。

法國第 1 軍團的士兵利用一門七十五公厘的反戰車砲向躲藏在貝爾福（Belfort）城堡的德軍開火。古老的貝爾福城是通往進入德國南部山口的要塞。

市。到十月二十二日，德軍防線只剩下該市西北部的拉特斯徹斯特拉斯（Rutscher-strasse）地區，威爾克的部隊正在一個巨大的四層防空混凝土掩體中堅守。美軍調來一批一百五十五公厘榴彈砲，近距離猛烈轟擊該樓，一天之後，威爾克和所有士兵向美軍投降。

儘管亞琛戰役打得非常慘烈，而與赫特根森林的戰鬥相比，卻是小巫見大巫到不值一提。赫特根山區崎嶇不平，被濃密的松樹林所覆蓋。從東南到西北約有四十公里長，二十公里寬。「西牆」從南向北與之貫穿相交。該地區遍佈地雷、鐵絲網和碉堡，並且在通往該

地的道路上，都部署了靈活機動的虎式戰車。九月和十一月間，美軍的五個師共十二萬名士兵被派往該地。經過激烈的戰鬥，美軍傷亡約三萬三千人，這是美軍在西北歐遇到的最糟糕的戰役。曾經歷過這場戰鬥的海明威形容說：「巴斯青達整個地區都爆炸了。」盟軍的一個主要目標是施密特鎮（Schmidt），因為該鎮控制著通往位於羅爾河（Rör River）源頭，施瓦門奧爾大壩（Schwammenauel）的道路。除非佔領大壩，否則，盟軍將很難渡過萊茵河。因為盟軍登陸艇一旦下水，德軍必定洩洪，洪水經羅爾河會流入萊茵河，給盟軍渡河造成極大困難。曾在八月二十九日穿越巴黎的第28師，於十一月二日在密集砲火的掩護下進攻施密特。但因受到碉堡裡一夥敵人的阻擊而前進緩慢。最後，第28師的第112團攻入施密特，但在十一月四日，112團又因遭到裝甲擲彈兵的反擊而驚慌撤退。第28師在施密特的進攻徹底的失敗，並付出了死傷六千一百八十四人的代價。這是美軍師在行動中遭受損失最慘重的例子。

## 猛烈轟炸

十一月十六日，以美國第1步兵師為先頭部隊的五個師，展開了新一輪的嘗試。在支援地面作戰的最大的一次空襲中，整個美國第8航空軍向德軍多個陣地共投下超過一萬噸的炸彈。在十二月八日美軍到達羅爾河岸之前，赫特根的幾個鎮已經被徹底炸毀。

與此同時，巴頓和第3軍團也沒有閒著。由於後勤供應優先補給蒙哥馬利的第21集團軍，巴頓非常惱火，在九月三日的日記中傾訴道：「我們將要用『岩石湯』的方法橫越南錫和麥茨，我今天下了命令……曾經有一個乞丐到一間房裡要些開水煮岩石湯。女主人覺得很有趣，給了他開水。乞丐把兩塊在手裡摸得非常光滑的岩石放進水裡。然後，他想要些土豆和胡蘿蔔加點味道，但最後他卻從主人那裡得到了一些肉。換句話說，要進攻，必須先假裝勘查，然後加強偵察，最後進攻。這種作戰方式真讓人傷心。」

巴頓沒有在繆斯河防守，而是繼續前進了四十八公里，然後佔領了麥茨以南摩賽爾河上的橋頭堡。儘管汽油供應極少，油料和砲彈經常告罄，但巴頓通過奪取敵人的物資和燃料來勉強維持軍隊繼續前進。巴頓對南錫和麥茨南北同時進行包圍行動，他還派兵與位於第戎以西的巴區（Patch）的第7軍團取得聯繫。

巴頓全然不顧德軍的反擊，派第5師進攻麥茨，結果被德軍打退，死傷達五千人。德軍繼續在洛林作戰，他們熟悉地形，且那裡的地形對防守非常有利。摩賽爾河與薩爾河從南向北穿過第3軍團的前進路線，並且該地有大片的樹林和石頭築的村莊，這些都變成了延緩盟軍進攻和進行反擊的據點。還有天氣的原因。洛林十一月份平均降

重新奪回亞爾薩斯—洛林
Oct-Dec 1944

Ger 1st Army

Sarre

Saarbrucken

Forbach

Metz

Wissembourg

Lauterbourg

Petite-Pierre

Phalsbourg

Sarrebourg

Saveme

Ger Army
Group G

Strasbourg

Nancy

Dabo

Kehl

Ger 5th
Pz Army

F R A N C E

G E R M A N Y

Neufchâteau

Rhine

Ger 19th Army

Colmar

Plombiéres

Key

Allied forces

Front line, 30 Sept 1994

Front line, 31 Oct 1944

Front line, 24 Dec 1944

Basle

SWITZERLAND

雨量為六十三公厘,而一九四四年十一月卻達到了一百七十八公厘。到十一月中旬,巴頓的裝甲車要離開公路變得越來越困難。更重要的是對空軍行動的影響。八月份,第19戰術空軍司令部共派出飛機一萬二千二百九十二架次,而到十一月,這個數字降到了三千五百零九次。

十一月八日,巴頓派他的第1 2軍冒著滂沱大雨前往麥茨。四十二個砲兵營總共發射了兩萬枚砲彈進行掩護。第二天,第3軍團的第20軍悄悄地渡過麥茨以北的摩賽爾河。河水上漲,沖毀了多座浮橋,但裝甲車最終渡過了摩賽爾河。不久,在三個師的聯合進攻下,麥茨的整體防禦能力大為削弱。十一月十九日麥茨被圍,兩天後守軍投降。十二月初,第3軍團

最終到達薩爾河旁的「西牆」。此次戰役中巴頓共死傷五萬五千一百八十二人，其中死亡六千六百五十七人，而因雨淋和疾病導致的非戰鬥性死傷人數與此相當。

## 進展緩慢

到十二月中旬為止，盟軍在各個戰線的進展緩慢。蒙哥馬利又開始批評艾森豪。蒙哥馬利說，這位最高統帥是協調人，而不是統帥，他的「試試吧，喬」的政策不僅不能使所有戰線取得勝利，反而導致各個戰場都陷入僵局。布魯克將軍同意他門徒的看法，他在十一月二十四日的日記中寫道，他對此非常憂慮，「事態令人非常不滿，無人組織地面作戰。艾森豪本應這樣

做，但他卻待在理姆斯（Rheims）的高爾夫球場，對此事漠不關心，並且在地面作戰上幾乎毫無作為」。

十一月二十八日，艾森豪和蒙哥馬利在第21集團軍大本營舉行的會議上進行了激烈的爭論。會後，蒙哥馬利向布魯克報告說，艾森豪已經承認聯合遠征軍最高統帥部制訂的計劃失敗，並且承認「我們因戰略失誤而遭受損失」。十二月五日，艾森豪再次與蒙哥馬利會面，這一次是在馬斯垂克（Maastricht）。蒙哥馬利認為，打破僵局和降低戰爭消耗的唯一解決方法是迫使德軍轉向運動戰。僅僅十一天後，蒙哥馬利的願望即得到實現。

一名法國機械師在一輛俘獲的豹式戰車上進行研究。豹式戰車設計於一九四一年，在一九四三年夏的庫斯克戰役中第一次使用。它重四十三噸，最高時速達四十五公里。起初它的性能並不可靠，但到了一九四四年中期卻已成為盟軍強大的對手。

# 第九章

# 阿登反攻

市場花園作戰的失敗使盟軍覺得不安，但在一九四四年底，更令人震驚的是，德軍的進攻似乎又要重演其一九四〇年的勝利場面。

當盟軍摧毀第三帝國的西線防禦時，他們的軍隊緩慢地行進在阿登地區。阿登地區是一個森林茂密的山區，比利時、盧森堡和德國在此接壤。在最北部，第21集團軍與左翼的加拿大軍隊和右翼的英軍陷入了馬士河的戰鬥中。該河上有一個凸角恰好伸向安恆南部。自從肅清須耳運河的德軍以來，他們向西進攻了芬羅（Venlo）和魯爾蒙特（Roermond），但取得的勝利微乎其微。其右翼為新成立的由辛普森（Simpson）中將率領的美軍第9軍團。該軍是布萊德雷的第12集團軍擴充後的一部分，負責為第21集團軍提供援助。第12集團軍正向羅爾河推進，但遭到德軍頑強的抵抗。它的右方是霍奇的第1軍團，該軍的第7和第5軍仍在赫特根森林與德軍交戰。赫特根的戰鬥把霍奇的部隊牽制在北部。這樣，只有米德頓少將所在的第8軍的四個師把守前線。這條戰線向南延伸一百一十二公里，穿過阿登地區。在米德頓的右方，巴頓的第3軍團已經深入洛林，從各處向「西牆」發起進攻。巴區的第6集團軍越過隆河，實際已到達位於斯特拉斯堡的萊茵河畔。在它右面是危險的凸地——科耳馬（Colmar）口袋，而

在孚日山脈中有德軍的第19軍團駐紮。「口袋」的南側是法國第1軍團，法軍的右翼有瑞士邊境的保護，他們已穿過貝爾福（Belfort）隘口到達巴塞爾（Basel）城下的萊茵河畔。

## 反攻計劃

早在九月初德國防線得到鞏固時，德軍參謀長約德爾將軍就開始研究反攻的可能性。九月六日，在東普魯士拉斯頓堡（Rastenburg）的國防軍最高統帥部，約德爾在向希特勒作的簡報中認為，在發動進攻之前，德軍必須解決的一大難題就是盟軍的空中優勢。因為進攻需要部隊集中，而盟軍的空中優勢會使其變得相當困難。約德爾認為，把進攻推延到秋季可解決這一問題，因為秋季多雲霧，可以降低盟軍空中偵察和轟炸機的效力。同時必須把知曉該計劃的人限定到最低人數，至少在早期必須如此。而在哪裡發動進攻這個問題仍未解決。九月二十日，從情報報告中可以清楚地看出，盟軍認為德軍不再具備進攻的能力，從而忽視了阿登地區。那一天，在拉斯頓堡召開的國防軍最高統帥部會議上，希特勒慷慨激昂地向與會軍官發表長篇演

一九四四年十二月五日，美軍第1軍團第8步兵師第121步兵團的一等兵湯瑪斯·吉爾戈（Thomas W. Gilgore）在德國境內的赫特根附近的一場戰鬥間歇時休息。

說，他認為德軍正處於絕境。「我們不能發動大規模進攻。我們要做的是堅守陣地或者戰死。」但會議結束後，希特勒邀請凱特爾、約德爾、古德林和德國空軍代表克萊伊普（Kreipe）將軍到一間內室。希特勒站在一張展開的西北歐地圖前，大聲喊道：「我有個重要決定。我要進攻！在這兒 —— 阿登！穿過繆斯河一直到安特衛普。」

## 鐮刀作戰

還在一九四○年春，主要來自希特勒的壓力，使得各種照搬過時的一戰戰略的行動計劃被擱置，而由激進的鐮刀作戰計劃取而代之。那時，在僅僅兩天之內大部分德軍戰車師就穿過阿登，越過繆斯河，揮師西北，並在出發後的第十天就到達英吉利海峽的阿布維利（Abbeville）海岸，將法國第 1 集團軍和英國遠征軍包圍在法國的東

一九四四年十二月十六日，一名德軍士兵在一個妥善偽裝的前線觀察哨觀察美軍的動向。德軍充分利用了此時惡劣的天氣。

德軍士兵擠在萊茵河畔的防空壕裡躲避盟軍飛機的轟炸。連續幾個月的後撤之後，在為反攻進行準備的過程中，德軍的士氣大為提升。

北部和法蘭德斯。一九四四年秋，前線形勢幾乎與當時完全一樣。希特勒企圖在阿登突圍，佔領安特衛普，把美國第12集團軍和英國第21集團軍逼到馬士河和「西牆」北部。英國和美國的新聞界早已揭露，英美合作只不過徒有其表，也就是說，同盟國對德國進襲將來不及反應。德國進攻不見得會取得全面勝利，但卻能引發倫敦和華盛頓的政治危機。這可能導致邱吉爾下台，以及德國和西方同盟國協商和平，從而使德國可以騰出手來對付蘇聯。

希特勒繼續深入籌算如何才能取得這樣的結果。他估計進攻至少需要三十個師，其中的十個師必須是裝甲部隊。這些軍隊可組成四個軍團。那些處於進攻區域南北方的部隊則幾乎全由步兵組成，他們的任務是向前推進，保護主攻部隊的兩翼免受攻擊。他想把兩個戰車和步兵混合的裝甲軍團作為主攻部隊，目標則是安特衛普。第二天，戰車將強渡繆斯河，然後揮師東北，攻到布魯塞爾周圍。第七天，在盟軍最高統帥部做出反應之前到達安特衛普。

## 保密至關重要

為保證絕對保密，只有精心挑選的一些人知道這個進攻計劃。不同的領導層使用的進攻代號並不一樣，且代號每兩週更改一次。另

德國傘兵部隊坐在老虎二型戰車上參加戰鬥。成百上千輛花費巨大的戰車和自走砲投入了戰鬥。

德軍部隊正穿越已被攻佔的美軍陣地。霧雪的氣候使德軍的進攻取得奇效，也使盟軍無法進行空中偵察。

外，電話或電報都不能提及任何有關進攻計劃的內容。他們委派發誓保密的軍官當信使，在洩密者死的威嚇下，他們只能保持緘默。希特勒解釋道，只有這樣預防，才能保證安全。

## 德軍的準備

　　九月二十五日，西部戰場的總指揮官倫德斯特元帥受命將第 1、第 2 裝甲軍從前線撤回，表面上是為了休息整編。實際上，他們是組成一支新的黨衛第 6 裝甲軍團的主力部隊。希特勒把它交給黨衛軍首領狄特里希（Josef 'Sepp' Dietrich）率領。狄特里希是希特勒從納粹黨早期就信任的心腹。這支部隊將組成北部的主攻力量。負責進攻中部

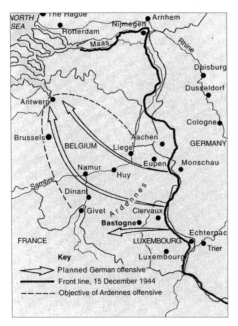

## 突出部戰役
## 101空降師，巴斯托尼

一九四四年十二月，二十四個德國師在西線投入針對盟軍進攻的最後一次反攻。希特勒計劃在阿登取得突破，把盟軍一分為二，並進而突向安特衛普。此次反攻完全出乎盟軍的意料之外。從十二月十六日至二十日，德軍向斯塔夫洛特、聖維特、豪法里茲和巴斯通推進。艾森豪將軍命令第101空降師趕去保衛巴斯通，因為該地地處控制南北和東西運動的十字路口，戰略地位十分重要。到十二月二十日，巴斯通已被德軍包圍，但是101師堅守陣地，利用所謂的「突出部」拖住敵人。「突出部戰役」給德軍的這次反攻造成致命打擊。

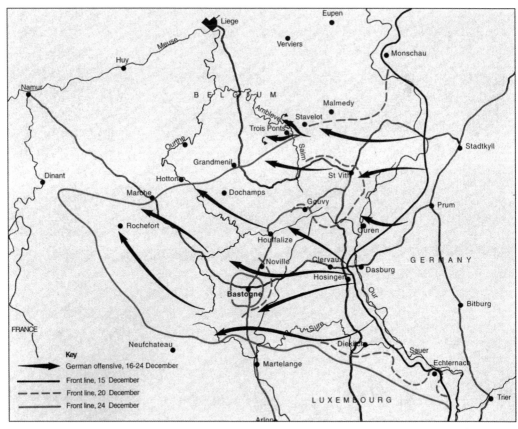

**上圖**
德軍進攻的前期，德軍摩托化部隊迅速穿過阿登森林。

**下圖**
德軍在進攻阿登時完好無損地佔領了一座美軍建造的大橋，並立即投入使用。

的第2戰車進攻編隊是曼陶菲爾（Hasso von Mantenuffel）的第5裝甲軍團，當時它們正在南部與巴頓對峙，在十月下旬被撤回整編。所有這些部隊都是摩德爾元帥B集團軍的一部分。它們理論上是由倫德斯特指揮，但為了進攻的目的，它

們直接向在國防軍最高統帥部的希特勒負責。此時，行動代號被確定為「守望萊茵」，它使人產生一種具有防禦架構的聯想。

## 希特勒的大膽計劃

十月二十一日，希特勒向黨衛軍突擊隊首領斯可塞尼（Otto Skorzeny）簡單說明了他的作用。斯可塞尼曾在一九四三年九月對大薩索山（Gran Sasso）發動一次大膽的滑翔機進攻，營救出墨索里尼，並於一九四四年八月綁架計劃與蘇聯講和的匈牙利政府官員。他是德國傑出的秘密行動的策劃和行動指揮官。希特勒賦予斯可塞尼的任務極其大膽，他要從整個軍隊中選出會說英語的士兵，組成所謂的第150裝甲旅，然後在代號為

「麒麟」（Greif）的行動中，身著美軍戰服，駕駛美式車輛滲透到美軍戰線，在主攻部隊進入前，於美軍後方盡可能製造破壞。

第二天，希特勒將計劃簡要地告知倫德斯特和摩德爾。此時，希特勒又遇到了與一九四○年春同樣的難題。參謀學院培養的軍官都形成了一種固定的思維模式，即難以接受任何不周密的計劃。摩德爾驚愕地讀著計劃，大聲叫道：「這個鬼東西，根本站不住腳！」倫德斯特也有同感，並提出了一項更爲穩妥的替補計劃，即由二十個師在六十四公里長的戰線上發動進攻。希特勒在與他的將軍們開會時，就德國軍事史發表了演說：「顯然，你們忘記了腓特烈大帝，」他對倫德斯特說，「在羅斯巴赫（Rossbach）和魯騰（Leuten），他打敗了兩倍於己的敵人。他是怎樣做的呢？大膽進攻……你們這些人爲什麼不研究

這是在阿登進攻中黨衛軍突擊隊領袖派普，於聖維特—馬耳美地的十字路口的指揮車裡拍攝的。派普的黨衛軍在裝甲攻擊中屠殺了大批的士兵和平民。

派普在馬耳美地屠殺前曾擔任希特勒的副官，也在東線參加過大規模作戰行動。戰後，他在達豪（Dachau）因戰爭罪受到審判。

希特勒青年師看守進攻俘獲的美軍戰俘。這支黨衛師在諾曼第戰役中傷亡慘重，並很快被調回德國。

一下歷史？」對於將軍們的憂慮，他只做出了一點讓步：把進攻日期推遲到十二月十日，後來又推遲到了十二月十六日。日期的推遲為增加供應爭取了更多時間。但是也把行動的時間推到了危險的冬季，那時霧季即將結束，到冬季的第一場雪後，氣溫會降到零度以下，那時整個阿登的景色就像瑞士巧克力盒上的圖片一樣：清亮蔚藍無雲的天空下，常青樹被皚皚白雪覆蓋著。

## 夜幕下的秘密行動

　　十二月份的前兩個星期，成千上萬的部隊、數千輛戰車和大砲趁天黑已經部署在艾菲爾山脈，這裡是德軍在阿登的軍隊的延伸範圍。德軍夜間戰鬥機不停地在阿登的低空中盤旋，飛機發動機的噪音蓋過德軍大量戰略物資和士兵通過的聲音。拂曉前一個小時，所有行動停止，成隊的士兵用松樹枝和掃帚清除公路上一切戰車和輪胎印。這樣一來，盟軍的空中偵察就無法發覺。十二月十一日，德國下達了最後的命令。此時，德軍在阿登已有二十三個師，另有二個預備師，這其中共有十個師配備有裝甲車輛。在北部，狄特里希率領有四個裝甲師（第1、第2、第9和第12黨衛裝甲師）、第3傘兵師和四個國民步兵師。他部署了總共四百五十輛（門）戰車和自走砲。在他的左側，曼陶菲爾也有四個裝甲師（第2、第9、裝甲教導師和第116裝甲師，共擁有大約三百五十輛戰車和裝甲戰車，另外還有第十五裝甲擲彈兵師）和四個國民步兵師。曼陶菲爾的左側位於進攻地區的南部，布蘭登堡（Erich Brandenberger）

將軍率領著第7軍團，該軍由第5傘兵師和四個國民步兵師組成。除此之外，國防軍最高統帥部還留有一個預備隊，共二個師和兩個精銳旅，他們只有在希特勒直接命令下才參加戰鬥。德軍共集中了大約三十萬名士兵、一千輛（門）戰車和自走砲，二千門重砲。另外，德國空軍還匆匆集中了一千架戰鬥機和戰鬥轟炸機，其中包括二百架Me262噴射機。這意味著在某種條件下，德軍可能取得暫時、局部的空中優勢。

## 突然襲擊

美軍把阿登稱爲「幽靈戰線」，因爲部署在此處的盟軍部隊大多只是存在於假想中。實際上，此處只有六個戰鬥力薄弱的師，共計七萬五千人。其中，第28和第

從繳獲的德軍膠卷中沖洗出來的照片，一名黨衛軍士兵站在一輛熊熊燃燒的美軍半履帶車前。德軍爲阿登進攻組成了一支三十萬人的強大部隊，其中大部分部隊經驗豐富，身經百戰。

　　4師由於在赫特根森林戰役中傷亡
慘重，被派往阿登整補。第99和
第106師剛剛抵達歐洲，便被派
往阿登，因為那裡比較安靜，他們
可以學習一些基礎的軍事技能。上
個月，盟軍情報人員已獲得一些情
報，而如果這些情報被正確破譯的
話，它們就會提醒盟軍最高統帥部
須戒備德軍即將發動的進攻。但是

情報人員相信德國國防軍不可能再
發動大規模的攻勢。例如，巴頓的
情報官員報告說，曼陶菲爾的第5
裝甲軍團被國民步兵師代替，但這
件事卻被解釋為德國人事危機的徵
兆。同時，盟軍情報人員報告德國
普遍缺乏石油，怨聲四起，這被理
解為德國的石油已經耗盡，而不是
石油被大量儲備起來以備他用。十

黨衛軍突擊隊的指揮官
斯可塞尼，招募會說英
語的德軍士兵滲透到盟
軍戰線，佔領要塞，造
成了極大的破壞。而他
們一旦被俘，盟軍也對
其毫不留情。這裡，一
名德國士兵被就地處
決。

全副武裝的黨衛軍穿過比利時的一條公路發動攻勢，迅速佔領盟軍的燃料供應站，以維持裝甲車繼續前進，這是此次進攻的主要特點。但是由於部分地區的頑強抵抗，這一計劃失敗了。

一月初，盟軍情報局甚至監聽到，德國國防軍號召會說英語的士兵自願參加特殊任務。起初，情報分析員不能肯定其意義為何，但他們最終的結論是德軍可能為了搜集更多的情報，而加強了對盟軍戰俘的審問。

斯可塞尼原本希望至少能有二千名穿著美軍戰服的德軍滲透到美軍防線，但最後他的突擊隊只有約八百多人。雖然他們大都會講英語，但只有十多個人能真正地冒充美國人。並且，他只徵到少量的戰車（大多德軍部隊聽說斯可塞尼要徵

德軍戰車和裝備隱藏在阿登森林地帶，躲避盟軍轟炸機。天氣情況適合飛行時，德軍在公路上的任何活動都會招致空中打擊。

## 奇襲

　十二月十六日凌晨四時，德國大砲開始對美軍的通訊線開火。這使美軍前線部隊陷入一片驚慌混亂之中。在許多地方，美國士兵認為他們處在前線，但他們卻發現載著大批美軍的吉普車（每輛車上大約有六個人）轟隆隆地向西駛去，並帶來令人驚恐的消息，自稱是去執行新的任務：「德軍已經突破防線」，「你們盡快撤退」，「不要毀橋，我們會替你們處理的」等等。

用車輛時，都把他們繳獲的吉普車藏起來了）。所以突擊隊的每輛吉普車上都至少有六個人，而真正的美軍是不會這樣的。

## 混亂蔓延

由於這些困難，斯可塞尼的突擊隊大多在三天內就被美軍察覺，許多人被抓獲並就地處決，但他們已經成功製造了混亂。在兩三輛吉普車被察覺後，阿登的通訊線上流言四起，人心惶惶。美軍認為的德軍實力比實際多出了幾倍。整個阿登地區的盟軍都建起了路障，擋下並質問每輛車上的人，原本三十分鐘的路程如今至少需要四個小時。所有的部隊原本像精密的機械系

統，而斯可塞尼的「麒麟」突擊隊就像是瑞士錶裡的一小把沙子。

## 德軍戰車的威力

在阿登中部，曼陶菲爾的第5裝甲軍團碾過美軍的第28和106師的陣地，使兩個師很快失去聯繫，然後又向聖維特（St Vith）和巴斯通（Bastogne）邁進。德軍的電影拍攝組尾隨在戰車之後，攝下了大量的影片。影片上顯示了成隊的美軍戰俘向西行進，這足以使德國的觀眾相信形勢已經逆轉，至少在目前是這樣。在南部，布蘭登堡的第7軍團襲擊了美軍第28師第109團，迫使其向西南方撤退。德第6裝甲軍團在北部的進攻是最

第83師331步兵團第3連的法蘭克‧瓦卡辛（Frank Vukasin）停在兩名德軍屍體旁，往格蘭德步槍裡裝子彈。他正行進在比利時的豪法里茲白雪皚皚的前線上。

蒙哥馬利元帥和盟軍第9軍團指揮官辛普森將軍，勘察德軍防禦線以外的地形。在阿登行動中，令布萊德雷非常氣憤的是，辛普森的部隊從布萊德雷的軍隊被劃歸蒙哥馬利指揮。

為重要的，該軍由黨衛軍突擊隊首領約派普（Jochen Peiper）指揮，以戰鬥群為先頭部隊。派普是一名二十九歲的黨衛軍軍官，他在俄國戰場上令人聞風喪膽。在部署戰鬥群前進的路線時，他認為虎式戰車對盟軍的心理影響非常大，所以他決定將它們放在縱隊的最前面。

派普用了四十八個小時撕開阿登戰線，直抵距離其出發點四十公里的斯塔費羅（Stavelot）。而在他們身後的是許多被殺害的美軍戰俘和比利時平民，其中有十九名美軍戰俘死在洪斯菲爾德（Honsfeld），八名死在利格紐維利（Ligneuville），八十六名死在馬耳美地（Malmedy），另外約有一百名手無寸鐵的比利時平民被殺害。

## 令人震驚的進攻

德軍進攻的消息很久才傳出阿登。這部分是因為砲火和斯可塞尼的突擊隊切斷了盟軍的電話和電報線路。山裡和森林中的無線電通訊，尤其在雨天，最好的情況下也是斷斷續續，甚至更糟。但是，部

繳獲的德軍電影膠卷，拍攝的是一九四四年十二月德軍傘兵部隊正在檢查繳獲的美軍裝備。然而，他們沒有獲得最急需的東西──燃料。

分問題出現在下級軍官身上，他們無法瞭解正在進行中的戰爭的規模，他們已經習慣了德軍採取守勢，他們認為德軍的行動不過是有限的反擊，而並非反攻。直到下午晚些時候，德軍進攻的消息才傳到艾森豪的耳中，他當時正在位於凡爾賽的聯合遠征軍最高統帥部總部。布萊德雷早到了一會兒，但他並沒理會，他認為這僅僅是一次破壞性襲擊。但艾森豪卻看不出德軍在阿登進行局部進攻的目的，因為那裡沒有任何對德軍來說有價值的東西。對在阿登發起進攻唯一合理的解釋，就是全面的戰略性攻勢，這與一九四○年夏天發生的事件一

德軍的摩托化部隊，攝於阿登進攻中。如果天氣允許的話，這種部隊可以迅速穿過該地區茂密的森林。

樣。

## 機智的艾森豪

　　毫無疑問，機智的艾森豪對形勢迅速而準確的判斷，使美軍避免了一場更大的災難。布萊德雷卻仍然認為艾森豪對此事反應過度。在與布萊德雷一起研究完地圖之後，艾森豪計劃增援米德頓的那個軍。當晚，他命令巴頓的第１０裝甲師前往德軍滲透地區的南翼，同時第７裝甲師被派去佔領北翼位於聖維特的岔路口。

## 戰略預備隊投入戰鬥

　　第二天，艾森豪將最後的戰略預備隊——空降師投入戰鬥，派遣第１０１師和第１０裝甲師的一個戰鬥群前去巴斯通（另一個重要的岔路口），同時派第８２空降師到德軍滲透地區的北邊。艾森豪在部署戰略預備隊上已經非常熟練，但他在處理戰爭其他方面上的能力則缺乏得多。經他同意，盟軍最高統帥部外交部實施新聞管制，這導致大量未經證實的流言蜚語到處蔓延。有人認為美軍已遭到重創，這種說法在目前情況下，是非常合理的。在發動進攻後的二十四小時之內，又有一個流言散播開來：身著美軍戰服，駕駛美軍戰車的德軍突擊隊精銳，正要前往巴黎暗殺艾森

聖誕夜時，虛弱、疲憊不堪的第１０１空降師正在參加宗教儀式。各個教派的牧師在戰爭中表現出了極大的膽識，對鼓舞士兵的士氣和作戰精神起了巨大的作用。

天賜食物：C-47運輸機向被圍的駐軍投送供應品。從十二月二十三日到二十八日，八百四十二架軍事運輸機，不斷從空中向巴斯通空投補給品，美軍得以繼續堅守幾天，這幾天對他們來說是極為重要。

豪。此時，在盟軍最高統帥部總部周圍立即架起了機關槍和鐵絲網，安全保衛工作非常嚴密，甚至連布萊德雷和史密斯也很難見到最高統帥。這些過度的反應製造了一種危機氣氛。艾森豪堅持為安全起見而大量部署裝甲部隊，結果卻導致更大的恐慌。士兵見到盟軍最高統帥部總部周圍建起了防禦工事，又聽不到有關戰爭進展的真正情況，他們只能認為目前的事態相當糟糕。

## 恐慌措施

部分人為的恐慌氣氛似乎也感染了艾森豪，使他變得極為悲觀。他的行動又極大地加重了這種危機

感。他向英格蘭和歐洲大陸的軍事監獄裡的美國兵提出，只要重新拿起武器參加戰鬥就可赦罪，而且過去的錯誤也一筆勾銷。艾森豪同時向大多在供應部門工作的黑人士兵發出通知，向他們提供機會，「無需考慮膚色或種族」，將他們調到戰鬥部隊。艾森豪的通知與作戰部隊一向的政策相牴觸：黑人士兵不能與白人士兵在同一個部隊服役，因為黑人軍官和軍士不能向白人發令。這一事實很快被人注意到。接著艾森豪又發佈了新的通知，允許黑人士兵自願加入由白人軍士和軍官指揮的作戰部隊。

越來越多的跡象表明，嚴峻的

第１０１空降師士兵尋回一袋剛投送到巴斯通的補給藥品。此次戰鬥結束前，美國駐軍遭受到近半的傷亡。

形勢使艾森豪願意將所有阿登北部的美軍，實際上就是美軍第９軍團和第１軍團交由蒙哥馬利指揮。這樣布萊德雷的第１２集團軍就只剩下了巴頓的第３軍團。布萊德雷把這看做是對他指揮才幹的不信任，並極為憤怒。他對著電話大聲喊道：「老天爺呵，艾克，你如果這樣做，我無法向美國人民交待。那我辭職好了。」艾森豪拒絕接受辭呈，他讓布萊德雷冷靜下來，然後打電話給蒙哥馬利，讓他來指揮美軍第１軍團和第９軍團。蒙哥馬利從八月底一直想要的就是獲得美軍的指揮權。一個體諒他人的人會表現得寬宏大量，但蒙哥馬利沒有。兩個小時之內，他就視察了霍奇和辛普森的部隊，他闊步走進霍奇的總部，「就像耶穌來使教堂淨化」。如同以前一樣，蒙哥馬利毫

不在乎地向布魯克報告說，辛普森和霍奇「似乎對有人能向他們發佈堅定的命令非常高興」。

## 德國的問題

實際上，在艾森豪的預備隊抵達阿登之前，事情的發展越來越顯

在第南特，比利時難民渡過繆斯河，以躲避德軍的進攻。為防止橋樑落入德軍之手，美軍在橋上裝上了炸藥。他們在幾週前才剛完整地佔領了該橋。

在德比邊境，美軍士兵試圖固定反戰車砲。但是泥沼使得他們的工作非常困難，惡劣的地面條件同樣也減緩了德軍的前進速度。

一九四四年十二月二十六日，在比利時的巴斯通，第９６９野戰砲兵營和第１０１空降師的士兵，從一架瓦科滑翔機上卸下一五五公厘的榴彈砲砲彈。

示，一九四四年十二月並不是一九四○年五月的重演。在一九四○年的戰役中，天熱地乾，德軍派輕型裝甲部隊進攻阿登東西兩翼。而現在，德軍試圖通過泥濘的鄉村小路。許多縱隊像派普的部隊那樣，由重達六十七噸的虎式戰車打頭陣以威懾敵軍。但這也使公路變成了泥河，虎式戰車只得將輕型戰車從泥沼中拖拉出來。幾個小時的低檔駕駛也會增加燃料的消耗。二十四小時內，大多數縱隊的後勤供應都出現了困難。

對於德軍的進攻來說，主要的困難還是來自於分散的美軍部隊（這與一九四○年法軍的情況不同），他們有的甚至小到一個班，儘管與上級編隊失去聯繫，但仍然用火箭筒或反戰車砲繼續戰鬥。美軍開始時認為他們是不可能被擊敗的，也沒人願向他們從諾曼第一直追到德國邊境的德軍投降。進攻發起的第二天，有關派普屠殺的消息在師級廣播網傳播，這又成為一種動力：還是戰死比較好，因為德軍不收戰俘。

在厄特納（Echternach），第7軍團前進的南翼，美軍第4師第12步兵團的一個連在一家帽子工廠堅守了五天，拖延了德軍整個師的前進。十二月十七日晚，配備有火箭筒和地雷的十三個美軍戰鬥工

一支美軍野戰砲兵營部隊在一條比利時公路上構築工事，準備阻擊前進的德軍。就是這種一小塊一小塊的抵抗減慢了敵人前進的速度。

兵，將派普的部隊阻擋在斯塔費羅之外。派普的先遣戰車接近時，一發火箭彈將其摧毀，派普接著就撤退了。接下來他又在特羅伊斯龐斯（Trois Ponts）被擋住了去路，這次阻擋他們的是隸屬於第５１工兵營的一支特遣部隊，他們在派普的先頭部隊到達時炸毀了橋樑。德軍的延誤使第８２空降師有時間到達安布里維河河谷（Ambleve），阻擋派普通往位於北方只有二十七公里遠的繆斯河和列日的最直接去路。

## 防禦成形

艾森豪在十二月十六日晚的迅速反應現在產生了效果。第７裝甲師的先頭部隊在克拉克准將的指揮下比德軍先抵達聖維特，並且迅速排成馬蹄形防禦陣式。這支部隊是由撤退的美軍拼湊組成的戰鬥群。曼陶菲爾派兩個黨衛軍裝甲師進攻聖維特，但克拉克一直堅守到十二月二十三日，迫使推進中的德軍改走小路繞過該鎮，從而延誤了作戰時機。在南部，第１０裝甲師的一個戰鬥群在巴斯通擊潰了曼陶菲爾第５裝甲師的先頭部隊，延緩德軍的推進達二十四小時，從而使第１０１空降師有時間在十二月十九日拂曉進入巴斯通。麥奧利夫（Anthony McAuliffe）准將在泰勒將軍在華盛頓休假期間負責指揮，他立即做好防禦準備。到十二月二十日，他已組成了一支師級規模的部隊。這支部隊部分由傘兵部隊和第１０裝甲師的戰車組成，同時還有由其他師脫隊的士兵組成的戰鬥群。

巴斯通是阿登地區最重要的戰略重鎮，通往繆斯河岸的那慕爾（Namur）和第南特（Dinant）的主要路線穿過該地。如果德軍不能佔領該地，他們就只能在小路上前進，這會導致交通擁擠，產生後勤問題，從而使前進受到嚴重延緩。十二月十九日，德軍裝甲教導師和第２６國民步兵師發動了第一次進攻，他們在隆威利（Longvilly）這個偏僻的小村裡，成功地擊退了部分美軍第１０裝甲師守軍，但未能進入該鎮。十二月二十一日，巴斯通被圍，並受到猛烈轟炸。第二天，當德軍向美軍提出體面的投降條件時，麥奧利夫用一個詞回答了德軍的勸降──「瘋子！」，這使德軍有些迷惑不解，直到美國傘兵部隊開火，他們才恍然大悟。到十二月二十三日，德軍的瘋狂進攻使得巴斯通的駐軍傷亡過半，彈藥也急劇減少。

## 巴頓的反攻

十二月十九日，艾森豪在凡爾登會見了他的集團軍和軍團指揮官。布萊德雷、辛普森、德弗斯（Devers）和霍奇都非常焦慮和沮喪，但巴頓反

對面圖
在比利時的薩佐夫（Sadzof），第３裝甲師的第５４野戰砲兵營的士兵藏在灌木籬牆後面觀察德軍的行動。

第１０１空降師的一名二等兵，他的穿著與一九四四年的寒冬非常相稱。

美軍第3軍團第4裝甲師的步兵,在白雪皚皚的比利時山坡上成散開隊形前進,他們是去援救被圍困在巴斯通的部隊。

而認爲德軍的進攻是一次絕佳的機會。在這次美國軍事史上最著名的談話中,他對與會的美軍統帥部成員說:「嗨,我們要有膽量讓這些狗崽子往遠處突進,一直衝到巴黎才好哩。那時我們就眞正能把他們一段一段地切開,一口一口地吃掉。」艾森豪問巴頓,需要多長時間可以改變他的部隊的進攻方向(即從東轉到北),對顯然已屬德軍的阿登突出部的南翼發動反攻。巴頓回答:「兩天。」此時巴頓的事業正處於頂峰。他後來在日記中寫道:「我說能在二十二號進攻時,引起了很大的騷動,一些人似乎很驚訝,另一些則很高興。不管怎

樣,我相信我可以做得到。」巴頓提出的是一次最艱難的作戰行動。這意味著他所有部隊的前進方向,要從向東改爲向北,九十度角的轉變可能爲後勤帶來難以想像的問題。他的軍官們現在不得不讓部隊踏上新的征程,並確保補給品能從供應站送抵部隊。而這些軍需品供應站原本是爲了一次與此完全不同的行動而建起來的。

十二月二十二日六時三十分,巴頓的第3軍團,由第4裝甲師爲先頭部隊開始向北進攻,目的是減輕巴斯通的壓力。到黃昏時他們已前進了十一公里,這在當時的條件下是不可思議的。然而當晚,巴頓

在寫給妻子的信中說：「我本想會走得更遠，但我們途中遇到了暴風雪，到處都是廢墟，所以我們應該滿足，但我當然不會。」十二月二十三日星期天早晨，巴頓寫了一篇禱告詞，他把上帝稱為最高統帥：「先生，我是巴頓。過去的十四天簡直是地獄一般。雨，雪，雨，雪。我開始懷疑你的總部發生了什麼事？你到底支持哪一方？……先生，我不是不講理的人，我不會讓你做不可能做到的事……我所需要的只是四天好天氣。」這篇禱告詞在整個第3軍團廣泛傳閱，對鼓舞士氣起了很大的作用，至少短時間裡效果明顯。十二月二十三日正午左右，突然雲開日出，美軍運輸機趁機向守軍投下了一百四十四噸的補給品，同時美軍轟炸機猛轟德軍陣地。到了傍晚，天空又是烏雲密佈。在聖誕夜，曼陶菲爾又增派了一個師參加進攻。

聖誕節天氣十分惡劣，德軍全力進攻巴斯通。戰車在砲火的支援下突入第101師周圍許多地區，一些美軍部隊的反坦克砲砲彈告罄。十二月二十六日天氣轉晴，可以向巴斯通投送補給品，但由於德軍佔領了部分的投送區，計劃因而取消，只有十架載著彈藥的滑翔機和一架載有醫療隊和藥品的飛機在美軍陣地突然降落。當天晚些時候，第101師發現了德軍瘋狂進攻的原因。第3軍團第4裝甲師的先頭部隊——第37戰車營的薛曼戰車突破了巴斯通周圍德軍控制的地區。終於安心的麥奧利夫出來與戰車營的指揮官艾布蘭（Creighton Abrams）中校握手。艾布蘭中校因在這次突圍中的良好表現，被授予優異服役十字勳章，後來曾指揮美軍在南越作戰。

## 戰鬥仍未結束

十二月二十六日，巴斯通經歷了戲劇性的一天，但戰鬥還遠未結束。美軍第4裝甲師所佔領的只不過是一條狹長的走廊，它的兩翼都是德軍的裝甲師。現在曼陶菲爾決定突破美軍這一走廊地帶，而這也正是巴頓一直盼望的。到新年前

第4裝甲師的士兵用M1步槍掩護戰友向巴斯通前進。

夕，又有六個德國師捲入了這場戰鬥，連倫德斯特的戰略預備隊也已投入。突出部北部的戰鬥也演變成了一場消耗戰。美軍第２裝甲師和英軍第２９裝甲旅，擊潰了最西面的德軍第２裝甲師和裝甲教導師的大部。他們在第南特附近時耗盡了燃料，而繆斯河就在眼前。十二月二十八日，艾森豪要求蒙哥馬利從北部向突出部發動反攻，並與巴頓連成一線。但蒙哥馬利要等待德軍的再次進攻，一直拖延到了一月三日。

那時德軍已經發動了又一次的進攻，但不是在蒙哥馬利期望的地方。新年前夕，希特勒發動了「北風作戰」（Operation Nordwind），以六個師的兵力進攻亞爾薩斯的德弗斯部隊，意圖迫使巴頓將兵力抽出阿登，以保護自己的補給線。德弗斯的部隊被迫撤退，部分軍隊出現恐慌。在從「極」情報部得知德軍進攻的具體意圖後，德弗斯才勉強撐住，但不確定能不能撐到一月中旬。

一月一日，德國空軍發動了一次大型的、也是最後一次進攻 ──派遣一千架飛機，襲擊盟軍在比利時和法國東北部的空軍基地。德軍共摧毀兩百零六架盟軍飛機（大部

在比利時斯塔費羅公路上，美軍士兵正在檢查一輛燃料耗盡的虎式戰車。德軍從未達到完整佔領盟軍燃料供應站的目標，這是其進攻失敗的主要原因。

分在地面上），另外約有三百架嚴
重受損，大大挫傷了盟軍的士氣。
在華盛頓，陸軍參謀長馬歇爾準備
了一份備忘錄，其中提出了在四個
月前還是不可想像的計劃 —— 西方
盟軍不可能擁有攻佔納粹德國的物

質實力或決心。馬歇爾認爲，英美
聯軍很有可能將不得不選擇協商和
平。

## V1和V2飛彈進攻

在倫敦，邱吉爾也開始顯出絕

援軍終於到來。包圍被
解除後，補給縱隊轟隆
隆駛過得來不易的巴斯
通鎮。盟軍用了三十六
個小時撤出總共九百六
十四名重傷員。在「突
出部戰役」中共有一萬
九千名美軍士兵死亡。

美援兵正開赴前線：一
輛M8裝甲車在阿登森
林緩慢地經過美軍砲兵
輜重車。

望的表情。德國V1和V2飛彈進攻
仍毫無減退的跡象。倫敦每天都有
幾十人死亡及上百人受傷，英國政
府也即將下令撤離倫敦。例如，一
月三日夜間，德軍在三小時共發射
了五十枚V1飛彈；兩天後的晚上，
又有十三枚V1飛彈落在這座城市。
一月六日，邱吉爾致函史達林，承
認「西線的戰爭非常激烈，任何時
候都需要盟軍最高統帥部做出重要
決定。」他讓史達林自己得出結
論，並暗示並非所有情況都好，他
要求史達林「一月份蘇軍能否在維
斯杜拉河（現在的維斯瓦河）前
線，或其他地方發動大規模進攻來
支援我們。」

　　邱吉爾的信寫的時機並不恰
當，因為「突出部戰役」已經取得
了勝利，但這反而讓史達林聲稱，
是蘇聯一月十二日發動的維斯杜拉
河攻勢挽救了西方。在那時，二十
六個美軍師已開進阿登，不斷發動
進攻以摧毀倫德斯特的部隊。一月
十六日，從北面來的美軍第1軍團
的前衛，與從南面來的第3軍團的
偵察部隊在豪法里茲（Houffalize）
會師。兩週後，美軍重新奪取了十
二月十六日佔領的陣地。美軍傷亡
慘重（超過八萬人），其中死亡一
萬九千人，被俘一萬五千人，而德
軍的死亡人數達十萬人。英軍只死
亡一千四百人，在戰爭中起到了有

效但並不是至關重要的作用。但這並沒有讓蒙哥馬利停止討回名譽。一月七日，在得到一直渴望的對美軍第1軍團和第9軍團的指揮權後，蒙哥馬利立即召開新聞記者會。在會上，他要求將美國部隊置於他的指揮之下。這個要求在政治上是不可能的。他一開始就聲稱他已經策劃好了防禦計劃。他說，這是一場有趣的戰爭，不像在艾拉敏，實際上，「我認為這可能是我指揮的戰爭中最有趣、最複雜的戰爭之一」。蒙哥馬利的說法儘管荒謬絕倫，但人們也可以認為這是在表現他那眾所共知的自負心理。但接下來的話改變了人們的這一看法。蒙哥馬利說，美軍士兵是世界上最傑出的士兵之一，但只有在正確的領導下才是這樣。美國領導層因此勃然大怒，巴頓把蒙哥馬利形容為「一個令人厭煩的小混蛋」。有人聽到艾森豪說蒙哥馬利是「一個小人，其內心的小正如其外表的小」。戰爭還要進行四個月，盟軍的計劃制訂現在越來越被個人恩怨所主宰，而不是出於對戰爭的戰略考慮。

第101空降師師長泰勒將軍與他的代理人麥奧利夫准將（左）。當德軍進攻阿登時泰勒正在華盛頓，是麥奧利夫負責組織全師的防務工作。

# 第十章
# 強渡萊茵河

雖然「突出部戰役」標誌著德國國防軍作為進攻力量的終結，但是德軍仍在繼續戰鬥，對盟軍來說主要的障礙是萊茵河。

　　突出部戰役強烈地震驚了盟軍，但到一九四五年一月底，盟軍已收復所有失去的陣地，他們對未來非常樂觀。美軍在阿登一役中損失慘重，而同時德軍也在西北歐為生存繼續戰鬥。但是德軍士氣低落，補給短缺，人數越來越少，已不能滿足作戰需要。艾森豪將軍想利用德軍的這些劣勢來制訂他下一個階段的戰役，讓盟軍牢牢植根於德國本土的行動。

## 自然屏障

　　然而，不要輕易地認為德軍只是一支作戰部隊。雖然他們的士氣受挫，德軍仍受到保衛祖國的意願的驅動。因此，當盟軍緩慢地向柏林進發時，他們不得不提前準備一場苦戰。實際上，對艾森豪的部隊來說，要克服的下一個大的障礙是萊茵河，這是一道天然的防禦屏障，它可以鼓舞德軍心理，以奮勇抵抗盟軍的進攻。如果說在一九四五年初，盟軍將領們還無法考慮渡過萊茵河的話，那麼他們現在隨時可以考慮突破德軍的防禦屏障了。德軍將屏障一直建到德國西部作為保護，這就是「西牆」，也叫齊格菲防線。這些屏障再加上惡劣的天氣，導致臨近進攻時該地洪水氾濫，也就是說渡過萊茵河將是一次複雜的行動。結果是，計劃以及集聚進攻所需的人力物力將花費很多時間。

　　艾森豪強渡萊茵河的計劃受到兩方面的影響，一是市場花園作戰的失敗，二是蒙哥馬利元帥試圖在一九四四年九月透過突襲的方式，在安恆強渡萊茵河下游。對一九四五年的逼近萊茵河的行動來說，從德國邊境的陣地上大規模推進，可以保持盟軍戰線緊湊，削弱德軍防守力量並取得進展。雖然進展較慢，但不會給敵人整補的時間。對美國人而言，該戰略也可防止英軍，尤其是蒙哥馬利「搶著出風頭」。這位元帥想藉著市場花園作戰在一九四四年聖誕節時贏得歐洲戰爭。他的想法得到了艾森豪的同意，但是到了一九四五年的頭幾個月，美國在歐洲軍隊的數量已超過英國或者說是大英國協。美國將領們希望對戰爭做出更多的貢獻，而不僅僅是作第21集團軍的配角。

## 盟軍的強渡計劃

　　在艾森豪的計劃中，蒙哥馬利部隊（蒙哥馬利的部隊包括辛普森中將率領的美國第9軍團）的任務是掃清到達萊茵河對岸的威塞爾的

一九四五年初，一支美軍八十一公厘迫擊砲群在法國阿爾卑斯山脈戰鬥。第6集團軍是由德弗斯指揮，由美軍和自由法國部隊組成，它的任務是穿越這一極難通過的地區。

道路。盟軍將首先發動「眞實作戰」（Operation Veritable），英軍第３０軍將從奈美根以東前進，穿過帝國森林。第二階段，美軍第９軍團將穿過門興格拉德巴赫（Münchengladbach），向東北方推進，並與英軍在「擲彈兵作戰」（Operation Grenade）中會合。在經過一段調整期後，第２１集團軍將準備渡過萊茵河，從北翼包圍魯爾（德國的工業中心），然後挺進德國北部平原。如果一切順利，蒙哥馬利將迅速開赴柏林。

　布萊德雷中將率領的美軍第１２集團軍的作戰計劃爲「伐木工作戰」（Operation Lumberjack），是推進到蒙哥馬利的南翼，掃清從科隆到科布林茲（Koblenz）通向萊茵河的所有通道。由巴頓中將率領的美軍第３軍團將揮師東南，直逼美因茲（Mainz）和曼漢，與德弗斯中將的第６集團軍會合，該集團軍將在「低調作戰」（Operation Undertone）中從薩爾（Saar）進發，然後攻佔萊茵河上南部的橋頭堡，將德軍預備隊從蒙哥馬利的進攻中吸引過來，並從南部對魯爾形成鉗形攻勢。布萊德雷和巴頓都不喜歡這個計劃，因爲他們希望美軍能發揮更大的作用。艾森豪不久就得知由他的提議所引起的不滿，所以他最後決定在強渡萊茵

一名第１２黨衛裝甲師「希特勒青年師」的士兵帶著一支MG 42機關槍。德軍把這一威力強大的武器稱爲「希特勒鋸子」。這種武器火力密集，足以射倒一棵樹。希特勒青年師在諾曼第戰役後一直與盟軍交戰，他們最後於一九四五年一月撤離西線。

河成功後，修改計劃。

　一九四五年初，盟軍行動的重點是迅速向萊茵河前進，並準備在早春發起強渡萊茵河的進攻。但首先必須突破「西牆」。這條防線位於德國邊境，由裝甲掩蔽部和反戰車工事組成了對任何進攻者來說都非常強大的屏障。一九四五年二月的陰雨天氣使戰場一片泥濘，盟軍的裝甲車前進更爲艱難。更糟糕的是，在第９軍團的前進地區，德軍

控制了魯爾河上的許多堤壩，一旦開閘，整個地區將洪水氾濫，任何東西都難以前進。因此，原本形勢對盟軍非常有利，但四次進攻行動不可能期望協調一致。

　　北方，在眞實作戰和擲彈兵作戰即將同時進行的地區，蒙哥馬利以其極具特色的嚴謹態度，爲進攻做著準備。這種嚴謹作風是有理由的，因爲如果英軍要撕破德軍的防線，到達萊茵河，他們必須克服重

重困難。克列拉中將的加拿大第1軍團負責眞實作戰，同時還包括何洛克斯中將的英國第３０軍的五個師：第２和第３加拿大師、第１５（蘇格蘭）師、第５１（蘇格蘭高地）師和第５３（威爾斯）師。預備隊包括英國禁衛裝甲師和第１１裝甲師，以及第４３（威塞克斯）師和第５２（蘇格蘭低地）師，總計人數達八萬人，戰車一千輛。然而這支軍隊需要計謀和所有兵力才

蘇格蘭後裔的美軍米拉德・格拉利（Millard Grary）一級准尉正在齊格菲防線的「龍齒」旁吹風笛。剛照完這張照片，德軍就向這位風笛手開砲，他不得不停止並躲藏起來。

一九四五年一月，英國第2軍團部隊配備著英式步兵反戰車武器，穿越荷蘭期間，在鱷魚火焰噴射戰車掩護下，小心翼翼地進入聖朱斯特村（St Joost）。

能戰勝與其對抗的德第1傘兵軍。該軍由施勒姆（Alfred Schlemm）將軍率領，共有一萬二千名士兵，三十六門自走砲，其縱深防禦準備充分，並駐紮在高地。在對防守方有利的地區，道路泥濘（在第30軍的南北兩翼都是如此），進攻不得不穿過帝國森林那茂密樹林裡的狹窄小路。這些地區障礙重重，足以阻止盟軍的進攻。

## 真實作戰

　　一九四五年二月八日五時，眞實作戰開始，一千門大砲持續砲擊了兩個半小時。德軍進行了還擊，他們在放棄陣地之後，又遭受了三個小時的轟炸，受到盟軍砲火的壓制。德軍大砲毫無還手之力，盟軍步兵在煙霧的掩護下前進。大雨使戰場變成了一片泥沼，行動無法在道路上進行，步兵因而進展緩慢。這種情況下，指揮和控制都極為困難，幾乎不可能取得任何進展。步兵在沒有裝甲車和空中支援的條件下，艱難地前進著，這與一戰中在法蘭德斯苦戰的情況非常相似。

　　第30軍計劃在三天或四天內達到目的地，但現在看起來這個進度無法完成。而克里夫鎮（Cleve）直到二月十一日才被佔領。儘管對敵軍陣地實施了猛烈轟炸，何洛克斯也承諾調遣第43師以加快前進速度，但是交通擁擠和後來德軍決定將魯爾堤壩開閘這兩件事，阻止了第9軍團的行動。騰出手來的德國部隊可以抵抗英加軍隊的進攻。

到了二月的第四個星期，盟軍已進入戈赫（Goch），殘餘的德軍已退回到萊茵河對岸，並破壞了該地區所有橋樑。英軍已達到了他們的目的，但事態發展比預想的要困難得多，這對後面的戰鬥是個壞兆頭。擲彈兵作戰應在眞實作戰開始二十四小時後進行，但由於魯爾河洩洪，不得不拖延到二月二十三日。此時，水位已經下降，美軍實際上只遭遇了德軍微弱的抵抗。三月三日，他們與英加軍隊在蓋爾登（Geldorn）會合。這樣，通往從奈美根到杜塞道夫（Düsseldorf）的萊茵河的道路已完全掃清。這時，

蒙哥馬利才開始制訂三月二十三日至二十四日強渡萊茵河的詳細計劃。

## 急需橋樑

第21集團軍面臨的問題是，他們在行動地區還未佔領任何橋樑。三月二日，美國情報部門報告有兩座橋（一座在上卡塞爾〔Oberkassel〕，另一座在尤爾丁根〔Uerdingen〕）仍完好無損。於是，美國第83步兵師的士兵偽裝成德軍，向第一座橋出發。當距離該橋只有數百公尺時，他們眼睜睜地看著橋被德軍炸毀了。與此同

英加軍隊在荷蘭推進時，一輛彗星式戰車轟隆隆駛過一座荷蘭小鎮。由於英軍在安恆空降失敗以及德軍在該地的頑強抵抗，荷蘭許多城鎮直到臨近戰爭結束前幾個星期才被解放。

英國戰車兵正在察看剛剛被擊敗的德軍丟下的反戰車砲。德軍竭盡全力,進行自殺性抵抗,以減緩英軍穿越荷蘭的速度。

英國戰車兵在穿越荷蘭時趕緊利用時間吃口熱飯。

時,美國第2裝甲師和第95步兵師的士兵急行軍,佔領了尤爾丁根的「阿道夫‧希特勒橋」。該軍的一部分成功地穿過大橋,但又被迫退回,隨即大橋也被炸毀。因此,在目前的情況下,必須從北部強渡萊茵河。

## 佔領科隆

　　二月二十八日,布萊德雷命令霍奇的第1軍團和巴頓的第3軍團開始發動進攻。伐木工作戰一開始進行順利,因為德軍被抽調去阻止蒙哥馬利向北進軍,防守力量因而大大削弱。霍奇的部隊在左路挺進,俟洪水退去,便渡過魯爾河,然後進抵科隆平原。戰車和步兵緊密配合,所向披靡,消滅了殘餘地區抵抗的德軍,最後於三月五日和六日佔領科隆。同時,第1軍團逼近波昂,第9裝甲師調往東南,與巴頓的部隊在魯爾河畔的辛澤格(Sinzig)會合。三月六日晚,第9裝甲師到達位於萊茵河以西十六公

里的梅肯海姆鎮（Meckenheim），並立即準備趁敵軍抵抗分散時發動進攻。就在此時，霍吉（William M. Hoge）准將的B戰鬥群被派去包圍雷瑪根（Remagen）地區的萊茵河河段，以保護該師其他部隊開赴阿爾河谷（Ahr）與巴頓會合。他把部隊分成幾個小特遣隊，其中一隊由第１４戰車營一部組成，還有整個第２７裝步營和一些工兵提供支援。在恩格曼（Leonard Engemann）上校的率領下，於三月七日早晨出發。到午後，第２７裝步營的一支部隊在蒂默曼（Karl Timmermann）少尉的率領下，走出該鎮的森林地區，此時他們意外地發現，萊茵河上的魯登道夫鐵橋還未被德軍炸毀。在這種情況下他

們根本沒有時間進行詳細偵查，恩格曼的部隊迅速向雷瑪根撲去。當他們準備過橋時，對面的德軍正要引爆炸藥炸毀大橋，但未能成功。這樣，他們在恩格曼的率領下成功地穿過了大橋，於十六時到達萊茵河東岸。大橋雖有損壞但仍很完整。

## 美軍的橋頭堡

渡過萊茵河的消息迅速傳遍了整個美軍部隊和盟軍指揮系統。實際上，到了三月七日夜幕降臨時，布萊德雷在知道成功渡河的消息後，高興地說：「這會打得他們皮開肉綻！」艾森豪在得知消息後，立即命令所有部隊穿過該橋。但是在雷瑪根渡河也不無缺點。它顯然

在西線挺進中，第１０１空降師第３２７滑翔步兵團第１營的砲兵，在一間牲口棚裡操作一門反戰車砲。交錯的門柱被用來偽裝砲管。

第 1 軍團的美國步兵隨同戰車穿過一片廢墟的科隆。背景下，兩個天主教堂的尖頂清晰可見。自從一九四二年英國皇家空軍一千架轟炸機對其空襲後，該城仍未恢復原貌。

與盟軍進行中的計劃格格不入。而布萊德雷並沒有看出這個問題。「橋就是橋，」他駁斥道，「哪兒還有地方可以渡過萊茵河？」但是，佔領魯登道夫橋並沒有讓艾森豪把作戰重點，從蒙哥馬利的北部行動中轉移開，尤其是魯登道夫橋頭堡通向韋斯特瓦爾德（Westerwald）山區，大大限制了迅速進攻和取得

突破的機會。但無論如何，完好無損地佔領萊茵河渡口，對盟軍的士氣是個不小的鼓舞，對德軍則是一次重創。佔領橋頭堡後，美軍成了德軍新的威脅，德軍必須從南到北重新部署部隊，以遏制新的危險。而雷瑪根的魯登道夫橋最終在三月十七日轟然倒塌。

## 巴頓向前推進

與此同時，巴頓的第 3 軍團竭力達成伐木工作戰的目標，並於三月九日成功地與霍奇的軍隊在辛澤格會合。到三月十八日，萊茵河西岸直到科布林茲的地區已經獲得鞏固。巴頓從不放棄機會，他承認他的軍隊已取得一些進展，同時他立即向東南美因茲和曼漢派遣部隊。這些部隊可切斷德軍在薩爾的部隊，而該處的德軍正受到巴區中將率領的美國第 7 軍團在低調作戰中的攻擊。然而巴頓並沒有在萊茵河

一九四五年二月二十四日，在德國狙擊手猛烈射擊下，美國第 1 軍團第 8 4 師的步兵進入德國的巴爾村。

這是一九四五年三月六日盟軍第1軍團進入科隆時的另一畫面。經過盟軍轟炸機的猛烈襲擊，德國許多城市都變成了一片廢墟。

一九四五年初遭轟炸之後的科隆。該照片是從空中拍攝的。科隆大教堂矗立在一片廢墟之中。在一九四五年二月被美軍佔領之前，英國皇家空軍對該城進行了一百多次轟炸。

上停下來。他對進攻重點仍在北部非常氣惱，他嫉妒霍奇在雷瑪根的成功。三月二十二日，美軍第11步兵團涉水穿過尼爾施泰因（Nierstein）和歐本漢（Oppenheim）地區的萊茵河，他們只遇到德軍零星的抵抗。

英國經過極為詳細的準備之後，即將採取他們自己的行動。此時，巴頓渡河的消息傳到了蒙哥馬利的耳中。一份美軍戰報寫道：「在沒有空中轟炸和地面煙霧，沒有砲火和空中支援的情況下，第3軍團於三月二十二日星期四晚二十二時渡過萊茵河。」

## 盟軍的分歧

這些消息是為了使英軍感到窘迫。反感情緒在盟軍戰地指揮官之間不斷增長，這在巴頓關於蒙哥馬利的話中表現得最明顯：「我任何時候都要比那頭小豬打得好。」艾森豪此時尚未為了滿足美軍的期望

一輛美軍第 7 裝甲師的薛曼戰車在佔領敵軍陣地後，停在一名德國傘兵的屍體旁。薛曼戰車的備用輪胎和沙袋提高了戰車對德軍反戰車大砲的防護能力。

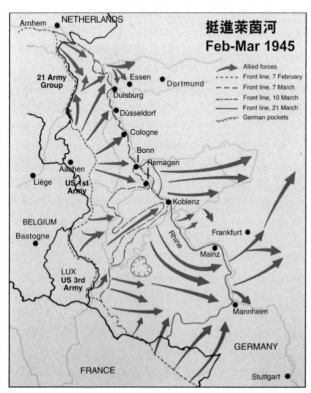

挺進萊茵河
**Feb-Mar 1945**

Allied forces
Front line, 7 February
Front line, 7 March
Front line, 10 March
Front line, 21 March
German pockets

Arnhem
NETHERLANDS
21 Army Group
Essen　Dortmund
Duisburg
Düsseldorf
Cologne
Bonn
Aachen　Remagen
Liège　US 1st Army
Koblenz
BELGIUM
Bastogne
Rhine
Frankfurt
Mainz
LUX
US 3rd Army
Mannheim
GERMANY
FRANCE
Stuttgart

而變更這階段的計劃，但美軍將領們仍然冀望盟軍最高統帥部能對原來的意圖有所更改。他們樂觀的原因在於一九四五年二月雅爾達會議上盟軍政治領導人所達成的協定。雅爾達會議決定，一旦戰爭結束，柏林將成為蘇聯的佔領區。因此，觀察家認為，艾森豪不會願意在率領軍隊攻打一個城市之後，再立即將其拱手讓給蘇聯。再加上美軍佔領了雷瑪根及其南部的橋頭堡，這樣一來，深入敵人防守薄弱的德國中部和南部就有取得大幅進展的可能。在這一情況下，艾森豪把進攻重心轉移到美國部隊身上是很合理的。

## 「腰帶」和「背帶」策略

　　與此同時，蒙哥馬利深知對他

美軍在狙擊火力中穿過一座德國小鎮。有人擔心狂熱的納粹「狼人」游擊隊可能會在盟軍推進之後製造麻煩。然而除了幾次小事件之外，這種威脅並未出現。

在一個名為「高射砲山」的制高點，一名美國士兵俯視雷瑪根著名的魯登道夫橋。儘管德軍企圖摧毀該橋，但它最後還是完整地落入盟軍的手中。

美國部隊穿過魯登道夫鐵橋時，德軍俘虜也在另一邊行進中。

必須克服的主要障礙。但他直到一九四五年三月初才認眞地計劃渡河。這項任務的性質和他行動的「腰帶」和「背帶」策略，讓蒙哥馬利設法充分利用盟軍不斷增加的物資，以備渡河之需。在步兵前進之前，他盡力想使德軍互相脫節，而這樣，核對、分析和傳達情報就至關重要。第21集團軍的指揮官認爲，只有這樣，砲火和空襲才能發揮作用。蒙哥馬利也希望確保各個軍隊間的配合和部隊內部的配合，以使進攻達到最佳程度。進攻需要步兵在砲火的支援下建立橋頭堡，工兵則要爲裝甲車再補給和給部隊渡河架起浮橋，空降部隊要防禦敵軍反攻，飛機則要提供密切的空中支援。

的反感正日益增長，但仍繼續爲渡過萊茵河的「掠奪作戰」（Operation Plunder）做準備。此項行動計劃自從一九四四年六月的反攻日起，就一直在他的大腦中醞釀，因爲他知道，萊茵河將是最終

蒙哥馬利的計劃在三月九日由

雷瑪根的魯登道夫鐵橋在經過美國第9裝甲師的突進後被佔領。美軍在橋上掛起這個牌子紀念他們的成功。

他的總部分發到各處，進攻計劃於三月二十三日夜間進行。為了突襲敵軍，使其防守無法發揮作用，並在其防線上打開缺口，步兵在進攻之前將進行大規模的空襲和砲轟。主攻由鄧普賽中將的英國第２軍團擔當，他們的任務是佔領盟軍左翼的里斯（Rees）和威塞爾（Wesel）兩鎮。輔助進攻由辛普森的第９軍團實施，在右翼同時撕開威塞爾和杜易斯堡（Duisburg）之間的防線。這次行動在許多地方與一戰將終時協約國實施的計劃相同，但是，新技術使蒙哥馬利能夠做到三十年前他的前輩們無法做到的事情。無線電通訊有助於各級部隊間

的配合；步兵可乘著水陸兩棲戰車和登陸艇渡河；性能可靠的戰車一旦渡河即可迅速展開行動；飛機也可空投部隊。這樣做的目的是在二十四小時內，建立一個長六十四公里、縱深達十六公里的橋頭堡。從這裡，第２１集團軍的大部可挺進並包圍魯爾，然後將主力部署到德國北部平原。在掠奪作戰的最後階段，一旦主攻取得勝利，加軍將在最左側的埃默里希（Emmerich）渡過萊茵河，然後向北挺進荷蘭。

## 強大的部隊

　　因此，這一精心策劃的計劃其實相當保守，因為它是以絕對優勢

由於過度使用，雷瑪根的鐵橋於三月十七日倒塌，而那時，美軍在萊茵河對岸的根基已相當穩固。

薛曼 T-34 是早期生產的一種火箭砲。它共設有六十個砲管，每具都裝有一百一十五公厘的火箭。

第 1 步兵師的這名二等兵穿著美國二戰中最後一種樣式的軍服，拿著白朗寧自動步槍。

的集結人數作為保證勝利的基礎。從表面上看來，巴頓可能不會選擇蒙哥馬利的計劃進行行動，然而在第21集團軍戰區內必須謹慎從事，因為德軍認為這裡是主攻的地點。英軍統帥別無選擇，只能計劃定位進攻。行動也必須詳細制訂，因為在此地渡過萊茵河會牽扯到許多的問題。蒙哥馬利面前的萊茵河有四百六十公尺寬，其西側的通道泥濘不堪，不適合重型戰車通過。於是，工兵被派往前方修路，為補給品和軍火倉庫建造堅固的地基，以及準備架橋。到三月十九日，工兵已獲得了二萬五千多噸重的架橋設備，並挑選好了適合渡河的地點。但是保密是最重要的。為此，正如第一次世界大戰進攻之前那樣，他們採取了欺敵措施，防止進攻的細節被德軍知道，而且還使用特殊的煙霧產生器在長達三十二公里的河岸上製造濃煙屏障。

## 煙幕

一名英國戰車指揮官談到這個場景時說：「距離萊茵河很遠，你就能看見煙霧。它沿著河岸連綿不斷；高高的白煙繚繞直上，有兩三百英尺高，就像是緩慢移動的波峰。」在煙霧的掩蔽下，盟軍集結了近一百萬人的部隊。如果沒有煙霧的掩護，德軍的砲火早就對盟軍造成了嚴重的破壞。

在這種情況下進行偷襲是不可能的。施勒姆的第１傘兵軍團已經為防禦準備了幾個星期，他們剩下的任務就是等待英軍發起進攻。德軍坐在壕溝裡和防禦陣地上焦急地等待著。更糟糕的是，有消息說，施勒姆於三月二十二日在盟軍對其總部的砲擊中受傷了。而在三月八日，已退休的倫德斯特元帥被作戰經驗不足的凱賽林元帥取代，這對德軍的防守能力是一次重大打擊，因為倫德斯特是西線德軍最有才能的統帥。另外，施勒姆被從戰場上調走使情況變得更糟。盟軍的空中和砲火轟炸目標是德軍指揮和控制中心，並對德軍後方進行騷擾，這給德軍將領們造成了極大的困擾。二月以來進行的猛烈轟炸破壞了魯爾內外的運輸線，阻礙了援軍和補給的前進。

三月之後，盟軍轟炸機開始空襲萊茵河東岸的敵軍陣地，並有五千五百門大砲進行狂轟濫炸，對德國守軍和他們的士氣造成了極大的影響，也使他們的大砲癱瘓。在這樣的準備和支援下，盟軍主攻部隊包括了第１５（蘇格蘭）師和第５１（高地）師加上英軍第１突擊旅和美軍第３０和７９步兵師。他們滿懷信心，人們普遍相信掠奪作戰是歐洲戰爭結束的開始。

邱吉爾也信心十足，他於三月二十三日與布魯克爵士飛往蒙哥馬利位於芬羅的總部，去視察戰鬥的進展。當邱吉爾乘飛機到達時，蒙哥馬利下達了進攻的最後命令。他

美國第３軍團第４裝甲師的一輛Ｍ１８反戰車裝甲車通過摩賽爾河上的踏板橋。巴頓的第３軍團的任務是通過法蘭克福挺進威悉河。巴頓想搶在蒙哥馬利的第２１集團軍之前一天通過萊茵河。

這位發動機機械師的助手，美國第８９步兵師海軍渡河人員二班的羅伯‧穆蒂在上威塞爾渡過萊茵河。

最後說：「越過萊茵河，然後繼續前進，在對岸好好地狩獵吧！」

## 轟炸開幕

三月二十三日十八時整，三千五百門野戰砲、二千門反戰車砲和火箭發射器開始猛烈轟炸。轟炸越來越猛烈時，主攻部隊前進到萊茵河岸，水裡開始進入各種水陸兩棲船隻，何巴特少將的DD戰車也在

等待命令「游」過萊茵河，行動在緊張地進行著。當時率領第５１（高地）師下轄的第１營戈登蘇格蘭高地聯隊的林德塞（Martin Lindsay）少校形容道：「上弦月將清暉灑向地面，士兵排著蜿蜒的隊伍登上『水牛』兩棲戰車……幾個人影在月光下忙碌穿梭，指揮士兵到這艘或那艘『水牛』兩棲戰車。」

## 猛烈的爆炸

鱷魚戰車（即經過改裝的「邱吉爾」戰車，每輛都配有火焰噴射器）部隊中的一名指揮官安德魯・威爾遜（Andrew Wilson）回憶這次轟炸說：「在我能看到的地方，夜晚被砲火照得通明。砲彈在樹間穿梭，在煙霧下閃著光。地面不停地

美國部隊正在渡過萊茵河。在河面最寬的地方，或者在德軍為防守而洩洪的地方，都使用了登陸艇。

震動，持續的猛烈爆炸聲就像突然折斷一包包卡片。」

## 虎頭蛇尾

進攻人數和支援火力的強大威力，使得這次強渡萊茵河的任務變

辛普森將軍的美國第９軍團渡河時，一輛滿載士兵的兩棲進攻戰車在煙幕的掩護下進入萊茵河。

得相當簡單。實際上這次行動有些虎頭蛇尾，但還是受歡迎的。二一〇〇時，第一波進攻戰車，即第7營，蘇格蘭高地警衛團和第7營阿蓋爾郡團以及第51（高地）師的薩瑟蘭郡蘇格蘭高地聯隊，踏進冰冷的萊茵河河水。他們用了兩分半鐘到達了里斯以西的東岸。因遇到殺傷性地雷傷亡了一些人，但他們很快就衝了出來，並在兩棲戰車的支援下建立了一個橋頭堡。二十一時四分，何洛克斯將軍收到了他一直焦急等待的消息：「蘇格蘭高地警衛團已在對岸安全登陸。」左翼已經得到確保，這對整個行動至關重要。

一小時後，第1突擊旅發動進攻，在英軍進攻區的最右方靠近威塞爾鎮建立了橋頭堡。雖然他們的一些進攻艇和兩棲登陸裝備被德軍砲火擊中，但他們渡河的過程仍然相當順利。突擊旅立即在東岸建起防禦帶，等待對威塞爾的空襲，然後進入該鎮。接下來的轟炸再次顯示了盟軍此時的優勢，以及德軍對敵軍轟炸的無能為力。二十二時三十分，二百多架英國皇家空軍的蘭開斯特式飛機和蚊式轟炸機飛到目標上空，投下了超過一千噸的高爆炸藥。這些炸彈加上砲火造成的破

兩名英國砲手伍茲和傑克遜為英國首相邱吉爾端上一杯茶，表示歡迎。邱吉爾從英格蘭飛來觀看強渡萊茵河的過程。

壞，使該鎮完全成為一片廢墟。大火還在毀壞的建築物裡熊熊燃燒時，突擊旅（在柴郡團第１營的支援下）已從西側向威塞爾發起進攻。倖存下來的德軍進行了頑強的抵抗。儘管德軍還未被完全清除掉，但是該地區已處在盟軍的控制之下。

## 蘇格蘭師的進攻

　　第１５（蘇格蘭）師的兩翼一得到保障，英軍就展開第三波的進攻。他們幾乎沒遇到任何抵抗就渡過了河。三月二十四日凌晨二時，第８營的皇家步兵第一團和第６營的皇家步燧發槍手團渡河後，佔領了威塞爾以西的比斯利希村

（Bislich）。同時在其左翼，第１０營、高地輕步兵隊和第２營、阿蓋爾郡團和薩瑟蘭蘇格蘭高地聯隊士兵渡河後，佔領哈芬，並與第５１（高地）師在里斯附近會合。拂曉時，這兩方的進攻都得到了支援，並已佔領預定目標。隨後，隸屬於第５１（高地）師的加軍高地輕步兵營與其他幾個營也投入戰鬥。但總的來說，這次進攻主要是由蘇格蘭部隊所為。

　　在南部，美軍的進攻也同樣取得了勝利。三月二十四日一時，二千門大砲開始颶風式的轟炸，一小時內共發射六萬五千二百六十一枚砲彈，同時一千五百架重型轟炸機對其他目標發動了空襲。盟軍的突

一九四五年三月二十四日下午，柴郡團的士兵乘水牛兩棲戰車渡河，登上萊茵河東岸。

然襲擊和轟炸的威力，使德軍處境艱困，相互間完全失去聯繫。二點鐘，美國第３０步兵師從布德利希（Büderich）、瓦拉赫（Wallach）和萊恩堡（Rheinburg）渡河，並以極少傷亡的代價在此處建起了橋頭堡。一小時後，美國第７９步兵師在他們的右翼，即瓦爾薩姆（Walsum）和奧塞（Orsay）周圍的萊茵河東岸登陸。該師在河中確實遇到了一些問題，一輛兩棲登陸艇在河中央被沖轉了方向，但傷亡不大。開始的轟炸再次顯示出了威力，用第１１７步兵團一個連的指揮官雷弗維姆（Whitney O. Refvem）中尉的話說就是：「沒有真正的戰鬥，大砲都替我們搞定了。」

進攻萊茵河是在二戰中最大的掩護砲火的支援下進行的。該照片顯示一門英國一四〇公厘大砲在發射，這是盟軍為此次行動召集的一千五百門大砲之一。

## 建起五個橋頭堡

步兵鞏固陣地時，工兵向前推

進將補給品運過河，並開始從事架設浮橋這項耗時的任務。到三月二十四日拂曉，五座橋頭堡已經牢固地建起來。儘管里斯和威塞爾的戰鬥仍在進行，但進攻者無須關心，因為德國守軍的反抗不僅脆弱而且零散。這一天中，凱賽林成功地從非常有限的預備隊中抽調出第１１６裝甲師和第１５裝甲擲彈兵師，然而蒙哥馬利已經預料到了，他派空降部隊到該處去對付德軍的反攻。

　　計劃的空降部分被稱為「大學作戰」（Operation Varsity），其中有少將李奇威率領的由美國第１７和英國第６空降師組成的第１８空降軍，他們將在三月二十四日清晨降落在萊茵河的東岸，增援橋頭堡。空降部隊傳統的作用是在地面進攻之前佔領重要目標，然後等待與之會合的地面部隊的支援。蒙哥馬利去年九月制訂的市場花園作戰計劃就是如此。然而，那時他無法使第３０軍通過安恆橋。蒙哥馬利不想再次大膽使用空降部隊。他認為，在這次行動中，他們的靈活機動在鞏固步兵已佔領的陣地方面得到了充分體現。空降師應被用來「佔領重要地形，撕開敵軍在威塞爾對萊茵河的防守……迅速鞏固橋頭堡，促進第２軍團進一步的進攻行動」。他們將佔領並固守威塞爾北部的高地，在有足夠的部隊集結於此繼續前進之前，抵禦德軍對橋頭

第２１集團軍在巨大的煙霧下渡過萊茵河。觀察哨建在煙幕的前方、冬季堤防與河水間一百公尺處的危險地帶。

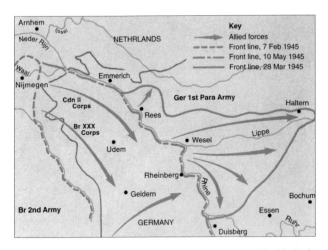

堡的反攻。無論如何，要保持進攻
的優勢。

## 傘兵進攻

關於在渡河中使用空降部隊的
問題，從最初的計劃階段就進行了
討論。鑑於市場花園作戰的教訓，
關於如何最佳利用李奇威所屬部隊
的研究也正在進行。一九四四年十
一月七日，第一份對大學作戰的參
謀調查由盟軍第1空降軍團總部發
佈。一九四五年二月九日，李奇威
收到了蒙哥馬利的第一個空降行動

在空降部隊和突擊隊進
攻之後，戈登蘇格蘭高
地聯隊士兵在萊茵河的
防洪堤上前進。縱深達
四千五百七十公尺的橋
頭堡，在第一天夜裡就
在萊茵河東面建了起
來。

的指令。李奇威負責大學作戰的詳細計劃和實施，他建立了一個空降軍團戰地指揮所以便與地面部隊緊密聯繫。他還在英格蘭進行了計劃演習，由空降軍副指揮官格爾（Richard Gale）少將、兩個師的空降指揮官和三名英軍旅的指揮官參加，目的是研究空降行動中可能出現的情況和解決之道。到二月十三日，美國第１８空降軍的總部已經開始計劃大學作戰，兩週之後，第一次空中協調會議在盟國遠征軍最高總部舉行。三月一日，美國第１７空降師被委派任務，英國第６空降師也開始為行動進行計劃和訓練。計劃階段正如預計中的那樣進行得非常順利。

## 白天進攻

為了充分利用盟軍的空中優勢和強大的砲火，作戰行動在白天進行。盟軍認為在渡河後比在渡河前使用傘兵更能給敵人造成混亂。奇襲的優勢又促成了部署空降部隊的

一九四五年三月二十七日，在渡河三天後，英國部隊和戰車進入德國布魯南（Brunen）。四月一日，魯爾被完全包圍。盟軍每天行進達八十公里。

決定。與安恆不同的是，他們將在目標的正上方降落。在決定傘兵降落的地點時，原則是他們應在支援砲火的範圍之內，而且在行動的第一天就要與地面部隊會合。空降的指定目標是迪厄斯福德森林（Diersfordter）通往著陸地區的道路（這是一處森林茂密的高地，可以俯視威塞爾和萊茵河），因為德軍的反攻可能集中於此處，還有位於森林以東伊塞爾河（River Issel）上的幾座大橋。河並不寬，但是河岸陡峭，會給戰車造成障礙。因此，佔領和固守這幾座橋，對保證隨後的進攻行動並防止德軍向該地

區增兵非常重要。英軍負責保證北部地區，美軍負責南部。李奇威後來說，這個計劃「在各個方面都是正確的」，這是大學作戰勝利的基礎。

三月二十四日七時，英國第6空降師登上運輸機和滑翔機離開英格蘭。九時，美國第17空降師從法國基地起飛，並於當天上午與英國機群在布魯塞爾上空會合。總計一千五百七十二架飛機和一千三百二十六架滑翔機，所載人數超過二萬一千人。雖然運送空降部隊到戰場的空軍報告說，德國空軍沒有反應，但為了力求萬無一失，有二千

一九四五年三月二十四日，英國空降部隊在飛往預定的，位於萊茵河以西的降落區之前，在他們的霍薩式滑翔機旁進行最後任務的傳達。許多滑翔機飛行員在早先的安恆戰役中陣亡，所以不得不徵召英國皇家空軍飛行員參加此次行動。

幾個孩子在被毀的一座德國村莊裡，觀看第一波空降機群飛往萊茵河的空投區。在代號為「大學」的作戰之前，約一千八百架美國轟炸機空襲了德國機場。

架戰鬥機護送他們到達目的地。長期以來盟軍一直掌握著制空權，在大學作戰中他們充分利用了這一優勢。

## 空降開始

十時，空降開始，邱吉爾從河的西岸觀看了這次行動。空降需要較高的技術，因為兩個師都要降落在位於威塞爾北部和西部只有十點五公里長寬的小塊地區。萊茵河戰役正在進行中，而計劃空降的地區非常靠近萊茵河。原先未預料到會有任何困難，但實際上仍出現了一些混亂。一些運輸機飛行員因能見度差而迷失方向，在錯誤的地區空降傘兵。許多滑翔機空降得太早或太晚。最終結果是，德軍機關槍手和防空人員（周圍共有七百一十二門輕型防空砲和一百一十四門重型防空砲沒有被盟軍注意到）對飛機

和士兵造成了相當大的損失和傷亡。

空降歷時兩個小時，損失一百多架運輸機和滑翔機，三百三十二架遭到嚴重損壞。損失的飛機中有第一次投入行動的C-46突擊運輸機。例如，載有美國第５１３傘兵團的飛機在到達空投區之前，就被防空砲火擊中。總共有二十二架C-46運輸機被擊落，另有三十八架嚴重受損。不過，空降人員數量巨大以及計劃靈活性大，這些都是為這種混亂和損失預先做的準備。所以，大學作戰是一次輝煌的成功。英國空軍參加進來，他們以兩個傘兵旅打頭陣，儘管遭到精確的防空砲火的襲擊，但第3傘兵旅仍然於十時在森林的西北部實施空降。開始時傷亡不斷，這是因為德軍佔領了降落區旁邊的樹林，向許多降落在樹上的傘兵射擊，並在他們降落

報名為盟軍工作的德國平民，注視著大型機群飛往萊茵河以東的目標。德國人幾乎不能理解盟軍資源的規模之巨大。

時縱火焚燒該地區。傘兵旅用了大約一個小時掃清了樹林裡的敵人，並在下午與第１５（蘇格蘭）師的先頭部隊取得了聯繫。

　　與此同時，第５傘兵旅在梅爾—哈姆因克恩（Mehr-Hamminkeln）公路（距離第３傘兵旅以西一英里半）的北側降落。他們冒著密集的防空砲火和空中不斷爆炸的炸彈，進入正在遭受迫擊砲轟擊的降落區。這表示降落計劃其實並不很精確，地面上的空降部隊經常發現自己離目標還有一段距離。不過，這天白天，空降旅還是向目標地區挺進了，即通往哈姆因克恩公路的地區，以及位於他們和第３傘兵旅之間突破口的重要公路和軌道的連接處。德軍幾乎佔領了周圍所有的農

場和房屋，但很快就被盟軍肅清。到十五時三十分，所有目標都已被佔領。到下午，敵軍砲彈和迫擊砲的威力減弱，德軍的反攻也被擊潰。英國空降師的第三個也是最後的一個旅——第6空降旅在十時三十分左右也開始降落。

## 問題

敵軍的高射砲火集中攻擊滑翔機，部隊降落時，半數左右的滑翔機受到損壞。精確的戰術降落是不可能的，這是因為能見度差，轟炸和砲擊引起塵霧，墜毀和燃燒的飛機以及敵軍施放的煙霧所致。一些飛行員無法確定方位，導致降落在錯誤地區，一些飛機則墜毀了。然而，關鍵的突襲部隊安全地在目標上降落，其餘人降落在周圍，其數量之多足以一次就消滅敵人。

## 佔領伊塞爾橋

到十時，伊塞爾河上的三座大橋完好無損地被佔領了，哈姆因克恩村也被攻佔。傘兵降落後，德軍的地面防空砲火和迫擊砲火持續了一段時間，但很快就被壓制住。唯一有組織的敵軍是在靠近林根堡（Ringenberg）的橋頭堡東面，那裡有幾輛戰車和一些步兵。可以對付他們的只有第2營即牛津郡和白金漢郡輕步兵，但那時部隊的實力只有一半，力量薄弱無法戰鬥。於是，一些颱風式轟炸機被派去支援，它們很快就使德軍沉寂了下來。

美國空降部隊的著陸也很成

第6空降師著陸後在哈姆因克恩地區俘虜的德國戰俘。士兵中年齡跨度之大表明德國徵兵的瘋狂程度。

功，第507傘兵步兵團在迪厄斯福德森林的南邊著陸。部隊在降落過程中有些分散，但在地面上，他們很少遇到敵人的反抗，幾小時之內便佔領了目標。同時，第513傘兵團本應在森林以東降落，卻降落在北邊德軍防守堅固的地區，他們必須打開通往南邊的道路。不過，到了下午三、四點鐘，他們已經佔領目標。儘管有從威塞爾飄來的煙霧，美國滑翔機還是精確地在第513傘兵團東南的伊塞爾河上的幾座橋旁降落。然而，德軍密集的高射砲火和小型武器的射擊再次造成了些困難，只有不及三分之一的滑翔機完好無損地降落。在美國滑翔機降落的地區，德軍進行了小規模的反擊，但很快的就被擊潰。盟軍完整地攻佔了伊塞爾河上的兩座橋，堅守並成功地擊退德軍戰車的反攻。

## 盟軍的勝利

因此，到該天結束時，第21

一九四五年三月,在進
攻萊茵河渡口前,盟軍
第1空降軍團第17師
的傘兵正登上一架C-46
突擊運輸機。這是C-46
飛機第一次在空降進攻
中使用。

集團軍已在萊茵河東岸站穩了腳
跟,空降部隊也佔領了所有目標。
敵軍被擊敗了,已無法對橋頭堡發
動任何進攻,也無法阻止第2軍團
的前進。大學作戰已獲得勝利,對
空降部隊作用的仔細評估,加上精
心策劃和正確的物資分配,都爲行
動的成功奠定了堅固的基礎。

　　德軍顯然非常驚訝於盟軍三月
二十四日使用空降部隊的方式。德
國第84步兵師指揮官費比希
(Fiebig)少將被俘,並受到加拿大

軍官的審問。他們後來的審問報告
有助於瞭解德軍對盟軍空降行動的
反應:「費比希將軍稱,德軍沒有
察覺到我們爲支援渡河而進行的空
降行動所做的準備……他承認在此
地突然出現兩個完整的師令他非常
驚詫,整個審問過程中他反覆說,
如此強大的部隊對他那原本就不堪
一擊的部隊造成了毀滅性的後
果。」

　　萊茵河東岸的戰鬥直到三月二
十四日下午才結束。實際上,第5

1（高地）師和德國傘兵爭奪里斯的戰鬥也是一場持久的血戰。在戰鬥中，師指揮官勒尼（Thomas Rennie）少將戰死。直到三月二十六日，該城才被攻佔。威塞爾的戰鬥也持續了相當長的時間，第15（蘇格蘭）師試圖肅清該城的殘敵，而征服整個戰線上的大量反抗地區也費了不少時日。到三月二十八日，蒙哥馬利在萊茵河上已有二十個師和一千輛戰車，整個地區已經得到鞏固。面對如此強大的部隊，這一過程可能正如後來的突破一樣是大勢所趨。

## 戰略評估

強渡萊茵河對艾森豪的部隊來說並不艱苦，實際上他們沒有料到會如此毫不費力。南部的美軍指揮官們抓住眼前的機會，取得了很大進展。而在北部地區，逼近然後渡過萊茵河本身遇到了很多困難，所以需要正確計劃和細緻準備。機動靈活地執行計劃是蒙哥馬利指揮西北歐戰役期間最擅長的。但在此之後，將會進行一些重大的戰略評估，第21集團軍也無法得到對其努力付出的回報。

一九四五年三月二十四日，威塞爾附近的美國第17空降師士兵在霧中作戰。行動中美軍遭遇了地面砲火，損失了四十六架飛機，另有三十七架在隨後的戰術支援行動中被擊落。

# 第十一章

# 進攻易北河

盟軍渡過萊茵河之後，德國已無路可退。大多數德國人現在希望
盟軍能迅速前進，這樣他們就可免於俄國人的報復。

一九四五年三月，剛剛渡過萊茵河，盟軍就已看到了勝利，他們開始思考在哪裡與俄軍會合。最後的推進至德國腹地將由三個集團軍進行：蒙哥馬利元帥的第２１集團軍，包括英國第２軍團、加軍第１軍團和美國第９軍團；布萊德雷的第１２集團軍，包括美國第１、第３和第１５軍團；加上德弗斯中將率領的第６集團軍，包括美國第７軍團和法國第１軍團——總共七十三個師。

## 盟軍的優勢

戰爭到了這個階段，盟軍部隊在一些重要方面存在著很大優勢：部隊數量，空中支援，補給品和至關重要的士氣。盟軍對未來的前景很有信心，而且在將德軍的劣勢考慮在內時，他們更有理由如此。到一九四五年三月下旬，德國武裝部隊已處於一片混亂之中。艾森豪在他的回憶錄中寫道：「從軍事上講，那時希特勒要做的事情只有投降。」然而，德國繼續作戰，主要是為保衛自己的祖國，他們不知道如果不戰鬥，降臨到他們和家庭身上的將會是怎樣的命運。希特勒當然不會放下武器，而讓盟軍不費一槍一彈進入德國。再者，當希特勒命令後撤部隊摧毀一切對前進的敵人有價值的東西時，他根本不關心戰後一無所有的德國人民的命運。結果，德國基礎設施中重要的公路、通訊、鐵路、車輛、橋樑和工廠都被摧毀了。希特勒告訴斯皮爾：「如果戰爭失敗，這個國家也將滅亡。這種命運在所難免。無須再考慮任何的生存基礎了。相反的，最好連那也毀掉，我們自己將它毀掉。這個國家證明了自己的虛弱，未來只屬於更為強大的東方國家。另外，那些戰後存留下來的人也毫無意義，因為優秀的人都已經消逝了。」

希特勒沒有從這個觀點中擺脫出來，也沒有從他的戰地指揮官讓他失望的看法中擺脫出來。希特勒認為，一些軍官犯的錯誤對部隊士氣造成了不利的後果。德國統帥部被迫設立新的獎章，希望這會幫助士兵從自己身上找到全新的戰鬥精神。有突圍和重返前線的勳章，更有為表彰英勇行為而發的一張倫德斯特的簽名照片，不用奇怪，很少有人得到這種獎勵。在這種情況下，統帥部為恢復紀律被迫動用行刑隊。在眾多的過錯中，不能炸毀橋樑和未經命令私自撤退只是其中之二，其懲罰就是死刑。

一面投降的白旗出現在一座德國城市的廢墟中。戰爭結束時，德國的基礎設施狀況非常糟糕，盟軍不得不為以前的敵人提供人道援助。

就這樣，一支原本非常忠誠，而且成功的軍隊到了一九四五年春已經岌岌可危，只能通過恐怖鐵腕無情地擠壓出他們的最後一滴血，以進行最後的反撲。

## 疲憊之師

但是德軍已是疲憊之師，它無法再更進一步作戰了。破碎的通訊線，資源的匱乏，稀少的空中支援和大規模的士氣消沉，對作戰能力造成了破壞性的影響。與他們的對手相比，德軍無論在地面還是空中都不是對手。一九四五年三月下旬，當布勒孟楚特（Günther Blumentritt）接受享有良好的作戰聲譽的第1傘兵軍團的指揮權時，他驚訝地發現這支在西線應是最強大的德軍部隊中存在著許多的弱

點。他後來回憶道：「我發現在我的前線上有很大的缺口，我沒有預備隊，砲火攻擊力差，沒有空中支援，幾乎沒有戰車。通訊和信號設施都達不到要求，而剛到達的援兵都是倉促訓練出來的，裝備也很差。」

德國近四年來的消耗戰，使之在西線作戰的最後日子裡受到深重的打擊。德軍西線總司令凱賽林元帥深知他的三個集團軍面臨的重重困難。北側是布拉斯克維茲將軍率領的H集團軍，下轄第1傘兵軍團和第25軍團。中部是摩德爾元帥率領的B集團軍，下轄第5裝甲軍團、第7軍團和第15軍團。南側是豪賽爾率領的G集團軍，下轄第1軍團和第19軍團。所有的部隊都有同樣的問題，都正面臨到來的

一九四五年四月美國第9軍團第83師的工兵渡過薩爾河。第9軍團於四月十一日抵達易北河，第1軍團於十八日佔領萊比錫。與此同時，巴頓的第3軍團在德國南部向奧地利和捷克推進。

美國第１７空降旅第１
９４滑翔步兵團的士
兵，正在佔領的一家德
國旅館裡享受款待。根
據戰時的說明，前線距
離此地只有一百八十二
公尺遠。

更大規模的進攻。凱賽林當然沒有他所需的數量和質量的部隊。實際上，部隊缺員十分嚴重，連人民衝鋒隊，德國地方志願軍，都被徵召到前線，以增強兵力，阻止盟軍怒濤般的攻勢。即使如此，德國在西線也只能建立起二十六個師。希特勒的軍隊幾近潰敗。德軍瀕臨瓦解與日漸衰落，使四百萬盟軍士兵急於盡快地結束歐洲戰爭。

## 最後的任務

從萊茵河推進到易北河，標誌著西歐戰爭已到達高潮，因為凱賽林的防線即將在致命的一擊中被撕開，德軍將無法恢復元氣。很明顯，盟軍希望在戰爭的最後階段造成德國的完全失敗。但是，他們的軍事目的是什麼呢？直到三月二十八日，艾森豪不斷聲明他的戰略目標是柏林，這個目標肯定已經抓住了大西洋兩岸的人民和部署在歐洲的部隊的想像。在三月最後的幾天，當第２１集團軍開始穿過德國北部平原向德國的首都進軍時，蒙哥馬利收到一封概述戰略變化的電報。在這封電報中，盟軍最高統帥部聲明，將主攻方向從第２１集團軍進攻柏林，轉到第１２集團軍進攻易北河和穆爾德河（Mulde）。盟軍現在的目標是把德軍一分為二，並最終與史達林的紅軍順利會師。

新的目標需要稍微進行改動。為有助於前進，布萊德雷從蒙哥馬

利的手中取回了對第9軍團的指揮權，並有權指揮由格魯（Leonard Gerow）中將率領的新成立的第15軍團，以在萊茵河東岸進行防禦作戰。同時，第21集團軍將保護布萊德雷的側翼，掃清荷蘭殘餘的德軍，佔領德國北部港口，切斷丹麥，並在蘇聯之前到達波羅的海。第6軍團位於布萊德雷的右翼，負責保護他的南側，並由德國進而進入奧地利。無可否認，這些目標與艾森豪在大君主作戰以來一直聲明的完全不同。例如，在一九四四年九月，他寫道：「……掃清柏林是大獎，我們應集中實力和資源突進柏林。」那麼為什麼又改變主意了呢？

首先，美國、蘇聯和英國的政治領袖早在一九四四年七月就已同意戰後將德國分成幾個國家的佔領區。這些協定在一九四五年二月的雅爾達會議上得到確認，儘管柏林處在蘇聯的佔領區內，但它將成為由三個大國控制的地區。因此，佔領柏林不再被視作美國和英國需要優先考慮的事，除非它被認為在戰略上至關重要，或者必須將蘇聯逐出德國中部。

## 柏林不再重要

戰略變化的第二個原因來自於艾森豪，他認為，柏林在戰略上不再像以前那樣重要了。盟軍最高統帥部認為，佔領其他重要的軍事目標，將更有效地縮短戰爭持續的時間。他在三月二十八日致函蒙哥馬利：「你會看到我的計劃中無一提到柏林。就我而言，那個地方除了是個地理位置外，什麼也不是。我對它已毫無興趣。」

艾森豪現在急於想佔領的是魯爾。魯爾是德國的工業中心，部署

一九四五年四月十七日，在魯爾工業區的中心，美國第9軍團的士兵在埃森的克魯伯兵工廠廢墟中尋找隱藏的「狼人」（留下來的狂熱的納粹分子）狙擊手。在屢遭英國皇家空軍轟炸和多次修復之後，克魯伯兵工廠於一九四四年十月被完全摧毀了。

有摩德爾的第５裝甲軍團和第１５軍團。該地遭到盟軍轟炸，並且由艾森豪命令美國第９和第１軍團加以包圍。即使相信關於其工業產值遭受到致命打擊的報告，盟軍統帥部也不想在戰爭的最後階段冒任何風險。

戰略上重新考量的第三個原因，是認識到了南進巴伐利亞山區和奧地利的必要性。據說，在這個長三百八十公里、縱深一百三十公里的地區，盟軍發現了「德國民族堡壘」——納粹抵抗的最後力量。盟軍最高統帥部情報部發現德國黨衛軍、噴射機，重要的是「一些納粹政權最重要的部長和名人」進入了該地區。由於地形複雜，如果德軍有時間鞏固這一地區，那麼「民族堡壘」這個要塞將難以清除。艾森豪於是堅持要求盡快將納粹從該地區清除掉。

將柏林從盟軍的戰略目標中清除掉的第四個，也是最後一個原因與部隊的距離和數量有關。到三月底，蘇聯有二百萬士兵距離柏林只有五十公里，而盟軍還在三百二十公里外的萊茵河上。艾森豪也被布萊德雷所說服，布萊德雷估計佔領柏林將造成大約十萬人的傷亡，對於佔領「僅僅一個地標」來說，這個代價太高了。

在艾森豪承認戰略重點改變的這四個原因的同時，很可能還有一種未顯露的力量影響著他改變策略的決定。盟軍最高統帥部受到來自美國強大的壓力，美國不想讓英國獲取柏林這塊肥肉，而讓美國只作

英國的副手。很明顯，美國是西線作戰的推動力量，布萊德雷尤其認為，當勝利最終到來之時，美國應得到這份榮耀的最大的部分，至少不應該由英國獨享。布萊德雷強力爭辯說，去年十二月在德軍進攻阿登的關鍵階段，將第１２集團軍的指揮權授予蒙哥馬利，令他的聲譽和美國軍隊的聲譽受到玷污。艾森豪可能受到了這些說法的影響。

## 新的策略

儘管英國反對，最後盟軍的戰略還是被調整了。第１２集團軍為先頭部隊向易北河和穆爾德河前進，並與從東面挺進的蘇軍會合。大膽終被謹慎所替代。

戰敗的面容：年老的和年少的德國戰俘不情願地擺好姿勢照相。即使此時，希特勒仍然在指揮有名無實的軍隊，從被圍的柏林廢墟下的掩體中鑽出來戰鬥。

三月二十八日。鄧普賽中將率領的英國第２軍團以三個軍的兵力，突破了位於威塞爾處的萊茵河上的橋頭堡。到四月五日，其左翼到達威悉河，右翼在尤爾岑（Ulezen），英軍正迅速逼近威悉河。三天後，兩個軍已渡過威悉河，其中之一的第８軍佔領了位於漢諾威以北的萊納河（Leine River）上的橋頭堡。但是就在這裡，第８軍遭遇了德軍「大德意志師」的阻擊。儘管德軍在西線整體實力很弱，但他們充分利用防禦陣地英勇戰鬥，減緩了盟軍猛攻的勢頭。蒙哥馬利利用英軍在萊納河延遲為藉口，提出需要更多的部隊以助於英軍前進。第２１集團軍的指揮官認為，如果第２軍團有希望阻止蘇軍挺進北海，那麼增援兵力就至關重要。艾森豪採取兩種方式來增援蒙哥馬利，一是艾森豪認為布萊德雷可以保護自己的左翼，因而騰出更多的英國部隊集中於第２軍團的前進；另一則是由鄧普賽命令美國第１８空降軍幫助佔領易北河到波羅的海一線。到了四月中旬，英國第２軍團的３個軍進展順利：左翼，第３０軍位於不萊梅郊區；中部，第１２軍正向漢堡挺進；右翼，第８軍已逼近易北河。英軍在短短的三週內前進了大約三百二十公里。

第８２空降師的一名傘兵身著標準的美軍傘兵戰服，配備有一支Ｍ１「托馬斯」衝鋒槍，即有名的「湯米槍」。

加拿大第１軍團在克列拉少將的率領下以兩個軍的兵力挺進，目標是掃清荷蘭東部（須德海和威廉港以南的地區）的德軍。加軍於四月二日離開橋頭堡，在兩天之內到達德文特（Twente）運河。從這裡，第２軍將向北部和東北部突進；而第１軍將向西進攻，渡過伊塞爾河。在四月的前兩週，加軍進展迅速，四月八日，第２軍在梅本（Meppen）渡過伊姆斯河，十日，佔領德文特（Deventer）和茲沃利（Zwolle），並進逼德國的奧爾登堡（Oldenburg）。

四月十二日，第１軍的一個師強渡伊塞爾河，進逼安恆。自一九四四年九月，該城一直是盟軍部隊的進攻重點，戰火不斷，而它在一九四五年四月僅三天就被攻克。加軍繼續著他們的勝利行軍，在佔領阿佩爾唐（Apeldoorn）兩天後，四月十八日抵達須德海。到了四月的第三週，第１軍已到達伊姆斯（Eem）和格拉比河（Grebbe）。隔岸望去，處於飢餓中的荷蘭人民正急需幫助。

## 魯爾「口袋」

三月二十八日，分別由辛普森中將和霍奇將軍率領的美國第９和第１軍團開始包圍魯爾。摩德爾元帥在北面哈姆（Hamm）附近和南面錫根（Siegen）附近發動反攻，試圖突破重圍，然而所有企圖都宣告失敗。四月一日，兩支美國部隊在利普施塔特（Lippstadt）會師。摩德爾把自己的命運與希特勒的政

權連在一起。作為回報，他在54歲時被提升到元帥之職，但他無法阻止德軍的潰敗，誰也不能。

由於地形和高樓林立的工業環境，為狙擊手提供了大量隱蔽處，因此魯爾「口袋」的收尾工作相當緩慢。美軍前進時，他們發現「口袋」地區的軍隊和平民百姓都是衣衫襤褸。連續不斷的轟炸摧毀了該地區四分之三的房屋，通訊也已癱瘓。被困德軍的糧食和彈藥已所剩無幾，無法運送到最需要它們的地方。四月十二日，美軍到達埃森（Essen）時，根本無法將物品運到任何地方。魯爾的危急形勢讓希特勒非常沮喪，對在那裡作戰的部隊來說，更是沉重的打擊。被圍軍隊中的第81軍的指揮官科赫林（Kochling）將軍後來談及他的軍隊所處的局面時說：「繼續在魯爾『口袋』抵抗就是犯罪。摩德爾的責任就是投降……只是想到我的家庭可能面臨被報復的危險時，我才沒有走出這一步。」

隨著美軍的挺進，德國部隊中僅存的士氣迅速消失得無影無蹤，實際上德國國防軍士兵在聽說又一座城市陷落時互相慶祝，這已並不稀奇。到了四月十四日，德軍以相當快的速度投降，以至於看管他們成了美軍的一大難題。這一天，當第9軍團和第1軍團在魯爾河上靠近哈根（Hagen）的地方會師時，口袋被撕開了。四月十六日，大約八萬名德軍在二十四小時之內投降。兩天後，三十二萬五千名德國士兵（包括三十名將軍）被俘，一切有組織的抵抗結束了。曾經批評一九四三年二月包拉斯（Paulus）元帥在史達林格勒投降行為的摩德爾元帥走進杜塞道夫附近的一個樹林，開槍自殺了。此時，在西線已不再有有組織的戰線了。希特勒失去了對事態發展的控制。實際上他發現很難掌握各處的情況，元首的軍事會議已經連續幾個月在漫無目的地討論問題。到了四月，他們更為慌亂，整體來說就是在浪費時間。在會議上轉而討論以往的戰事，表明了希特勒對目前事態的無

能為力。由於被現實隔絕，希特勒對許多問題通常回答「不許撤退」。當得知一些軍官瀆職的消息時，希特勒沒有下令對此事進行調查，反而立即下令對其解職、降級或處死。當第6黨衛裝甲軍團的指揮官和曾擔任元首私人保鏢的狄特里希被強大的盟軍趕到維也納時，希特勒通過無線電命令：「元首認為，部隊沒有按照形勢的需要去戰鬥，我命令黨衛軍『阿道夫・希特勒師』、『帝國師』、『骷髏師』和『霍亨施陶芬師』除去他們的臂章。」

狄特里希回話說，與其執行命令不如自殺算了。

## 兵臨易北河

四月初，第9軍團繼續向西進逼易北河。四月四日，第9軍團的部隊還在威悉河上，四月八日就已經通過萊納河，四月十日佔領漢諾威，到四月十一日就已到達馬德堡（Magdeburg）南邊的易北河。不可思議的前進速度，促使蒙哥馬利立即聲明第12集團軍確切的終止線。決定這條線從北部的威登堡（Wittenberge）到南部的拜羅伊特（Bayreuth），連結易北河和穆爾德河上的德紹（Dessau）、萊比錫和開姆尼茨（Chemnitz）。事實上，到了四月十一日，第9軍團的先頭部隊東進到了艾森豪所能允許的最東端，以目前的速度計算距離柏林只有兩天的路程。但是儘管受到來自一些指揮官的壓力，艾森豪並沒有輕率地突進柏林。在這個敏感的局面下，這位最高統帥強調掃清兩

在德國南部吉森（Gisen）附近的高速公路上，德國戰俘向後方行進；而美國第3軍團第6裝甲師的戰車從旁邊駛過，開赴捷克邊境。一九四五年五月四日，巴頓的部隊抵達捷克和奧地利。

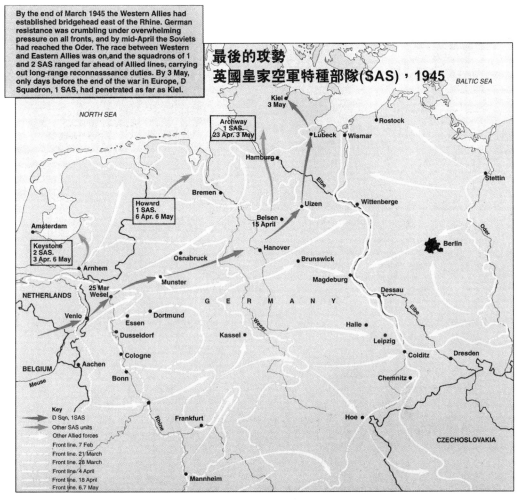

By the end of March 1945 the Western Allies had established bridgehead east of the Rhine. German resistance was crumbling under overwhelming pressure on all fronts, and by mid-April the Soviets had reached the Oder. The race between Western and Eastern Allies was on, and the squadrons of 1 and 2 SAS ranged far ahead of Allied lines, carrying out long-range reconnasssance duties. By 3 May, only days before the end of the war in Europe, D Squadron, 1 SAS, had penetrated as far as Kiel.

最後的攻勢
英國皇家空軍特種部隊(SAS)，1945

翼與同蘇聯會師的必要性，正如他在四月十五日致信聯合參謀首長會議那樣，「不要忘記只有我們的先頭部隊抵達該河，我們的重心並不在那裡」。這個決定很明智。現在的口號是「謹慎」而非「大膽」。

起初，第１軍團東進迅速。到四月九日，佔領了卡塞爾和哥廷根（Gottingen）。霍奇將軍的部隊正向哈次（Harz）山區進發，在那裡，他們與第９軍團配合，包圍了大約一萬五千名德軍（這些德軍從屬於

文克〔Wenck〕剛建立的德國部隊）。文克的第１１軍團本應增援魯爾的摩德爾部隊，但他們無法阻止美軍的前進速度，結果於四月十八日被包圍。此時，第１軍團已經到達他們位於德紹臨近的穆爾德河上的終止線，不得不停下前進的腳步。

## 巴頓的挺進

巴頓率領的第３軍團於三月底衝出橋頭堡，並立即成扇形進攻。

到一九四五年三月底，西方盟軍已在萊茵河以東建立了橋頭堡。德軍的抵抗在各條戰線上都土崩瓦解。到四月中，蘇軍已攻到奧得河。東西方盟軍之間的競爭也在繼續。英國第１和第２皇家空軍特種部隊（SAS）遠在盟軍戰線之前深入德國腹地，執行遠距離的偵察任務。五月三日（此時距歐洲戰爭的結束只有幾天），英國第１空軍特種部隊的Ｄ中隊甚至飛到了遙遠的基爾。

一名有經驗的德國士兵教人民衝鋒隊（德國地方志願軍）戰士使用鐵拳反戰車火箭。人民衝鋒隊中大多數不願作戰，當明白自己在為窮途末路的事業做無謂的犧牲時，他們很快就解散了。

一些部隊掃清了法蘭克福的敵人，其他的進入卡塞爾和哥達（Gotha，兩城都在四月四日被佔領），同時還有一些向紹林吉（Thüringian）森林前進。到了四月的第二週，森林的大部地區已被掃清。十四日，到達開姆尼茨、霍特（Hoth）和拜羅伊特。實際上，前進非常順利，巴頓甚至向艾森豪請求進入捷克。這位最高統帥回答說，在第12集團軍的兩翼掃清之

前，他不能下這樣的行動命令。然而原則上，他贊成前進到卡爾斯巴（Carlsbad）—皮爾森（Pilsen）—布德約維奇（Budejovice）一線。

雖然任何推進捷克的行動都被暫停，但巴頓被命令前進到波希米亞森林，與蘇軍在多瑙河河谷會師。這一行動將與已開始的掃除德國南部的第6集團軍協調進行。四月四日，由巴區率領的美國第7軍團到達烏爾茨堡（Würzburg），而

德塔西尼將軍的法軍第1軍團則在卡爾斯魯激戰。兩支隊伍遭遇到在前線其他地方所沒有的頑強抵抗，例如，四月七日，第10裝甲師由於德軍防守實力強大，進攻克雷爾謝姆（Crailsheim）失敗而被迫撤退。此時，豪賽爾率領的G集團軍，似乎並不像最北部遭受盟軍進攻的德軍那樣士氣低落。當然，德軍還沒有強大到能阻止盟軍的進攻。到四月八日，第7軍團佔領了斯文福（Schweinfurt），並很快穿過霍希洛尼山脈（Hohe Rhöne），進軍紐倫堡，並於九天後抵達該地。此時法軍已開始在斯圖加特（Stuttgart）至黑森林地區與德國第19軍團激戰，並且部隊已集中在奧地利邊境。

## 羅斯福逝世

四月初以來，盟軍已俘虜了超過一百萬名戰俘，很明顯西線的德軍即將土崩瓦解。即使四月十二日美國總統羅斯福逝世，盟軍仍然顯得沉著而自信，而同時德軍卻陷入更大的混亂和恐慌之中。在四月十八日，除了巴伐利亞，希特勒指揮下的德國領土已所剩無幾。到了四月的第4週，朱可夫元帥的先頭戰車部隊已馳入柏林東郊。而在義大利北部，亞歷山大元帥的進攻部隊所向披靡。然而在希特勒還活著的時候，德國指揮官們可能由於他們效忠的誓言，但更可能因為害怕報復，而不敢投降。在四月的最後一週，英軍第2軍團到達易北河漢堡市郊和不萊梅周圍。蒙哥馬利和鄧普賽討論下一階段的行動。英軍將掃清不萊梅和庫克斯港（Cuxhaven）半島，渡過易北河，向北進軍丹麥邊境。作為優先任務，在蘇軍進入北海之前抵達波羅的海。

## 擊潰不萊梅

在不萊梅的第30軍指揮官何洛克斯中將，決定在進攻前給德軍一個投降的機會。然而，該城無人敢回應這個機會，結果戰鬥持續了五天。德國人民再次嘗到了希特勒暴政的苦果。四月二十五日，中型、重型炸彈投向不萊梅，將許多地方夷為平地。接著，地面進攻開始，當英國士兵進入這座被毀壞的城市時，德軍顯然已亂作一團，毫無士氣可言。英軍於四月二十七日奪取不萊梅，並迅速北進，進抵下一個目標——庫克斯港半島。同時，由於四月二十五日柏林被蘇軍包圍，英軍現在必須盡快抵達波羅的海。四月二十八日，鄧普賽的部隊在勞恩堡（Lauenburg）渡過易北河，從那裡北進呂貝克（Lübeck），西進漢堡，兩城都於五月二日投降。與此同時，美國第18空降軍與英國第6空降師一起在達豪（Dachau）渡過易北河，並迅速向波羅的海北進。五月二日到達維斯馬（Wismar），只比蘇軍早了幾個小時。

史達林從不懷疑艾森豪的意圖，因為在四月三十日，這位盟軍最高統帥打電報給他說明了自己的計劃。第21集團軍將防守易北河上維斯馬到多米茨（Dömitz）一

渡過易北河後，戈登的蘇格蘭高地聯隊士兵立即開展掃清附近樹林中的德軍和狙擊手的行動。站在這裡被看守的是一名德國少校和他的「部隊」——一群十三到十六歲的孩子。

線，佔領直到基爾（Kiel）運河的地區，儘管物資允許第3軍團挺進捷克。第12集團軍將堅守易北河和穆爾德河上的陣地。第6集團軍將繼續深入德國南部，突進奧地利。艾森豪現在焦急地等待史達林對其計劃的回應。在收到回電之前，他繼續阻止巴頓進入捷克。

同時，加拿大軍儘管沒有搶奪蘇軍計劃佔領的地區，但自己也遇到了問題。當在卡斯坦（Küsten）運河站穩腳跟的第2軍繼續向威廉港（Wilhelmshaven）半島進軍時，第1軍還在等待渡過伊姆斯和格拉比河的命令，以援助飢餓中的荷蘭人民，然而他們並沒有收到命令。蒙哥馬利擔心，如果加拿大軍繼續

前進，該地區的德國指揮官布拉斯克維茲將軍和德國駐荷蘭全權代表賽斯—因夸特（Seyss-Inquart）會爆破保護荷蘭免受北海和須德海的海水侵蝕的堤壩，從而威脅到加拿軍隊。於是，四月三十日艾森豪派參謀長史密斯中將與這兩個人談判。德國人同意休戰期間盟軍在他們的後方投放食品。但當史密斯提到投降時，對方很明顯誰也不想承擔這個責任。

在第12集團軍的戰區，第9軍團沿著終止線穩紮穩打，第1軍團則繼續肅清前線上剩餘的小塊抵抗地區。在激烈的巷戰之後，他們於四月十九日攻佔哈勒（Halle）和萊比錫，二十二日佔領德紹。兩天

後，霍奇的部隊到達穆爾德河的終止線。第二天，第69師的前頭部隊與科涅夫（Konev）元帥的第58近衛師在易北河會師。首次勝利會師之後不久，蘇軍和美軍就在整個戰線上密切配合，共同作戰。與此同時，巴頓仍在等待艾森豪的命令進入捷克。而此時，他的第3軍團繼續向南突進。四月二十五日，巴頓的部隊渡過多瑙河，第二天奪取雷根斯堡（Regensburg），然後進抵奧地利和林茲（Linz），五月五日，最終佔領林茲。而僅在一天前，艾森豪收到消息，蘇聯最高統帥部同意他提出的界線。隨後，第3軍團接到命令，奪取卡爾斯巴—皮爾森—布德約維奇一線。而令巴頓沮喪的是，艾克把捷克的其他地區包括布拉格都留給了蘇軍。

## 盟軍前進

在第3軍團的右翼，美國第7軍團和法國第1軍團進展順利。四月二十日，經過五天激戰後，美軍佔領紐倫堡，法軍則奪取了斯圖加特。四月二十二日，兩軍渡過多瑙河，並擊潰豪賽爾率領的G集團軍。二十三日，美軍佔領烏爾姆（Ulm），法軍幾天後到達瑞士邊境的康斯坦斯湖。到四月末，第7軍團進入達豪和慕尼黑，法國第1軍團則進入奧地利。五月三日，美軍已到達奧地利，從因斯布魯克（Innsbruck）迅速進至布倫納（Brenner Pass）隘口，在此與由義大利向北突進的美國第5軍團會合。同時，五月四日其他部隊奪取

一九四五年四月二十五日，美軍和蘇軍在易北河歷史性的會師。美國第1和第9軍團先頭部隊都與蘇軍會合了。但這裡的友好氣氛很快就成為過眼煙雲。

了薩爾斯堡（Salzburg），一些部隊甚至突入希特勒位於貝希特斯加登的山間別墅，而德軍的抵抗部隊已經消失得無影無蹤。

到了四月的第四週，任何人都清楚戰爭即將結束。實際上，就在此時，希姆萊試圖背著希特勒向盟軍投降。四月二十三日，希特勒的黨衛軍領袖希姆萊，與位於呂貝克的瑞典紅十字會會長聯絡，聲稱他被允許請求瑞典政府通知盟軍，德國政府準備在西線投降。但希姆萊發動投降的企圖失敗了。根據一九四三年達成的秘密協定，英國首相立即將希姆萊的舉動通知美國和蘇聯。該協定規定，如果德國政府向其中一國提出投降，美國、英國和蘇聯政府將互相協商。英國內閣在給希姆萊的回答中非常清楚地指明，德國指揮官提出的在一條戰線或戰場上，任何軍級或軍級以下的部隊的投降儘管都是可以接受的（因為這是技術問題），但德國政府同時也必須在一切戰線上無條件投

盟軍進軍德國時，發現了令人震驚的納粹集中營。囚犯的屍體被堆在位於卑爾根－貝爾森（Bergen-Belsen）的一處公墓裡。貝爾森的司令官克拉默在英國受到審判，並被處死。

降。

## 德軍在義大利投降

　　當希姆萊向英國提出投降時，德軍最後在義大利被打敗了。四月二十九日，由於盟軍的進攻，魏廷霍夫（Vietinghoff）將軍在亞歷山大將軍的大本營簽訂了投降書。四月的三十天對凱賽林元帥來說是相當痛苦的，實際上在這個月裡，西方各國俘虜了一百六十五萬名德國戰俘，包括克萊斯特（von Kleist）元帥、李布（von Leeb）、魏克斯（Weichs）、李斯特（List）和倫德斯特，這使得自從一九四四年六月以來俘虜的德國戰俘達到近三百萬人。德軍根本無法再承受這種壓力。

　　隨著德國戰場的消息越來越糟糕，希特勒漸漸與事實隔絕，對事實不聞不問，因為他在等待奇蹟的出現。一月中旬，希特勒搬進柏林的總理府，但是盟軍不斷猛烈地空襲，迫使他搬進附近的掩體內。這是個構造極為堅固的建築，深入地下十幾公尺，共有兩層十八個房間，這是希特勒死前的庇護所。希特勒在他最後幾天裡的半地下生活，與他在一戰期間在壕溝裡的經歷並無不同，尤其是當蘇聯砲彈不斷投向他的掩體之時。他從一隻名叫布朗迪的亞爾薩斯狗和掛在他書房桌子上方的腓特烈大帝的畫像中尋找寄託。希特勒在掩體裡得到的消息越來越嚴重，他轉而從腓特烈大帝以往的戰役中求得安慰。腓特烈大帝一七五七年在不利的情況下擊潰了入侵普魯士的軍隊。然而，每天下午和半夜開的軍事會議帶來

的只有不可避免的失敗。壞消息、轟炸和砲彈再加上希特勒糟糕的健康狀況為他敲響了喪鐘。他通常只在上午八點到十一點小睡一會兒，已經筋疲力盡的希特勒日漸衰老。戈林說，自一九四四年戰爭開始以來，他顯得老了十五歲。一九四四年七月的刺殺行動嚴重傷及他的聽力，摧毀他的神經，而此時他對摻有毒品的雞尾酒上了癮，這導致他的身體更為虛弱。希特勒可能已經得到帕金森氏症，他每天要注射六次藥品，而這對他巨大的情緒波動毫無作用。羅斯福逝世的消息，暫時將他從絕望的境地中解脫出來，卻又使他患了幻想症。他激動的向斯皮爾說：「你能相信嗎……我們創造了我一直預料的奇蹟。誰對呢？戰爭並未失敗……羅斯福死啦。」然而真實的情況又將希特勒推入了極度的萎靡之中。斯皮爾說希特勒已「抵達了他逃避現實的最後一站，一個他從年輕時就拒絕承認的現實」。在熟識他的人面前他已經崩潰了，而首次與他見面的人則感到失望。其間，波爾特（Gerhardt Boldt）上尉第一次見到希特勒，他說：「他的頭輕微抖動著，左臂無力地懸在那裡，手劇烈地顫抖。他的眼中有一種莫名的閃亮，給人恐怖和完全不自然的感覺。他的臉部和眼睛周圍顯示出極度的疲勞。行動就像一位老人。」古德林將軍說希特勒「行走笨拙，背駝得比以往厲害，手勢不穩而且緩慢。」元首身體狀況的下降反映了德國的衰落。

四月裡，許多希特勒的親密戰友離開了掩體，其中包括戈林。他在一九四一年被告知一旦希特勒逝世或無法發揮其作用時，由他將接任元首。戈林在離開柏林之後，拍給希特勒一封電報，詢問是否到了移交權力的時候了。

元首：

有鑑於您已決定留守在柏林堡壘內，請問您是否同意我馬上接管帝國的全部指揮權，代表您在國內外自由地採取行動？您知道在我一生中這最重要的時刻，我對您的感情非語言所能表達。願上帝保佑您，使您能克服一切困難迅速來此。

您的忠誠的赫曼‧戈林

一九四五年五月，兩艘德國潛艇在一座德國北部基地停泊處沉沒。在戰爭即將結束的幾個月裡，許多德國潛艇被炸彈毀壞，或在戰爭最後幾天被德軍故意匆忙毀掉，以避免被盟軍繳獲。

一九四五年五月四日，在第２１集團軍大本營呂訥堡灌木林，德國海軍統帥、弗利德堡海軍上將代表駐德國、荷蘭和丹麥的德國陸軍、海軍和空軍向蒙哥馬利元帥投降。

　　希特勒對他政權裡的要人所顯出的不忠誠舉動感到震驚，並下令逮捕戈林。

　　柏林的形勢非常危急。一名德國軍官在日記中寫道：「四月二十七日：整晚不斷的進攻。崩潰的跡象不斷顯現……除了一些正規軍配備有無線電台，部隊間幾乎沒有通訊聯絡。電話線被炸得粉碎。沒有休息，沒有援兵，沒有正常食品，幾乎沒有麵包。我們從坑道取水，然後過濾。波茨達默爾廣場的整個開闊地區是一片廢墟。成堆損壞的戰車，有些被毀的救護車拖車裡還有傷者。死屍遍野，許多被戰車和卡車碾成幾截，景象非常恐怖。」

　　時間一天天過去了，連希特勒也不再思考如何取得最後的勝利，他考慮的是自己的死法。四月二十九日凌晨，希特勒與伊娃·布勞恩（Eva Braun）在掩體裡舉行了簡單的結婚儀式，然後簽署他最後的私人和政治遺囑。遺囑表明到了最後時刻，希特勒仍然相信是猶太人的陰謀。政治遺囑的最後一段寫道：「更重要的是，我命令政府和人民要竭盡全力維護種族法律，無情地打擊一切民族的毒害者──國際猶太人。」他的軀體失敗了，但他的思想沒有改變。在戈林和希萊姆被開除納粹黨後，他任命了他的繼任者：海軍元帥鄧尼茲接任元首，戈

培爾接任總理，鮑曼接任黨務部長。

## 希特勒的末日

在他的私人遺囑中，希特勒聲明他死後屍體和他的新婚妻子一起焚燒掉，他擔心落到與墨索里尼和其情人同樣的下場。墨索里尼和他的情人在米蘭被絞死。伊娃·布勞恩性格堅忍，只希望能陪同丈夫去死。實際上在最後的日子裡，有人經常聽到她抱怨：「可憐的、可憐的阿道夫，所有的人都拋棄了他，出賣了他。寧肯死一萬個人，也不能讓德國失去他。」

鄧尼茲不久就接任了這個不再令人羨慕的新職位。四月三十日十五時三十分，在五十六歲生日後十天，希特勒開槍自殺，伊娃·布勞恩服毒身亡。在蘇軍達到該地之前，他們的屍體被搬到花園裡，澆上汽油之後點火焚燒。希特勒的死和鄧尼茲接任的消息傳到前線時，剩餘的小塊抵抗地區開始分別談和。德國士兵洪水般地湧過不斷縮小的東西戰線的分界區，向英美軍隊投降。

五月四日，在呂訥堡（Lüneburg）灌木林的蒙哥馬利元帥大本營，鄧尼茲的特使同意德軍在荷蘭、丹麥和北部德國的部隊無條件投降，並於五月五日八時三十分生效。第２１集團軍立即迎接了興奮的蒙哥馬利元帥，為勝利部隊作巡迴演講。蒙哥馬利說他們取得勝利基於四個主要原因：敵軍的失誤；盟軍的優勢；英美合作和英、加、美三國軍隊的戰鬥力。

柏林陷落後，難民走過布蘭登堡大門。令英國人失望的是，艾森豪放手讓俄軍佔領德國首都。一九四五年七月盟國間政府建立時，俄軍撤出了柏林西部。

五月五日，鄧尼茲的代表抵達在法國理姆斯的艾森豪大本營，協商德國無條件投降。德軍再次想拖延這一過程，但這位最高統帥要求立即投降。五月七日二時四十分，弗利德堡（von Friedeburg）海軍上將和約德爾將軍與出席的英國、蘇聯和法國代表簽訂投降書。所有戰線的行動於中歐時間五月八日二十三時一分停止。

## 盟軍的勝利

投降書的簽訂標誌著盟軍在軍事和政治上的勝利。軍事上，盟軍

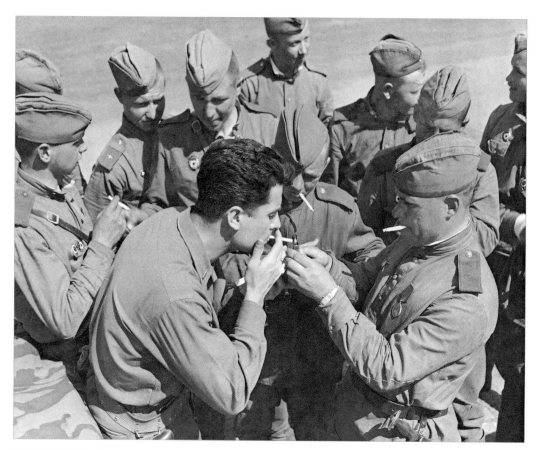

這是冷戰到來之前一個短暫而愉快的時刻。在捷克的斯特拉康耐斯區，美國第 3 軍團第 4 裝甲師和蘇聯第 3 烏克蘭方面軍的士兵們共享香煙。

已取得了政治領袖們為讓德軍無條件投降所要求的東西——在士氣和形式上摧毀德國軍隊。為了這一勝利，西方盟軍也付出了巨大的犧牲。實際上，從諾曼第登陸到德國投降，西歐傷亡七十六萬六千二百九十四人（其中死亡近二十萬人）。德國的傷亡人數稍高，然而他們犧牲的結果卻是失敗。

戰爭之所以持續如此之久，是因為希特勒堅持在他還是元首時不能投降。在探究德國堅持作戰到一九四五年五月的原因時，我們決不能低估希特勒對德國人民和軍隊的全方位的控制力。

最後，由於希特勒盲目地進行戰爭，但再加上越來越脫離現實地制訂決策，這些使他成為一個危險人物。由於擔心後果，幾乎無人敢違抗他。如果希特勒在一九四五年四月前逝世或被謀殺，那麼極有可能早就開始了和平協商。而事實卻是盟軍不得不一路拚殺進入德國腹地。在這種情況下，西北歐的戰爭通過利用德國的弱點，充分發揮盟軍的物資優勢，從而達到了目的。當然也犯過錯誤，但回想起來，艾森豪的謹慎前進使得兵力和補給的優勢日益增加，這對歷史上最為成功的聯盟發揮了促進作用。

國家圖書館出版品預行編目（CIP）資料

第三帝國的滅亡：對「D日」後西歐戰場的權威性紀錄／鄧
肯‧安德森（Duncan Anderson）著；趙玉、錢澄譯. --第
二版. -- 臺北市：風格司藝術創作坊出版 ： 紅螞蟻圖書發
行，2014.08
296面；17*23公分. --（軍事連線；105）
譯自：The Fall of the Reich
ISBN 978-986-6330-66-7（平裝）

1. 第二次世界大戰　　2. 戰役

712.843　　　　　　　　　　　　　　　　103012910

軍事連線 105

# 第三帝國的滅亡：對「D日」後西歐戰場的權威性紀錄

作　　者：鄧肯‧安德森（Duncan Anderson）

譯　　者：趙玉、錢澄

責任編輯：鄧立言

發 行 人：謝俊龍

出　　版：風格司藝術創作坊

發　　行：軍事連線雜誌
　　　　　106台北市大安區安居街118巷17號
　　　　　Tel：(02)8732-0530　Fax：(02)8732-0531

總 經 銷：紅螞蟻圖書有限公司
　　　　　Tel：(02)2795-3656　Fax：(02)2795-4100
　　　　　地址：台北市內湖區舊宗路二段121巷19號
　　　　　http://www.e-redant.com
　　　　　E-mail:red0511@ms51.hinet.net

出版日期：2014 年 08 月　第二版第一刷

定　　價：480 元

※本書如有缺頁、製幀錯誤，請寄回更換※

ISBN 978-986-6330-66-7　　　　　　　　　Printed in Taiwan